Uwe Sonnabend

Der geliehene Traum

In der Seifenblase zum Kronenbotschafter

Uwe Sonnabend

Der geliehene Traum

In der Seifenblase zum Kronenbotschafter

ZeitGeist

Forum

Titelfotos: Seifenblasen, Mauritius/Lehn
Schloß Neuschwanstein, Mauritius/Nägele
Rückseite: Sonnabend, München

Zeichnungen: Eva Pleis, München

ISBN 3-933113-20-2

Produktionsbetreuung: P.A.L. Joachim Letsch, Stuttgart
Satz: DTP Studio Sonnabend, München
Druck und Bindung: Clausen & Bosse, Leck

Inhaltsverzeichnis

Vorwort

Meine Geschichte ist bestimmt nicht die einzige ihrer Art, von der ich glaube, daß sie erzählenswert ist. Viele tausende, hunderttausende Menschen betreiben ein solches oder ähnliches Direktvertriebsgeschäft mit mehr oder weniger Erfolg. Vielleicht macht sich nur niemand die Mühe ein Buch darüber zu schreiben, vielleicht möchten andere nicht darüber reden.

Ich gebe zu, daß es auch mir schwer gefallen ist, so manche Eindrücke in Worte zu fassen, ohne zu übertreiben und, was noch schwieriger war, zu untertreiben.

Wenn ich von Direktvertrieb rede, dann meine ich eine Händlerkette, die die Ware direkt vom Hersteller bezieht und sie über diese Kette bis zum Endverbraucher weiterreicht. Je größer das Vertriebsnetz aufgebaut wird, um so größer wird der Umsatz, weil immer mehr Endverbraucher an das System angeschlossen werden. Bald wird man feststellen, daß nicht das Produkt das Entscheidende ist, sondern der Aufbau der Händlerkette.

Von Grund auf hört sich alles ganz einfach und unkompliziert an. In der Praxis sieht die Arbeit ganz anders aus. Vielleicht ist es mir gelungen, Ihnen mit diesem Buch einen kleinen Einblick in die Tätigkeit eines Direktvertriebsberaters zu geben.

Ich würde mich freuen, wenn Ihnen dieses Buch hilft, die Menschen etwas besser zu verstehen, die ein solches Geschäft aktiv aufbauen, und andererseits diejenigen etwas zum Nachdenken kommen, die meinen, dazu berufen zu sein, andere Menschen reich machen zu müssen.

Ich möchte noch darauf hinweisen, daß ich mich bemüht habe, den Hersteller der Produkte nicht in diese Geschichte mit einzubeziehen. Nicht weil ichAngst vor irgendwelchen Rechtsfolgen habe, sondern weil sich der Hersteller uns gegenüber korrekt verhalten hat. Im übrigen ist es meine persönliche Geschichte, die nicht den Anspruch erhebt, die Regel im Direktvertrieb zu sein. Auch die Art und Weise wie ein Direktvertriebsgeschäft aufgebaut ist, kann ganz erheblich von der geschilderten Form abweichen. Zusätzlich habe ich die Namen geändert. Jede Ähnlichkeit ist zufällig. Einen Dank möchte ich an dieser Stelle meiner Frau aussprechen, die mich bei der Arbeit an diesem Buch unterstützte.

Der Marketingplan
(Beispiel)

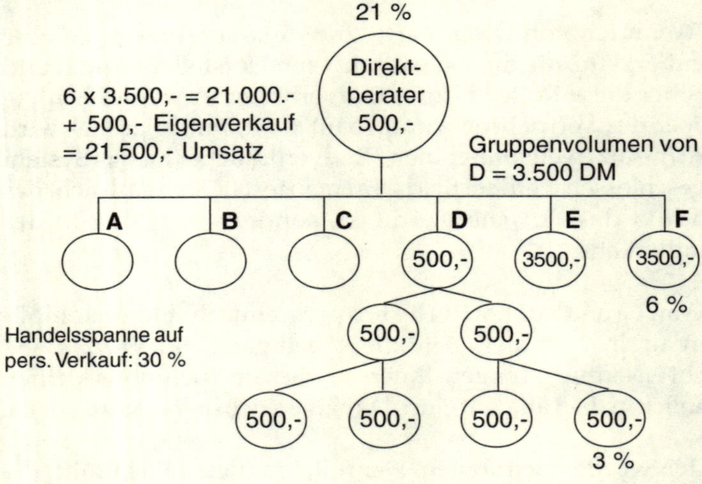

Bonustabelle:

ab 300,-	3 %
ab 900,-	6 %
ab 1.800,-	9 %
ab 3.600,-	12 %
ab 6.000,-	15 %
ab 10.000,-	18 %
ab 15.000,-	21 % (DD)

Weitere Qualifikationen:

Rubin DD	ab 30.000,- monatlich
Perlen DD	3 eigene DD Linien
Smaragd DD	Perle über 6 Monate
Diamant DD	6 eigene DD Linien
Doppeldiamant	12 eigene DD Linien
Dreifachdiamant	16 eigene DD Linien
Kronen DD	20 eigene DD Linien
Kronenbotschafter	25 eigene DD Linien

Wir wollten erfolgreich werden

So ganz richtig mag ja wohl nicht alles gewesen sein und dennoch, wenn ich mich in diesem Zimmer umsehe, dann hat es doch eine gewisse Ähnlichkeit mit dem, was ich mir vor etwas über 10 Jahren vorstellte. Auf jeden Fall sind Grundzüge jener Atmosphäre enthalten, die einst nur eim Traum war. Ich sitze nun in einem schwarzen Ledersessel in meinem eigenen Büro. Vor mir der große Schreibtisch am Rande eines 30 qm grossen Raumes, mit allem, was zu einem Büro gehört.

Sogar eine Bar wurde nicht vergessen. Verführerisch lädt sie jeden Gast ein sich niederzulassen und einen Drink zu nehmen. Daneben steht die alte Musikbox und wartet darauf, daß jemand eine Münze einwirft, um vielleicht Lieder aus vergangenen Zeiten zu spielen. Die beiden Computerarbeitsplätze werden von Halogenlampen angestrahlt, die an zwei längs durch das Zimmer gespannten Drähten befestigt sind. Das Gebläse des Laserdruckers zwischen den Schreibtischen klingt monoton und leise. Ich sitze tatsächlich in meinem eigenen Büro. Ich muß mich zurücklehnen und nachdenken, um all das Vergangene richtig ordnen zu können. „Verrückt", sage ich zu mir, „vor über zehn Jahren war doch alles ganz anders".

Ich war gerade Anfang zwanzig, hatte meine Lehre als Flugzeugbauer mit Erfolg abgeschlossen und war nun bei derselben Firma als Maschinenschlosser für die Reparatur von numerisch gesteuerten Maschinen zuständig.

Zu dieser Zeit war ich bereits zwei Jahre mit einer kleinen, hübschen Blondine verheiratet. Beruflich faßten wir gerade so einigermaßen Fuß und verdienten zusammen etwa 3.300,- Mark netto. Seit einem halben Jahr besuchte ich jeden Samstag die Meisterschule und hoffte so, mir eine Basis für meine Zukunft schaffen zu können. Vom Leben konnten wir noch eine Menge erwarten. Wir waren beide jung und besaßen den nötigen Ehrgeiz, um beruflich etwas zu erreichen. Ohne klare Vorstellung, wie unser Leben ablaufen sollte, lebten wir "in die Zukunft hinein", mit der Hoffnung, daß uns Leistung beruflich weiterbringen würde. Doch wie weit? Dazu waren unsere Vorstellungen zu unklar. Vielmehr vertrauten wir auf das Schicksal, es würde uns schon in die richtigen Bahnen lenken - nur für die notwendigen Voraussetzungen müßten wir selber sorgen.

An Hausarbeit fiel in unserem 30 qm großen Apartment in Puchheim nicht viel an, so daß unsere Freizeit wenig mit "Zuhause" im herkömmlichen Sinn gemeinsam hatte. Abends ins Kino, zum Essen oder in die Disco gehen, war bis zum 20sten des Monats normal. Dann herrschte wieder einmal Ebbe in der Kasse und wir lebten von vorsorglich eingekauften Reis- und Nudelgerichten. Viel Geld verschlangen unsere Autos, die wir recht rege wechselten. Es waren nie besondere, die meisten wurden nicht mehr verkauft, sondern verschrottet, aber in jedes wurde Geld gesteckt, um es äußerlich als etwas mehr erscheinen zu lassen als es eigentlich war. So versuchten wir jeden Monat aufs Neue, mit den besten Vorsätzen, finanziell über die Runden zu kommen.

Kessy, eigentlich heißt meine Frau Waltraud, arbeitete zu dieser Zeit in einem Bekleidungsgeschäft und kam täglich erst gegen halb acht Uhr nach Hause, mußte jeden zweiten Samstag arbeiten und hatte dafür einen Tag in der Woche frei. Von einem Kind sprachen wir ja schon lange, aber damit wollten wir uns noch Zeit lassen, bis ich die Meisterprüfung abgelegt hätte und unsere Familie alleine ernähren könnte.

In meiner Abteilung sind wir neun Arbeiter, einschließlich des Meisters. Durch die "Radfahrerei" unter den Kollegen und vielen, recht unqualifizierten Äußerungen meines Chefs, ist das Klima in der Abteilung sehr kühl und gespannt. Bis auf meinen Kollegen Theo, etwa 30 Jahre, mit dunklem geschneckeltem Haar und Nickelbrille im Gesicht. Er ist so ein Einzelgänger - schwer zugänglich und es dauert fast ein Jahr, bis wir beide so richtig miteinander "warm" werden. Schon lange möchte er in dieser Firma "das Handtuch werfen", aber bei der Arbeitslage in der Oberpfalz, von wo er jede Woche nach München fährt, ist es wohl mehr oder weniger nur so dahin gesagt. Mit ihm arbeite ich am liebsten zusammen, denn der Altersunterschied zu den anderen Kollegen ist wohl doch etwas zu groß für mich. Das merke ich meist dann, wenn sie wieder ihre tollen Potenzgeschichten erzählen, oder sich wie wild aufs Freibier stürzen.

Etwas ruhiger ist dagegen Andreas. Er kam erst vor einem halben Jahr in unsere Abteilung. Sein Arbeitsplatz ist in der Werkstatt, bei den Kleinmaschinen. Er hat in etwa mein Alter, ist von recht robuster Statur und besitzt so eine Art, die ich nicht richtig verkrafte.

Irgendwann im Mai sprach mich Andy, wie er von allen genannt wird, auf die Meisterschule an. Mich wunderte seine Art zu fragen, vor allem weil er sich dabei ganz gezielt für meine Zukunftspläne interessierte. Lange würde er es in dieser Firma nicht mehr aushalten, bald werde er alles hinschmeißen und sich selbständig machen. Na, das überraschte mich doch sehr. Dieser Andy war in meinen Augen doch eher so ein Typ, der froh sein konnte, einen solch gut bezahlten Arbeitsplatz zu haben - und der möchte etwas auf eigene Faust machen? Das würde für neuen Gesprächsstoff sorgen... Jetzt hörte ich ihm gespannt zu. Als er von Zigtausenden von Mark Nebenverdienst sprach - einfach so, konnte ich mir das Lachen nicht mehr verkneifen. Aber das sollte noch viel besser werden: Von Millionenumsätzen erzählte er, ich verstand überhaupt nichts mehr. Ich stand da und hörte ihm nur noch zu. Der redete so ernst, daß mir mein Grinsen langsam peinlich wurde. Ich versuchte mit verständnisvoller Miene seinen Erzählungen zu folgen. Auf meine gelegentlichen Fragen erhielt ich keine ausreichenden Antworten. Das war mir aber auch gar nicht so wichtig - wenn ich es nur bald dem Theo erzählen konnte: Der Andy ist total übergeschnappt!

Was denn mein Traumauto wäre, ob ich schon einmal an ein großes Haus mit Swimmingpool gedacht hätte? Soviel könnte ich als Meister wohl nie verdienen. Selbstverständlich gab es genug Autos, die ich lieber fahren würde als meinen acht Jahre alten BMW 520, aber wer tauscht nicht gerne ein altes gegen ein neues? Warum erzählt er mir das? Ich gebe zu: Neugierig bin ich schon geworden, doch gerade bei Andy erschien mir doch alles nur wie ein verwirrter Haufen Phantasie. Er würde mir gerne noch mehr erzählen, aber nicht hier in der Werkstatt, sondern bei mir zu Hause, wenn meine Frau dabei ist. Ich spürte, er wollte mich für irgend etwas begeistern - wahrscheinlich ist er auch so ein Versicherungsvertreter! Oh Gott, wie bringe ich den bloß wieder los? „Ja, ich sage Dir Bescheid, wenn ich einmal Zeit habe!"

Kannte ich den Andreas so schlecht? Er ließ nicht locker. Kaum dachte ich, ihn endlich los zu sein, war er schon wieder da - im leisen Flüsterton mit seinen phantastischen Millionärsgeschichten. Sogar zum Parkplatz folgte er mir. Er müsse mir da etwas erklären; aber warum gerade mir?

Schließlich wird der Termin für abends, 20.00 Uhr, ausgemacht. Viel Zeit bleibt uns nicht, denn meine Frau kommt ja erst um diese Zeit nach Hause. Schnell noch etwas essen, da klingelt es auch schon. Daß der etwas von uns will, ist mir klar. Ich nehme mir fest vor, mich auf nichts einzulassen und dennoch bin ich gespannt, was Andy da so Wichtiges zu erklären hat.

* * *

Andy bringt seine Freundin Manuela mit und nach einer kurzen Begrüßung fangen nun beide an uns auszufragen. Wieder über Urlaub, Autos, Häuser. Das war doch eine völlig ungewohnte Situation. Vorher kannte ich meinen Kollegen kaum und nun sitzt er in unserer Wohnung und macht sich Sorgen um unser Geld. Auf was wollen die beiden nur hinaus?

So wurde nun eine ganze Zeit nur von den angenehmen Seiten des Lebens geredet, bis Andy auf einmal die Wende herbeiführte: „Seid ihr interessiert, dann erklären wir Euch, wie es möglich ist, sich eines Tages all das leisten zu können?"

Jetzt hätte ich nein sagen sollen - den hätte es glatt vom Stuhl gehauen, mitsamt seinen Millionen. Aber natürlich wollten wir nun diese Geschichte auch zu Ende hören, jetzt würden wir ja erfahren, wer von uns noch ganz normal ist. Hunderttausend Mark Jahreseinkommen wären gar nichts, in zwei bis drei Jahren könnten wir uns ein Haus bauen, der Urlaub jedes Jahr wäre kostenlos, das mußten wir uns doch anhören. Er brauche nur ein Stück Papier. Meinen Einwand, wir würden es auch so verstehen, ignorierte er einfach. Andy malte nun einen kleinen Kreis in die obere Hälfte des Blattes und schrieb "Fa. Sonnabend" hinein. „Stellt Euch vor, Ihr hättet eine Firma", es folgte eine kurze Pause, „Waltraud und Uwe Sonnabend würde sie heißen!". Nun blickte er mich an. Das hörte sich gut an, dachte ich bei mir. „Mit welchen Produkten würdet ihr handeln?" fuhr er fort.

Abwechselnd sah er nun auch zu meiner Frau hinüber, die mit großem Interesse seinen Ausführungen folgte. Ich zuckte die Achseln. „Mit Autos vielleicht, oder mit Videorecordern." Mit so etwas konnte ich mir durchaus größere Umsätze vorstellen. Manuela wußte es besser: „Denkt einmal nach! Am besten wären doch Dinge, die jeder Mensch braucht. Euer Nachbar, eure Eltern, Verwandte und Freunde. Na, fällt euch nichts ein?" Sie zog das Blatt zu sich und schrieb: Haushaltsartikel, Körperpflege, Kochgeschirr und Kosmetik. „Das sind alles Dinge des täglichen Bedarfs, die braucht einfach jeder."

Ein Ruck ging durch mich. - Schlagartig ließ meine Neugierde nach, das betraf ja nun doch eher meine Frau und die ließ sich tatsächlich nicht abschrecken, im Gegenteil, jetzt fing sie auch noch zu fragen an. Wer denn der Hersteller ist, was in etwa ein Nagellack koste, doch Manuela wehrte kurz ab. „Auf die Produkte gehen wir anschließend noch genauer ein." Ich lehnte mich etwas bequemer zurück. Scheinbar waren die beiden ein recht gut eingespieltes Team, denn nun übernahm Andy wieder das Wort.

„Was glaubt ihr, wenn Ihr nur Euren Eigenverbrauch dekken und nebenbei Eure Bekannten beliefern würdet, was könntet ihr monatlich für einen Umsatz machen?" „Das kommt ganz darauf an, was Ihr alles habt und vor allem, was das kostet. Schätzen kann ich das beim besten Willen nicht, oder was meinst Du?" Ich blickte wieder zu meiner Frau. „Schwer zu sagen." Nun folgten ein paar Sekunden Pause. „Ich helfe euch. Ich schreibe einmal 500 Mark in den Kreis - nur damit ich Euch den Verdienst anhand eines Beispiels erklären kann." Beide nickten wir erleichtert. Er fuhr fort, indem er uns Einzelhandel, Handelsspanne und Bonussystem erklärte. Ab 300 DM gab es einen Bonus von 3 %, über 900 DM dann 6%. Zusammen mit der Handelsspanne errechnete er 165 Mark Verdienst. Das konnte ja nicht der Clou der Sache sein. 165 Mark sind schön und gut, aber auf diese Art und Weise wollte ich gar keine Tausender verdienen. Das sah er mir wohl an, denn Andy ließ mich gar nichts sagen, sondern machte sofort mit seinem Plan weiter. Er wollte nun den Großhandel erklären. "Sponsern" sollten wir - das heißt betreuen, aufbauen und helfen. Um größere Summen auf diese Art umsetzen zu können, bräuchten wir Geschäftspartner. Wir sollten Filialen eröffnen und diese mit Waren versorgen. Diese Filialen wären ebenfalls Freunde und Bekannte. Deren Umsatz gäbe, gestaffelt nach einer Tabelle, mehr Bonus und somit mehr Verdienst für uns, ohne ständig neue Kunden zu suchen. Langsam begann es bei mir zu ticken. Aha, wir sollten also Leute werben die für uns verkaufen und wir könnten den Bonus einschieben. Da diese Leute dann wieder sponsern sollten, erinnerte mich das an diese Kettenbriefe vor denen man schon allzuoft gewarnt wurde.

Der Besuch zog sich nun in die Länge. Das Bonussystem wurde uns nun vollständig erklärt. 100% Rückgabegarantie auf Lebenszeit würde der uns noch immer unbekannte Hersteller geben und vieles mehr. So gegen halb zwölf Uhr lief Manuela zum Auto hinunter und kam mit einer Kiste voller Produkten wieder herauf. Diese Sachen interessierten mich nun doch. Neugierig untersuchten wir Rasierwasser, Glasreiniger und die mitgebrachten Pflegesets. Ehrlich gesagt, ich hatte nicht das Gefühl, daß die Sachen nichts taugten. Wir mußten fest versprechen, am nächstenAbend mit ihnen zu einem "Direktberater" zu fahren. Direktberater wird man nach drei aufeinander folgenden Monaten mit jeweils mindestens 15.000 DM Umsatz. Ein solcher Berater würde uns alles noch viel genauer erklären und alle unsere Fragen beantworten. 15.000 DM Umsatz! Neugierig genug waren wir geworden, so jemand einmal kennen zu lernen.

Als die beiden dann endlich gegangen waren, unterhielt ich mich noch einige Zeit mit meiner Frau. Für uns beide war noch alles zu undurchsichtig, dennoch zeigte sich Kessy keineswegs abgeneigt. In mir wuchsen die Zweifel, je mehr ich darüber nachdachte. „Am Ende landen wir im Gefängnis!" Meine Frau lachte. „Jetzt warte doch erst einmal den morgigen Abend ab, vielleicht sieht es dann ganz anders aus." Ihr schien diese Sache durchaus zu gefallen. Die Produkte könne sie doch nebenbei anArbeitskolleginnen verkaufen und wir selbst würden die Sachen für den Eigenbedarf auch billiger beziehen. Dagegen wollte ich nichts mehr sagen, außerdem war ich müde und morgen, morgen würden wir ja weitersehen.

* * *

„Die lassen uns aber ganz schön lange warten", flüsterte meine Frau zu mir herüber. Wir saßen hier auf einer schreiend grünen, recht unbequemen Couch in einem kleinen Wohnzimmer eines Direktberaterpaares. Noch dazu waren wir nicht alleine. Da kamen immer mehr Leute. Kaum war die Haustür zu, klingelte es schon wieder. Auf der Couch wurde es langsam eng. Vom großen Geld war weit und breit nichts zu sehen. Im Gegenteil, das Mietshaus und alles drumherum sah eher wie so ein Einheits-Sozialviertel aus.

So zehn Minuten sind wir sicherlich schon gesessen, bis die junge, hübsche, schwarzhaarige Ingrid wieder hereinkam. Sie hatte uns die Tür geöffnet und sich vorgestellt, daher kannten wir auch ihren Namen. Nett lachte sie uns an, verteilte Plastikbecher, verschwand kurz und kam mit einem Tablett voll Kaffee, Orangensaft und Cola wieder zurück. „Bedient euch nur. Peter kommt gleich, noch ein paar Minuten!" Dieses "gleich" sollte nochmals zehn Minuten dauern. Mittlerweile unterhielten sich alle recht rege, ich hatte den Eindruck, daß sich alle kannten. Nun gesellten sich auch Andy und Manuela wieder zu uns, die sich schon die ganze Zeit beim "DD", wie sie ihn nannten, aufhielten. Etwas unpassend schien mir meine Kleidung: Jeans, Hemd und Strickjacke. Hier waren alle gekleidet wie Manager: Nadelstreifenanzug und Krawatte. Eine sonderbare Situation.

Da kam er dann auch endlich, der große Meister. Schlank, groß, blond mit einem kleinen Schnauzer, nicht älter als 25, dachte ich. Ein anderer, etwas korpulenter Mann stellte eifrig eine große grüne Tafel auf. Nach der Begrüßung wurden wir von Peter, zu unserer Verwunderung, den anderen vorgestellt. „Das sind Kessy und Sonny". Wir waren also doch etwas Besonderes in diesem Kreis. Aus seiner Einleitung erfuhren wir, daß es sich bei diesem Meeting um ein "Offenes Haus" handelte. Diese Treffen werden allwöchentlich abgehalten um Berater zu schulen und Interessenten zu informieren. Minuten später klingelte es in meinen Ohren. Da hörte ich schon wieder dasselbe: Häuser, Autos, Urlaub, Geld. Und er ging noch weiter: Freiheit, Unabhängigkeit, Träume. Dann der Marketingplan, das Vertriebssystem wie es uns auchAndy erklärte. „Angenommen Du sponserst sechs Berater, jeder von denen nur zwei und diese wiederum nur zwei. Bei einem Rechenbeispiel von 500 DM pro Beraterschaft ergibt das, inklusive deines eigenen Umsatzes von 500 DM, einen Gesamtumsatz von 21.500 DM. Dann bekommst

Du den höchsten Bonus von 21 % und wirst Direktberater Anwärter. 21 % von 21.500 DM ist 2.525 DM plus 150 DM Handelsspanne auf deine 500 DM ergibt 2.775 DM, die Du verdienst". Ich hatte Mühe, die Zahlen und Rechenbeispiele mitzuschreiben. „Und das kann man leicht nebenberuflich machen", fuhr er fort.

Sie selbst seien Direktberater und beide noch berufstätig. Ihre Beraterschaft ist über ganz Deutschland verteilt und wächst ständig weiter. Ich versuchte mir auszurechnen was dieser DD wohl an uns verdient, wenn wir für 500 DM verkauften. Doch Peter ließ uns keine Ruhe um darüber nachzudenken. „Aber das ist ja erst der Anfang. Eure Leute werden auch weiter aufbauen, bis sie über 15.000 DM umsetzen, um den höchsten Bonus zu erhalten. Dann sind sie selbst DD und Du bekommst 3 % Sonderbonus auf deren Umsatz vom Lieferanten ausbezahlt. Das sind 3 % auf 15.000, also mindestens 450 Mark je DD, fast wie eine Rente. Für deine Arbeit wirst Du später einmal entlohnt, Monat für Monat, ohne daß Du noch irgendwelche Arbeit mit diesem Geschäftspartner hast". Nun, nach einer kurzen Bedenkpause, erklärte er uns die "höheren" Einkommen. Die einzelnen Stufen eines Direktberaters wurden nach Edelsteinen benannt. Doch bereits beim Rubin DD war meine Vorstellungskraft am Ende. Der brauchte 30.000 DM Monatsumsatz, ohne den Umsatz eines DD's aus seiner Gruppe. Es folgten Perlen, Smaragd, Diamant, Doppel- und Dreifach Diamant, sowie Kronen und Kronenbotschafter DD's. Für all diese höheren Stufen mußte man zusätzliche Berater sponsern, die dann Direktberater werden. Ein Kronenbotschafter benötigte 25 DD's. Dann nannte er wieder die enormen Einkommen einer jeden Stufe. „Es sind zwar immer nur Prozentbruchteile, jedoch ergeben die Einkommen am Jahresende eine stattliche Summe, da sie jeweils aus dem Umsatz der gesamten Organisation berechnet werden."

Peter erklärte recht verständlich und man konnte ihm auch gut zuhören. Er hatte ein gewisses Talent, die Leute einzulullen. Doch allein diese 15.000 DM Umsatz im Monat konnte ich mir noch nicht recht vorstellen und das war es auch, was ihm da vorne meine ganze Achtung bescherte. Er hatte bereits über 15.000 DM Umsatz mit diesem System erreicht. Peter ging im Laufe des Abends noch auf weitere Vorteile des Geschäftes ein. Allein durch eine Gewerbeanmeldung ließen sich erhebliche Summen an Steuern sparen, so daß wir in den ersten Jahren mit einer schönen Steuerrückerstattung rechnen könnten.

* * *

Ein wenig verwirrt setzte ich mich aufs Bett. Meine Frau zog den Kit hervor, so hieß diese braune Mappe mit den Produktinformationen, Preislisten, Vorführanweisungen und Bestellscheinen. Jetzt, um halb 12 Uhr nachts, brach bei mir die Neugier aus. Was hatte meine Frau da genau unterschrieben? Obwohl ich mich noch vor einer Stunde energisch weigerte, etwas zu unterschreiben, hatte ich nun doch enormes Interesse an den Unterlagen gefunden. Sollte es wirklich möglich sein, damit Geld zu verdienen? Aber meine Frau wollte es ja probieren. Also gut, dann soll sie doch verkaufen! Ich werde die Managerposition übernehmen und still im Hintergrund agieren. Leute wird sie ja doch keine finden, die für sie verkaufen, also werde ich die Handelsspannen berechnen und die Gelder verwalten. Aber vielleicht findet sich doch eines Tages jemand der für sie mitverkauft, oder sie hört sowieso bald wieder damit auf.

Während ich so im Dunkeln darüber nachdachte, schlief ich ein. Tagsüber überfiel mich immer wieder eine Unruhe. War da vielleicht doch etwas dran? Die Konzentration für meine Arbeit ließ merklich nach.

In der Mittagspause traf ich mich mit Andy in der Werkstatt. Wieder im geheimnisvollen Halbflüsterton versuchte er, mich von dieser Idee zu überzeugen. Sollte meine Frau eines Tages DD werden, so hätte ich keine Ansprüche auf dieses Geschäft. Steuerlich wäre es besser, wenn ich mich anmelden würde und es gäbe auch keine Verpflichtungen. Ich bräuchte nur zu unterschreiben, damit entstünden mir nur Vorteile, oder würde ich ihm etwa nicht trauen?

Was sollte ich von all dem halten? Kurz vor Feierabend hatte er mich dann endlich soweit. Er legte mir den Beraterantrag vor, den meine Frau am Abend zuvor alleine unterschrieben hatte. Irgendwann war es ihm wohl gelungen, mich zu überzeugen. Auf jeden Fall war ich nun mit von der Partie. Andy erzählte mir, er sei schon seit eineinhalb Jahren im Geschäft. Eineinhalb Jahre und noch nicht DD? So große Töne spucken und wir waren seine ersten Geschäftspartner? HeuteAbend sollten wir zu einer Schulung in Eching bei München kommen. Das war nun schon der dritteAbend, aber mein Interesse stieg und meine Frau war bereits seit gestern abend restlos begeistert. Ich stand auf den Standpunkt, erst einmal alles anzuhören und dann abzuwarten, was sich ergibt.

* * *

Scheinbar hatte ich aber die ganze Sache total unterschätzt. Sie interessierte mich mehr, als ich bereit war zuzugeben. Das viele Geld war für mich unvorstellbar. Doch jeder sollte es können, wenn er den ernsthaften Willen dazu hätte. Nach der Schulung in Eching war ich tief enttäuscht. Lauter Verrückte, total Verrückte. Bei lauter Musik und mit dauerndem rhythmischen Klatschen, saß dort eine riesige Horde fanatischer Verkäufer. Jede einzelne Ansage wurde begeistert beklatscht, Anstecknadeln an Berater verliehen, Produkte vorgeführt und der Marketingplan erklärt. Verschreckt saßen wir beide an unserem Tisch.

Andy und Manuela mußten vor auf die Bühne, weil sie gesponsert hatten: Uns! Dann wurde dem besten Sponsor der Woche, er hatte drei neue Berater geworben, ein Pokal verliehen. Es war ein Pärchen, und alle im Saal freuten sich. Das Paar wurde von ihrem DD umarmt und geküßt. Mann, ist das albern, dachte ich bei mir, und alle im Anzug und in schönen Kleidern. Wenn ich mir so manche Typen anschaute, die sich da kunstvoll, wahrscheinlich in Papas alte Krawatte, eingewickelt hatten, so waren uns die bestimmt nicht geistig überlegen.

Nach der Schulung kam die Familie Oberberger, ein Beraterpaar das wir auf Ingrid und Peters "Offenem Haus" kennengelernt hatten, auf uns zu. „Na, ist doch toll hier, oder?" Ich nickte etwas zögernd, hatte mich innerlich aber gefreut, daß sie uns ansprachen.

Was mich am meisten aufregte, war Andys dauerndes Motivationsgeplappere. Ständig redete er von seinen Zielen und Träumen und was man alles mit diesem Geschäft erreichen könnte. Auch Ingrid und Peter waren sichtlich um uns bemüht. Die beiden waren maßgeblich an unserem Entschluß, dieses Geschäft zu beginnen, beteiligt. Zu ihnen hatten wir schnell Vertrauen gefaßt. Vor allem aber waren es diese goldenen DD-Nadeln an ihren Revers, die ihnen unseren ganzen Respekt verschafften. Immerhin, für uns unbegreifliche, fünfzehntausend Mark Umsatz im Monat, mit Produkten die alle so zwischen zehn und zwanzig Mark Verkaufspreis lagen.

Am Donnerstag und Freitag beschäftigten wir uns ausgiebig mit den Produktinformationen. Endlich erfuhren wir etwas mehr über den Lieferanten und Hersteller. Auffällig war, daß uns eigentlich niemand über diese Firma ausreichend informieren wollte, im Gegenteil, man wich unseren diesbezüglichen Fragen ständig aus. „Das wäre nicht so wichtig, wir haben ja eine 100%ige Rückgabegarantie auf alle Produkte. Unsere 49 DM für die Geschäftsunterlagen seien ebenfalls auf Kautionsbasis hinterlegt, sollten wir wieder aufhören wollen, bekämen wir das Geld wieder zurück. Vor allem sei aber das Vertriebssystem entscheidend, im Aufbau liegt der Verdienst". Uns aber interessierte es, was steckte hinter der Firma?

Zu unserer Überraschung hörte sich alles durchaus positiv an. Vor 25 Jahren wurde das Unternehmen von zwei Freunden gegründet. Mit nur einem einzigen Allzweckreiniger machten sie sich auf den Weg und legten den Grundstein für dieses Geschäft. Heute zählt es zu einem der größten Unternehmen in den Vereinigten Staaten und es wurden bereits in vielen Ländern der Erde Niederlassungen gegründet. Vor fünf Jahren diese in Deutschland. Das Mutterwerk in Amerika wurde auf einigen Fotos gezeigt. Dort soll der größte Teil der Produkte hergestellt werden, mitsamt der Verpackung und den Versandkartons. Ich wunderte mich ein wenig, daß wir noch nie von dieser Firma gehört hatten.

* * *

Am nächsten Tag erzählte ich meinem Arbeitskollegen Theo, von der ganzen Sache. Wenigstens soweit ich bis jetzt Bescheid wußte. Der aber hatte nur ein mitleidiges Grinsen und kleine Spötteleien für mich übrig. "Seifendantler" nannte er mich. In mir rumorte es. Wie konnte er etwas schlecht machen, das er noch gar nicht kannte? So sehr ich mich auch bemühte, er wollte sich nicht überreden lassen. Mit dem Sponsern schien es mir gar nicht so einfach zu sein. Also werden wir doch erst einmal verkaufen. Wie jeden Samstag besuchte ich die Meisterschule, aber meine Gedanken waren wie gefesselt von dieser neuen Idee. Ständig kreisten mir die Zahlen aus dem Marketingplan durch den Kopf. Nach der Schule packten wir unsere Prospekte zusammen und fuhren zu meinen Eltern. Es war wohl eher unsere Schwärmerei, die es schaffte für etwa 100 DM Bestellungen aufzunehmen. Oder war es Mitleid? „Auf jeden Fall hat das schon mal geklappt", meinte meine Frau als wir wieder im Auto saßen. Wir entschlossen uns, gleich unser nächstes "Opfer" zu besuchen: Meine jüngere Schwester. Das klappte so gut, obwohl wir keine Waren zum Vorzeigen hatten. Deshalb wollten wir es gleich am nächsten Tag, beim Kegelnachmittag, noch einmal versuchen. „Genau, morgen machen wir unsere 300 DM voll!“ Ab 300 DM hatten wir nach der Tabelle einen Bonusanspruch. Das sind zwar nur 3 %, aber immerhin, wir waren ja erst am Anfang.

* * *

Die harte Enttäuschung traf uns dann doch etwas unerwartet. Unsere langjährigen Freunde hatten an den Katalogen kein bißchen Interesse. Es war uns direkt peinlich, wie wir sie auf eine Bestellung drängten. Mit leeren Händen fuhren wir gegen 19.00 Uhr nach Hause. Heute war doch Bestelltag. Telefonisch sollten wir Andy unsere Bestellung durchgeben. Also nichts wie los! Bei uns im Haus wohnten einige gute Bekannte. Nach etwa einer Stunde erhielten wir eine Bestellung über etwa 30 DM. Uns fehlten immer noch 100 DM zu einem Bonus. Auf gar keinen Fall wollten wir noch jemanden besuchen. Das war nun doch eine zu mühselige und vor allem peinliche Bettelei geworden. Wir entschlossen uns, für den fehlenden Betrag aus eigener Kasse zu bestellen.

Andy faßte sich recht kurz am Telefon. Er fragte nicht einmal nach, wie wir die, für uns recht große Bestellung, zusammengebracht hatten. Am Mittwoch, auf der Schulung in Eching, würden wir die Ware geliefert bekommen. Morgen bräuchte er einen ausgefüllten Bestellschein von mir und wenn möglich einen Scheck, kein Bargeld.

Es war schon spät. Hundemüde, aber stolz auf unsere Leistung, gingen wir zu Bett. Einschlafen konnte ich dennoch nicht. Am Dienstag sollten wir wieder zum “Offenen Haus“ des Direktberaters, am Mittwoch zur Schulung nach Eching. An die Meisterschule hatte ich im Moment gar nicht mehr gedacht, erst recht nicht an die notwendigen Vorbereitungen auf den nächsten Unterricht. Etwas paßte mir an der ganzen Sache nicht. Um wirklich etwas zu erreichen, mußte man doch andere verkaufen lassen und selber den Bonus einschieben. Ich überlegte welche Leute wir kennen, die sich dazu überreden lassen würden.

Es waren nur ganz wenige die ich mir dazu vorstellen konnte. Mir fiel der jüngere Bruder meiner Frau ein. Er war gerade 18 und hatte eine 17 jährige Freundin. Genau, den könnten wir überreden, das traute ich mir zu. Immerhin, es ist ein Versuch und vor allem ein erster Lichtblick.

Die Nacht war kurz. Um 5 Uhr klingelte der Wecker. Die Welt sah heute morgen ganz anders aus. Wieder gingen mir die ganzen Schwierigkeiten unseres neuen Unternehmens durch den Kopf. Aber Andy nutzte jede Gelegenheit mich mit seinen unglaublichen Millionärsgeschichten aufzupäppeln. Er erzählte von einem Kronenbotschafterpaar, dem ersten in Deutschland. Sie waren erst seit 5 Jahren im Geschäft und heute schon steinreich. Aber das waren für mich andere, das traf für mich und Waltraud nicht zu. Trotzdem war etwas dran, das mich zum Nachdenken brachte. Wie weit könnte ich es schaffen? Was war, realistisch gesehen, machbar?

„So eine verrückte Welt", dachte ich mir. Es ist Dienstagabend und wir sitzen tatsächlich bei dem Bruder meiner Frau und erklärten unser Geschäft. Was ich da als Marketingplan vorstellte, hatte wohl nur wenig Ähnlichkeit mit dem, was wir gehört hatten. Das Gespräch dauerte keine halbe Stunde, da waren Hardy und seine Freundin Heidi schon bereit mit uns mitzufahren. Beide entwickelten sofort eine Begeisterung für diese Idee, so daß all die Zahlen gar nicht so wichtig waren. Also auf zu Ingrid und Peter! Ich spürte Stolz in mir. Wir hatten schon nach so kurzer Zeit jemanden gesponsert. Ich hatte sogar das Gefühl, etwas Gutes getan zu haben, saßen die beiden doch voller Begeisterung dort auf der grünen Couch und hörten interessiert zu.

Nach dem offiziellen Teil holte uns Peter zu sich in die Küche. „Die beiden sind gut", meinte er, „sie sind zwar noch jung, aber in diesem Geschäft kann jeder etwas werden". Eigentlich erwartete ich etwas anderes. Wir waren doch gut, wir hatten doch gesponsert. Doch Peter wollte etwas ganz anderes mit uns besprechen. In Zukunft sollten wir regelmäßig solche Sponsergespräche führen. Auch müßten wir dafür sorgen, stets genug Kits zu Hause zu haben, mindestens fünf Stück, da unsere Geschäftspartner auch weiterarbeiten würden. Fünf Kits? Das sind ja noch einmal 250 Mark. Sicher war das alles als guter Rat gedacht, trotzdem bekam ich das Gefühl, daß er uns unter Druck setzte. Den Druck, nun so weiter machen zu müssen. So nach dem Motto: „Du hast gesagt, du machst das, also machst du das jetzt auch!"

Wir waren beide so aufgewühlt, daß wir kaum schlafen konnten. Bis in den Morgen und auch tagsüber fesselten uns die Gedanken an dieses Geschäft. Wen könnten wir noch zur Schulung heute Abend in Eching mitnehmen? Von der Arbeit gerade nach Hause gekommen, traf ich einen eher flüchtigen Bekannten. Das war er! Der konnte mit Sicherheit Geld gebrauchen. Wir kannten uns nur vomAutobasteln her. Unten am Parkplatz stand er oft an seinem VW Golf und flickte ihn wieder zusammen. SeinAuto war gezwungenermaßen sein Hobby, da es ständig irgendein Wehwehchen hatte und somit die meiste Zeit am Parkplatz stehen mußte. Ich erinnerte mich an Peters Worte: „Erzähl nicht zuviel, bis du den Marketingplan erklären kannst. Lade die Leute lieber auf ein Treffen ein". Also gut, dann frage ich ihn halt nur, ob er Geld verdienen möchte und heute abend Zeit hat.

Himmel, war der neugierig geworden. Soviel er auch bohrte, ich verriet keine Silbe. „Fahr heute abend mit mir mit, da werde ich Dir alles erklären", sagte ich zu Rex - er hieß tatsächlich so! Wir verabredeten uns für 19 Uhr. Rex, ein waschechter Berliner, wohnte erst seit kurzem hier in Puchheim. Bestimmt hatte er in Berlin noch viele Bekannte. Dadurch würde sich unser Geschäft, schneller als wir es uns vorstellen können, über Deutschland ausweiten. In Eching, noch bevor die Schulung begann, erklärte ich ihm den Marketingplan. Ich hatte ihn inzwischen schon fleißig geübt, auf Toilettenpapier in derArbeit, verschrieb ich ganze Meter.

Ingrid und Peter gaben mir hilfreiche Unterstützung. Nach einiger Zeit bekam auch Rex diese merkwürdigen Augen, an denen man die Antwort ablesen konnte. Sein größtes Problem stellten die 49 Mark für Antrag und Unterlagen dar. Also legten wir sie aus. Aber immerhin, wir hatten schon wieder gesponsert.

Die Schulung begann, und der MC, so nannte man den freundlichen Herrn dort auf der Bühne, der dieAnsagen machte, rief alle Sponsoren dieser Woche zu sich. Wir stiegen stolz die Treppen auf die Bühne hinauf. Ein seltsames Gefühl. Saßen da doch gut zweihundert auf ihren Plätzen die keinen einzigen neuen Berater geworben hatten. Nun fragte der MC, wer denn mehr als einen neuen Geschäftspartner gesponsert habe. Ein junges Paar und wir hatten zwei neue dabei und erhielten dafür einen riesigen Applaus. Bei der Frage nach mehr als zwei Anträgen wurde es still. Damit standen die Sieger der Woche

fest. Zwei Paare waren es diesmal, und wir waren mit dabei. Jetzt bekam ich zum zweiten Mal das Gefühl, etwas unpassend gekleidet zu sein. Fast alle dort unten waren in Anzügen gekommen, nur ich in der Jeanshose. Das nächste Mal, das stand nun fest, käme auch ich im Anzug. Dennoch gehörten wir zu den besten Sponsoren der Woche. Dafür gab es ein kostenloses Essen von unseren DD's. Unter kräftigem Applaus stiegen wir von der Bühne, wo auch schon Andy, Manuela, Ingrid und Peter auf uns warteten, um uns freudig zu umarmen.

Kaum von der Bühne herunter durften wir auch schon wieder hinauf, als neue Dreiprozenter. Alle, die zum ersten Mal mehr als 300 DM Umsatz machten, erhielten ihre erste Nadel. Heute abend waren wir die Größten. Wir genossen diese Ehrungen, als ständen wir hier oben alleine. Daß nach uns noch höhere Ehrungen vorgenommen wurden, war für uns nicht mehr interessant. Wir waren es, die dieses Geschäft verstanden hatten, nun mußten wir unsere Geschäftspartner beraten und unterstützen, damit sie dasselbe machen. Ja, ein eigenes Treffen muß nun angesetzt werden, gleich morgen Abend.

In den folgenden Tagen probierten wir neugierig die Produkte aus. Das von uns geplante Treffen wurde aufs Wochenende verschoben. Nach der Arbeit fuhr ich bei meinen Eltern vorbei und lieferte ihre Bestellung ab. Großzügig überließ ich ihnen die Handelsspanne. Ein bißchen teuer kamen mir die Sachen schon vor. Ein Fensterreiniger für fast 10 Mark, aber dafür kam Schaum heraus und er soll angeblich besonders gut reinigen.

* * *

Die Entscheidung

Dieses Geschäft, wie wir es nun auch nannten, sollte unser Leben verändern. So einfach es auch funktionierte, um auf diese Art wirklich etwas zu erreichen, mußte man alles einsetzen. Es war für uns bald kein Geschäft mehr, das man so nebenbei betreibt. Mir fiel es schwer drei Wege miteinander zu verbinden. Meine Arbeit war unser tägliches Brot, dieses Geschäft aber sollte unsere Zukunft werden. Die Meisterschule entwickelte sich zu einer großen Belastung. Mit aller Kraft wollten wir fortan dieses Geschäft aufbauen. Es sollte uns doch möglich sein wenigstens Direktberater zu werden. So viele waren in der monatlich erscheinenden Lieferantenzeitschrift abgebildet die es schon geschafft hatten. Kronenbotschafter zu werden war für uns unvorstellbar, dazu brauchten wir selbst 25 Direktberater. Woher sollten wir die nehmen? Aber selbst Direktberater zu werden und 2.000 Mark zusätzlich zu verdienen, das lag im Bereich des Möglichen. Mit dem Geld könnte meine Frau das Arbeiten aufhören und unser Traum, eines Tages Kinder zu haben, könnte so verwirklicht werden. Dieser Gedanke wurde in kürzester Zeit so verstärkt, daß wir ein solches Ziel für absolut realisierbar hielten. Bereits im Juni bekamen wir dann Gewißheit: Meine Frau war schwanger.

Wöchentlich besuchten wir die Schulungen und die Treffen bei unseren Direktberatern. Ein Thema lag uns dort immer wieder schwer im Magen: Wir sollten an einem Seminar in Österreich teilnehmen. Alle redeten von Obsteig, so hieß dieser kleine Ort, für den wir zwei Tage Urlaub nehmen sollten, um das Wichtigste in diesem Geschäft zu erleben. Von allen Seiten hörte man nur das Beste: Ohne Obsteig ginge es nicht, niemand könnte in diesem Geschäft erfolgreich werden, der nicht in Obsteig war. Die 250 Mark, die es pro Person kostete, wären eine der lohnendsten Investitionen für den erfolgreichen Geschäftsaufbau. Immer wieder wurden wir regelrecht bedrängt. Unsere DD's, die Sprecher auf der Schulung und auch unsere Sponsoren ließen nicht locker. So sehr ich mich auch dagegen sträubte, ich bekam keine Ruhe. 500 Mark waren für uns kein Pappenstiel, wo sollten wir die denn hernehmen? Dazu kam auch noch die Fahrt und die Getränke für drei Tage. Überredet wurden wir am Ende doch. Als Heidi und Hardy zusagten, hatten wir keine Wahl mehr. Irgendwie müßten wir das Geld eben auftreiben, außerdem hatte mich Peter schon so sehr bearbeitet, daß ich gar nicht mehr Nein sagen konnte. Sogar das Geld würde er uns leihen, so wichtig sei dieses Seminar.

„In Ordnung, wir fahren mit", gab ich schließlich nach. Ein paar Wochen waren noch Zeit, um vielleicht den einen oder anderen zu sponsern der auch noch mitfahren könnte.

So ganz kostenlos ging es wohl doch nicht. Zum Glück war gerade Monatsanfang und die Lohngelder gingen auf unseren Konten ein. Es war auch höchste Zeit geworden, denn mittlerweile waren wir schon tief in den roten Zahlen. Das Geld für die Warenbestellung mußte vorgestreckt werden, die Verkaufsunterlagen die wir vorsorglich bestellt hatten, kosteten noch einmal 250 Mark. Auch Rex hatte seine Schulden noch nicht bezahlt. Doch bei den Verdienstaussichten, die wir mit diesem Geschäft hatten, waren die Außenstände verschwindend klein.

Am Sonntagvormittag hielten wir unser Gruppentreffen ab. Und tatsächlich, es war schon eine Gruppe. Heidi und Hardy kamen mit zwei interessierten Paaren. So waren wir mit Rex und uns selbst schon neun Leute in unserem kleinen Apartment. Obwohl die vier Neuen noch sehr jung waren, bedeutete es für uns doch Wachstum. Den Marketingplan mit seinen vielen Kreisen und Rechenbeispielen konnte ich schon auswendig erklären. Um so mehr war ich überrascht, daß alle vier eine Bedenkzeit haben wollten, bis sie den Beraterantrag unterschreiben würden. Hatte ich vielleicht doch etwas falsch erklärt? Aber ich hatte mich doch genau an das gehalten, was uns auf der Schulung erklärt wurde. Es war nichts zu machen. Die ganze Zeit hörten sie mir interessiert zu und dann wollten sie sich nicht entscheiden. Na, wenigsten sagten sie für Mittwoch nach Eching zu, da würden sie bestimmt gesponsert.

Am selben Nachmittag trafen wir uns wieder zum Kegeln. „Diesmal bringen wir ihnen ein paar Produkte mit, damit sie selbst sehen, wie gut das Zeug ist. Wenn ihnen die Sachen gefallen, so werden sie uns bestimmt etwas abkaufen, oder wir bringen sie dazu, selbst zu verkaufen."

Wir hatten unsere Pläne wohl ohne unsere Freunde gemacht. Der Kegelnachmittag endete erneut mit einer bösen Enttäuschung. Gleich zu Anfang stellte ich Rasierwasser, Colognes und verschiedene Reiniger auf den Tisch. Das lief auch ganz gut so. Jeder probierte und roch, doch das war dann auch schon alles. Als ich die Preisliste hervorholte, wollten sie anfangen zu kegeln. „O.k., wenn sie uns nichts abkaufen wollen, dann brauchen sie Geld" dachte ich mir. Wir kannten alle schon lange und wußten, daß jeder von ihnen eine Finanzspritze gut gebrauchen konnte.

Gerade unser ältester Bekannter, den ich schon aus meiner Lehrzeit kannte, genau er, mußte den Mund etwas zu voll nehmen. Im Nu entbrannte ein hitziges Wortgefecht. Zunehmend wurde er ausfallender. Vielleicht fühlte er sich von mir beleidigt, als ich ihn auf die Schulden in der Kegelkasse ansprach. Er war eh so ein Typ, der gerne Streit vom Zaun brach. Oft genug hatte sich jemand gefunden, der ihn wieder beschwichtigte und so eine ernsthaftere Auseinandersetzung verhinderte. Heute war es soweit. Endlich war ich entschlossen, ihm die längst fällige Abreibung zu verpassen. Nur wenige Minuten später wurde der Schlußpunkt unter diese Freundschaft gesetzt. Solche Szenen sah ich vorher nur im Fernsehen: Mein Hemdärmel hing herunter, der Tisch ging zu Bruch und von den Gläsern lagen nur noch Scherben auf dem Boden. Es dauerte nicht lange, bis die anderen wieder für Ruhe sorgten, doch fühlte ich mich im Moment richtig erleichtert. Vielleicht war es nur der alte Trott, den ich mir heute nachmittag abschüttelte, um mir auf diese Weise ein Stückchen Freiheit zurückzuholen.

Meine Frau packte unsere Sachen ein und wir verließen ohne Verabschiedung die Runde. „Was soll's", meinte Kessy imAuto, „die hätten wir alle miteinander nicht brauchen können. Jetzt sind wir sie wenigsten los". Ich legte meinen Kopf zurück um die Sitze nicht mit Blut zu verschmieren, das noch leicht aus meiner Nase ran. Schade um die Kegelkasse, doch war ich gerne bereit, darauf zu verzichten, wenn damit die Sonntagnachmittagsverpflichtung erledigt war.

Die beiden Paare von Heidi und Hardy kamen tatsächlich zur Schulung und unterschrieben dort den Beraterantrag. Natürlich erst nachdem sich Peter ein wenig mit ihnen unterhalten hatte. Eine kleine Gruppe wuchs heran, vorneweg Hardy und seine Freundin. Wir selbst hatten uns zwischenzeitlich entschlossen hauptsächlich zu Sponsern, um durch mehr Berater in der Gruppe den Gesamtumsatz zu steigern. Überhaupt machten wir schon richtige Zukunftspläne. So saßen wir nach der Schulung beim Essen in einem schönen Restaurant in München und besprachen unser neues Leben in diesem Geschäft. Wir waren wie von einem Fieber befallen, in Gedanken auf dem Flug nach oben. Wir hatten einen greifbaren, realistischen Weg, um alles nur Denkbare erreichen zu können. Unsere anfänglichen Zweifel, daß sich dieses Geschäft eines Tages totlaufen würde und wir niemanden mehr sponsern könnten, waren längst verwischt.

Im zweiten Monat erreichten wir den 9 % Bonus mit über 1.800 Mark Umsatz. Heidi und Hardy trugen zum Gesamtumsatz bereits tausend Mark bei. Von allen waren sie die eifrigsten. Sie hatten ständig neue Termine und auch in der Tiefe wurde bereits weitergesponsert. So war schon bald ein kräftiger Umsatzschub von ihnen zu erwarten.

* * *

Für das Seminar in Österreich sammelten wir, mit unseren eigenen, insgesamt 16 Anmeldungen ein. So groß war unsere Organisation inzwischen geworden. Doch der große Rückschlag blieb nicht aus. Vierzehn Tage vor Seminarbeginn gab uns Peter eine Terminänderung bekannt: „Nun findet unser Durchgang bereits nächste Woche statt, alle Anmeldungen gelten für diesen neuen Termin!" „Nein, nicht mit mir, wir fahren nicht mit."

Bis auf Heidi und Hardy sagten alle Berater ab und zogen ihre Anmeldung zurück. „Mit meinem vollen Verständnis", war meine kurze Antwort. Daraufhin wurde Peter laut. Wütend fuhr er mich an: „Dieses Seminar ist für Euch wichtig, die anderen sind doch völlig egal! Wenn sie das Geschäft noch nicht verstanden haben, dann sind sie selber schuld. Ihr fahrt auf jedem Fall mit, macht krank oder sonst etwas, auf gar keinen Fall bleibt Ihr zuhause."

Klar, unseren Urlaub könnten wir verschieben, aber daß wir ohne unsere Gruppe fahren sollen, sehe ich nicht ein, nicht mit mir, da müssen die sich schon einen anderen suchen, mit dem sie so umspringen können. Ich bin doch nicht deren Depp und lasse mich herumschubsen, wie es denen gerade gefällt.

Peter blieb hartnäckig. Auf der Schulung ließ er mich nicht los. Meine Frau wurde inzwischen weich und auch Hardy redete auf mich ein. So saß ich in der Schulung, als der einzige Revoluzzer, der unbedingt nicht einsehen wollte, daß er nachgeben müßte. Nach der Schulung zog mich Peter zur Seite, etwas abseits packte er mich am Sakko. „Du fährst jetzt mit, ob Du willst oder nicht! Wenn es Dir nicht gefällt, zahle ich Dir das Geld wieder zurück. O.K.?" Er drückte mich drohend an die Wand. Sein Ton wurde energisch, fast böse. „Sag mal, spinnst Du?" fragte ich vorsichtig, „es ist doch meine Sache ob ich mitfahre oder nicht!" Angeblich hatte Peter irgendwelche Gürtel in Judo. Kräftig ist er, das war auch deutlich zu spüren. „O.K., O.K. ich schau mal..." beschwichtigte ich ihn. Was sollte ich machen?

Am Ende willigte ich ein, obwohl mir die Art und Weise wie er meine Entscheidungen "respektierte", absolut mißfiel.

* * *

Das Seminar in Obsteig, das von Donnerstag bis Samstag dauerte, sollte in der Tat einen bleibenden Eindruck in uns hinterlassen. Bei der Abreise war uns das tatsächliche Ausmaß noch nicht bewußt. Momentan fühlten wir nur einen unersättlichen Drang nach oben zu kommen. Während der Heimreise wurde nur wenig gesprochen. Wir waren alle erschöpft von den langen Nächten und den vielen Stunden die wir auf dem Seminar verbrachten. So hatte ich mir das ganz und gar nicht vorgestellt. Unter Seminar verstand ich eher die rein geschäftliche, schulische Atmosphäre, etwa so wie auf der Meisterschule. Auch das Seminar, das ich über meinen Arbeitgeber einmal besuchte, hatte einen rein schulischen Charakter. Was wir hier erlebten, war etwas völlig Neues. Es sprach mich in meinem Inneren an, wühlte mich auf und zeigte mir ein Stückchen von einer anderen Welt. All meine Vorstellungen vom Leben waren urplötzlich ins Wanken geraten.

Auf der Heimfahrt erschien mir diese Welt viel größer und doch war sie greifbarer geworden. In uns allen war ein Feuer entfacht, das darauf wartete sich auszubreiten. Doch mit meinen Gedanken war nicht viel anzufangen. Sie kreisten so wirr in mir, daß ich nicht mehr wußte, wo ich die Realität suchen sollte. Das alles kam mir vor, wie ein riesengroßer Traum und ich war wach. Zu Hause angekommen bedrückte mich die Stille des Apartments. Der Nachmittag war ruhig und obwohl ich das dringende Bedürfnis hatte zu schlafen, konnte ich die nötige innere Ruhe nicht finden. Diese aufgestaute Motivation ließ uns beide gleichzeitig erstarren. Das konnten wir niemanden vermitteln - wie sollten wir dieses Geschäft und seine Faszination jemanden erklären? Wenn wir nun auch weitersponserten, unsere Neuen würden das lange nicht verstehen. Dieses Grübeln bremste von nun an unser eigenes Wachstum. Nur Heidi und Hardy, so schien es uns, hatten es richtig verstanden. Von Woche zu Woche wuchs ihre Beraterschaft. Auf der Schulung konnten wir das am besten verfolgen. Hatten wir einen Neuen in unserer Restgruppe, so waren es bei ihnen drei. Um mithalten zu können müßten wir selbst mehr Termine ausmachen, unerklärlicherweise hielten wir uns dennoch zaghaft zurück.

So nach und nach bekam der geschäftliche Ablauf ein Gesicht. Wir führten für unsere Gruppe feste Bestellzeiten ein. Das wöchentliche Treffen in unserem Apartment und die Schulungen in Eching wurden für alle zur selbstverständlichen Einrichtung, die auch regelmäßig besucht wurden.

Ein paar Monate später sollten wir die Konsequenzen dieser Zeit erfahren. Wir wogen uns in einem Scheinwachstum. Äußere Umstände deuteten alle auf eine sich gut entwickelnde Vertriebsorganisation hin. Im August, wir waren gerade vier Monate dabei, erhielten wir sogar unsere nächsthöhere Ehrung. 15 % - das waren über 6.000 Mark Umsatz in diesem Monat. Wir fühlten uns auf dem richtigen Weg zum DD. Hinter diesem Umsatz versteckte sich jedoch das Gruppenvolumen von Heidi und Hardy. Bei 4.000 Mark waren sie angelangt, das waren zwei Drittel unseres Umsatzes. Genauso sah auch das Verhältnis der Beraterschaft aus. Wir organisierten die Treffen und motivierten die Berater, zu denen inzwischen auch Birgit, als von uns gesponserte Erstlinie, zählte. Gerade 19 Jahre alt, entwikkelte sie sich nach kurzer Zeit zu einer Verkaufskanone. Im August verkaufte sie persönlich für ganze 1.000 Mark Ware an ihre Bekannten. Unsere 15 %-Ehrung in Eching änderte auch das Verhältnis zu unseren Direktberatern und deren Geschäftspartnern.

Unsere DD's luden uns zu ihrem Führungskräftetreffen ein, zu dem auch die uns gut bekannte Familie Oberberger geladen wurde, da sie im vergangenen Monat die 6.000 Mark Hürde überschritten hatten. Nun bekamen wir auch einmal Gelegenheit Ingrids Bruder, von Beruf Filialleiter einer Münchner Bank, und dessen Frau, eine Lehrerin, kennenzulernen. Die zwei steckten bereits in ihrer Direktberaterqualifikation und müßten sich, wenn alles gut geht, im nächsten Monat fertig qualifiziert haben.

Das Treffen verlief so ganz ungeschäftlich. Es hatte wohl eher den Sinn uns in der Rolle der Führungskräfte zu bestärken. Bei mehreren Flaschen Wein unterhielten wir uns über so viele verschiedene Dinge, stießen auf unseren Erfolg an und auf all die Erfolge die noch folgen würden.

Ingrids Bruder mußte schon etwas geahnt haben. Zu sehr bedrängte er unsere DDs mit der Frage nach einer Rubinehrung. Rubin wird man mit 30.000 Mark Monatsumsatz, ohne das Bestellvolumen eines Direktberaters aus der eigenen Gruppe. Somit zählte der Umsatz der DD-Anwärter nicht dazu. Am späten Abend gab Peter auf: „Nächsten Mittwoch werden wir zu Rubindirektberatern geehrt!" Da war die Überraschung perfekt. Strengste Geheimhaltung wurde von allen versprochen. Wir waren auf unsere Direktberater unwahrscheinlich stolz. Das motivierte uns, all diese Erfolge und die Tatsache, daß wir diesem Kreis angehörten. Trotz allem blieb uns ein bißchen ein schlechtes Gewissen. Hardy und Heidi sind an unserem Umsatz zu sehr beteiligt, die Restlinien noch nicht stark genug, um unsere Position auf lange Sicht zu behaupten. Tatsache aber war, daß wir zu 15-Prozentern geehrt wurden und nicht sie. Was sprach dagegen, daß wir diesen Erfolg auskosteten?

* * *

Die Meisterschule besuchte ich schon seit Anfang Juni nicht mehr. Sie war zu einer schweren Last geworden, die ich zeitlich nicht mehr mit dem Aufbau des Geschäftes in Einklang bringen konnte. Meine Frau war nun schon im vierten Monat schwanger. Gott sei Dank verlief die Schwangerschaft ohne Probleme, so daß wir allen Grund hatten uns auf das Kind zu freuen, das Anfang nächsten Jahres in eine, für uns neue und bessere Zukunft hineingeboren werden sollte. Bis dahin sollten wir es geschafft haben, ja, bis dahin wollten wir selbst Direktberater sein und das Geld verdienen, das uns durch den Verdienstausfall meiner Frau fehlte. Waltraud sollte sich dann tagsüber um das Geschäft kümmern. Die bestellte Ware besorgen, die Büroarbeit erledigen und die Buchführung auf dem laufenden halten zu der wir nun gesetzlich verpflichtet waren, nachdem wir unser Gewerbe vor ein paar Wochen angemeldet hatten.

Unseren alten Freundeskreis hatten wir längst verlassen. Wir waren inzwischen in eine völlig neue Welt integriert. Die erschien uns wie eine riesige Familie, eine Familie im Direktvertrieb. Zu unseren eigentlichen Sponsoren, Andy und Manuela, vollzog sich nach und nach eine Trennung. Ich sah Andy zwar regelmäßig in der Arbeit, doch fanden wir nur noch wenig Gemeinsamkeiten die für Gesprächsstoff hätten sorgen können. Er war in unserer Organisation zur Symbolfigur des Mißerfolges geworden und das mußte er wohl gefühlt haben. Ich spürte seinen Neid über unseren schnellen Erfolg, denn der machte mich ihm überlegen. Seine spürbare Eifersucht auf unseren guten Kontakt zu den DD's, ließ ihn zum Außenseiter werden. Er war sich wohl bewußt, daß seine große Chance vorbei war, in unserer Organisation Anerkennung zu finden. Er hatte den Zug abfahren lassen und konnte ihn nun nicht mehr einholen. Was sollten wir noch von ihm lernen? Wir hatten ihn überrundet und sahen uns bereits vor ihm auf dem Erfolgstreppchen stehen. „Ihm käme es nur darauf an, was unter dem Strich steht - all diese Ehrungen, die sind unwichtig" meinte er. Aber was stand bei ihm "unterm Strich"? Das kann nicht viel sein, dachte ich bei mir. Bei uns durfte es wohl auch niemand ausrechnen. Unser ganzer Haushalt war inzwischen auf die Produkte unseres Lieferanten umgestellt worden. Was heißt umgestellt? Wir hatten nun eine ganze Palette mehr an Lippenstiften, Puder, Lidschatten, Pflegelotionen, Rasierwasser, Colognes und alle Arten von Reinigern die wir in unserem kleinem Apartment gar nicht verwenden konnten.

Aber wir benötigten eine Vielzahl von Vorführprodukten und mußten deshalb auch alles ausprobieren, was wiederum seinen Vorteil hatte. Als ich zum ersten Mal das Anti-Staubspray ausprobierte, ruinierte ich die Kunststoffabdeckhaube unseres, gerade erst ein Jahr alten, Plattenspielers. Man sollte eben immer erst die Gebrauchsanleitung lesen. Dort stand klar und deutlich, daß die Flüssigkeit auf einen Lappen gesprüht werden muß und nicht auf Kunststoff gespritzt werden darf. Nicht auszudenken, was passiert wäre, hätte ich das Mittel bei einem Fremden das erste Mal vorgeführt.

Für die Schulungen in Eching mußten wir pro Person drei Mark Eintritt bezahlen. Das alleine wäre auch auf Dauer zu verkraften gewesen. Dazu kamen aber die Benzinrechnungen, die Monat für Monat stiegen und das eine oder andere Essen während der Schulung. Auf jeden Fall bestellten wir jedesmal Getränke, und so kostete uns eine Schulung in der Regel über 50 Mark, im Monat gut 200 Mark. Die vorrätigen Verkaufsunterlagen mußten vorfinanziert werden, dazu kamen nun auch noch die neu eingeführten Schulungskassetten unseres Kronenbotschafters, der Satz zu 50 Mark, die ebenfalls auf Vorrat gekauft wurden, um sie jedem Neuen bei der Antragstellung gleich mitverkaufen zu können. Von den Kronenbotschaftern wurde auch der vierteilige Heftesatz "Erfolgreich von Anfang an, Fragen und Antworten, Marketingplan" sowie "Sponsorpotential" vertrieben. Ein Satz zu fünf DM, der auch für die neu gesponserten Berater bestimmt war.

Wir entschlossen uns, unseren Dispokredit bei der Bank zu entlasten und einen Festkredit aufzunehmen. Vorsorglich ein wenig mehr, da das Obsteig Herbstseminar bereits anstand. Zehntausend Mark waren so schnell zusammengetragen. Doch bei einer monatlichen Belastung von gerade einmal 250 Mark würden wir auch weiterhin gut leben können. Vor allem betrachteten wir diesen Kredit mehr als eine Art Geschäftsinvestition, die sich bald durch die Einnahmen wieder ausgleichen würde.

Die abwertenden Bemerkungen der Verwandten verstummten so nach und nach. Aber all unsere Versuche, sie gezielt auf eine Veranstaltung zu laden, schlugen fehl. Sie saßen alle in einer Wartestellung, gespannt was passieren würde. Uns war das unverständlich. Zu viele Stunden waren wir mit ihnen zusammengesessen und hatten nach Möglichkeiten gesucht das große Geld zu machen. Nun boten wir ihnen die Chance und keiner wollte uns ernsthaft zuhören. Insgeheim warteten sie auf unseren Mißerfolg. Was hinter unserem Rücken geredet wurde, konnten wir nur erahnen.

Es war nicht schwer sich auszumalen, was wir wohl zu hören bekämen, wenn sich dieses Geschäft als Reinfall entpuppte. Vielleicht redeten wir uns das aber auch nur ein. So wie wir bei allen, die dieses Geschäft nicht machen wollten, das Gefühl hatten, sie würden dieser Idee keine Chance geben. Als würden sie uns für übergeschnappt halten. Was war es denn, was diese Wand zwischen uns schob? Hatten wir uns wirklich in so kurzer Zeit so gravierend verändert? Warum nahmen sich nicht einmal die engsten Bekannten die Zeit uns zuzuhören? Waren das nun wirklich unsere guten Freunde?

Ich glaube es war deren Angst. Ja, die Angst wir könnten uns erheben aus diesem endlos langweiligen Dasein. Aus der Monotonie und dem täglichen Stumpfsinn. Und es war deren Neid. Der Neid, wir könnten mehr erreichen, als einen acht Stunden vorprogrammierten Arbeitstag, der damit endet, daß man abends die Filzpantoffeln anzieht, sich vor den Fernseher hockt und genüßlich an seinem Flaschenbier nuckelt. Wir waren zum Störenfried geworden in ihrer zurechtgestutzten Welt. Jener Welt, über die sie tagtäglich beim Durchblättern der Tageszeitung lauthals schimpften, an allem etwas zu meckern fanden und sich wie Richter aufspielten, selbst aber unfähig waren, etwas daran zu ändern. Wir, gerade wir beide, bildeten uns ein, den rechten Weg gefunden zu haben, wo wir doch bis vor kurzem noch in ihrer Mitte saßen. Es ginge über ihre Kräfte hinaus, uns zuzuhören und uns Recht zu geben. Und dann waren da noch unsere großen Ziele. Ja wir hatten inzwischen wieder große Ziele. So unbedarft, wie sich ein Kind so viele unrealistische Dinge vorstellen kann, wenn es glaubt eine Prinzessin zu sein oder ein Pilot der hinauffliegt bis ins Weltall. Wir hatten wieder große Ziele, konnten uns wieder Dinge vorstellen und daran glauben, die wir im Laufe unseres Erwachsenwerdens abgelegt hatten. Zum Teil, weil wir erfahren mußten, das es gar nicht möglich ist, wirklich erfolgreich zu werden, zum Teil weil uns unsere Eltern und die Leute um uns herum, immer wieder auf den Boden zurückgeholt haben.

Wir orientierten uns nun an den erfolgreichen Vorbildern und begannen wieder an unseren Bildern zu malen. Vor uns stand ein Bild dessen, was wir werden wollten. Vor jedem steht ein solches Bild, nur die meisten leuchten nicht, sie sind grau und matt - es gibt davon so viele. Es sind die Farben der Bequemlichkeit geworden. Die Farben fallen nicht auf, bergen keine Schwierigkeiten in sich. Die Bilder sind leicht zu malen und sie werden austauschbar. Unauffällig und ohne anzustoßen tragen sie ihr Bild durchs Leben. Ohne Höhepunkte, immer gleich, werden sie eines Tages alleine sein und vergessen. Doch unser Bild schien anders, es leuchtete. Wir waren wieder wir selbst geworden. Wir widersetzten uns den allgemeinen Vorstellungen und das war es, was uns unterschied. Wir waren auf dem Weg, uns zurückzuholen, was uns in den Jahren genommen wurde. Wir waren in der Lage wieder an uns selbst zu glauben. Angetrieben von dieser inneren Kraft konnten wir mit kreativer Arbeit und unserem eigenen Einsatz unsere Zukunft selbst verändern und gestalten. Die Grenzen des Möglichen bestimmten wir von nun an selbst. Wir fingen an, die Menschen mit anderen Maßstäben zu messen.

Auffallend war unsere Erfolgsquote beim Sponsern. Lag die Zuwachsrate im engeren Bekanntenkreis bei fast Null, so hatten wir doch großen Erfolg bei entfernten Bekannten und bei den Menschen, die wir gar nicht kannten. Viele Berater sponserten wir für Hardy und Heidi und deren Geschäftspartner. Sie luden sie zu uns ein und wir erklärten das Geschäft. Die Sponserrate war so auffällig positiv, daß diese Aufbauart ein wichtiger Bestandteil unserer Überlegungen wurde. Nahmen sich etwa enge Bekannte ein Mitspracherecht oder gar ein besseres Urteilsvermögen heraus? Fest stand für uns, daß dieser Kreis für lange Zeit hartnäckig bleiben würde. Erst wenn wir ein Einkommen vorweisen könnten, das für sie heute noch unvorstellbar war, erst dann würden sie zu ernsthaften Gesprächen bereit sein.

Heimlich und unbemerkt überschritten wir einen wichtigen Punkt. Einen Punkt von dem aus es kein Zurück mehr gab. "The point of no return". Das ist ein Punkt, den jedes Flugzeug zwischen Start und Landung überfliegt. Über Land oder über dem Meer, egal was immer auch geschieht, ob Triebwerksschaden oder Treibstoffmangel. Irgendwo auf seinem Flug überschreitet der Pilot einen Punkt, von dem aus es sinnlos wird umzukehren und zurückzufliegen. Er ist zu weit gegangen und es ist besser und sicherer weiterzufliegen, weiter bis ans Ziel. In unserem Geschäft war dies nicht viel anders. Um sein Ziel zu erreichen, muß man bereit sein diesen Punkt zu überschreiten. Einen Punkt von dem aus nur noch ein Nachvornegehen Sinn macht.Auch wir waren zu weit gegangen, zwar unbemerkt und doch war eine Umkehr nicht mehr möglich. In mir hörte ich sie lachen, sah ihr spöttisches Grinsen. Jetzt umzukehren bedeutete ihnen Recht zu geben. Sie hatten uns ja gewarnt. Nein, - schon das war Grund genug um weiterzumachen. Unser Ziel stand fest, wir gehen nach vorne. Jede andere Überlegung würde uns zu Verlierern stempeln. Wir hatten ihn überschritten, "The point of no return".

* * *

Jetzt im Oktober liefen die Obsteig-Seminare auf vollen Touren. Auf allen Schulungszentren, in Deutschland gab es 40 davon, wurde, genau wie auf den vielen kleineren Beratertreffen, eifrig Werbung dafür gemacht. Für uns war es gar keine Frage - natürlich mußten wir wieder hin. Über die Kosten machten wir uns dieses Mal gar keine Gedanken mehr. Wie konnten wir auch, fuhren doch schon 18 Berater aus unserer Organisation mit, denen wir alle in langen Gesprächen erklärt hatten, wie wichtig dieses Seminar für ihre Zukunft sei und im Vergleich zum Erfolg die Unkosten unbedeutend klein sind. Da unsere Sponsoren, Andy und Manuela, nicht mitfahren wollten, gab es bei mir auch keine Schwierigkeiten mit dem Urlaub. Mit der Zeit wären bestimmt die Fragen unseres Meisters gekommen. Es war ja auch merkwürdig, ständig gemeinsam in einen Dreitageurlaub zu gehen, ohne ersichtlichen Grund. Daß es eines Tages zu Schwierigkeiten in der Abteilung kommen würde, war mir klar. Nur, so lange wie möglich sollte es geheim bleiben. Vielleicht würde einmal der Tag kommen, an dem ich auch meine älteren Kollegen sponsern könnte. Doch dies war noch ein langer Weg. In ihren Augen war ich nur der junge Mitarbeiter, der noch viel zu lernen hat und der, dem Alter nach, der Sohn eines jeden sein könnte.

Am 26. Oktober war es dann endlich soweit. Wir standen morgens schon früh auf und nach einem ausgiebigen Frühstück fingen wir an die Koffer zu packen. Nun war es nicht mehr die Neugier, die uns so aufgeregt machte, sondern die Freude wieder nach Obsteig zu fahren. Dorthin, wo unsere Vorstellungen wahr zu werden schienen. Wo die Welt von morgen schon begonnen hatte. Unsere Welt. Die zwei Stunden Fahrt vergingen wie im Flug. Da Hardy, Heidi und Rex bei uns im Auto saßen, war das Gesprächsthema auch keine Frage.

Auf der alten holperigen Straße fuhren wir bis zur Ortsmitte. Verfahren konnte man sich hier nicht, war das Dorf doch viel zu klein, als daß man den großen Wegweiser hätte übersehen können: "Tyrolhotel", - mit Pfeil nach links. Jetzt nur noch die kleine Gasse den Berg hinauf, da stand es vor uns. Für uns ein Nobelhotel mit Format. Eine riesige Anlage, erbaut in dunklem Holz mit Balkonen ringsum. Inmitten der Berge auf einer Anhöhe, umgeben von den großflächigen Wiesen am Rande des Dorfes. „Wie aus einem Farbprospekt" dachte ich mir, während wir über den Parkplatz schritten. Vorbei an den Tennisplätzen, dem Freibad mit den großen Liegewiesen. Solche Hotels werden für gewöhnlich nur bei Sonnenschein mit vielen Blumen fotografiert, doch hier wurde wahrlich nicht zuviel versprochen. Die Atmosphäre, weitab vom täglichen Trubel, ließ mich für einen Moment vergessen, warum wir hierhergekommen waren. Von außen war nur durch die großen blauen Fahnen mit dem unverkennbaren Diamanten - das Symbol unserer Kronenbotschafterorganisation - zu erkennen, daß sich hier etwas Besonders abspielen mußte. Wir gingen vorbei an der Rezeption, durch einen mit alten Balken und rauhem Putz erbauten Vorraum. Vorbei an den vielen Beratern, die dort im leisen Gespräch an der Bar ihre ersten Drinks zu sich nahmen. Rechts von uns lag der Speisesaal mit seinen großen getönten Scheiben, die die Nachmittagssonne in einem erträglichen Maß hereinließen. Auch hier hatten sich bereits einige niedergelassen, die entweder Kaffee tranken oder bereits mit dem Verteilen der Zimmer beschäftigt waren.

Von unseren Beratern war noch nichts zu sehen. Es war aber auch erst 15.00 Uhr und um 20.00 Uhr sollte der Begrüßungsabend beginnen. Es blieb also noch genügend Zeit um diesen schönen Tag in dieser behaglichen Atmosphäre zu genießen. „Da sind sie", rief meine Frau und zog mich zur Seite. Ingrid und Peter saßen in einer Ecke des Speisesaals mit unseren Up-Line-Perlen, der Familie Zwekow. „Schön, daß Ihr da seid", sagte Ingrid, gab mir die Hand und ich bekam ein Bussi auf die Wange. „Wir teilen gerade die Zimmer ein". "Das ist die Familie Zwekow, die Sponsoren unserer Sponsoren". Uns waren die beiden schon gut bekannt, vor allem durch die vielen Schulungen, die sie auf dem Schulungszentrum gehalten hatten. „Aha, das sind also Eure Spitzenleute", meinte Frau Zwekow und bat uns, doch Platz zu nehmen.

Von Peter erfuhren wir dann, daß wir alle hier im Tyrolhotel Zimmer bekämen. Daß dies eine ganz besondere Ehre war, wird klar, wenn man weiß, daß für diesen Seminardurchgang etwa

1.500 Berater erwartet würden, die natürlich nicht alle in diesem Hotel schlafen konnten, sondern auf die umliegenden Hotels ausweichen mußten und nur zum Seminar ins Tyrolhotel kamen. Für deren Anreise von ihrer Unterkunft zum Seminarhotel standen eigens Reisebusse zur Verfügung, um die Berater hin und her zu fahren. Die Zimmer des Seminarhotels wurden vorrangig an Direktberater vergeben.

Das hatte sich zu unserem letzten Obsteigerlebnis gewaltig verändert. Damals, noch vor ein paar Monaten, wurden die Seminare noch im Hotel vor etwa 400 Beratern abgehalten. Inzwischen wurde eine riesige Halle, etwas abseits des Hotels, erbaut, die etwa 2.000 Menschen Platz bieten konnte. Spätestens jetzt war uns klar, daß in uns große Hoffnungen gesetzt wurden. Unsere DD's glaubten an uns.

Trotz der vielen Berater auf diesem Treffen gelang es den Veranstaltern, unseren Kronenbotschaftern, wieder eine familiäre Stimmung zu schaffen. Man bekam das Gefühl, als wenn hier jeder zu jedem gehörte und alle am Erfolg aller interessiert wären. Die vielen Sprecher, alle weitaus erfolgreicher als wir, erzählten die verschiedensten Erfolgsgeschichten, wie auch sie einmal ganz klein angefangen und sich Stück für Stück nach oben gearbeitet hatten: Zu Perlen-, Smaragd- oder Diamantberatern. Es war alles so einfach, fast geschenkt. Auf all ihren Wegen lagen lediglich zahlreiche Sponsorgespräche und die könnten wir auch führen. Es war nur eine reine Zeitfrage, und die mußte sich jeder selbst stellen: Bis wann würde man die erforderlichen Sponsergespräche führen, um Direktberater zu werden?

* * *

Ich wollte Richtlinien für unsere Gruppe schaffen, Orientierungspunkte für ihre Zielsetzung. Von diesem Seminar dürfte ich mich nicht täuschen lassen. Hier in Obsteig waren alle bis über beide Ohren motiviert, so daß eine realisierbare Zielsetzung nur schwer zu überschauen war. Hier war es leicht zu sagen: Nächsten Monat werde ich DD-Anwärter. Sicher würden das auch viele gerne sagen, doch wie unglaubwürdig werden all diejenigen, die es dann nicht schaffen? Vorausgesetzt unser Geschäft wächst weiter wie bisher, dann würden frühestens im Frühjahr nächsten Jahres die zusätzlichen Linien gesponsert werden die, genau wie wir, aktiv Linien aufbauen. Es war zwar durchaus möglich, daß wir selbst innerhalb kürzester Zeit mehrere neue Berater ins Geschäft bringen würden, doch der Umsatz selbst kommt aus der Tiefe, von den Beratern, die selbst weitersponsern und auf diese Hoffnung wollte ich keine Zielsetzung abgeben.

Diese Arbeit hätte ich mir sparen können. Am zweiten Abend des Seminars fanden die traditionellen Gruppentreffen in den Zimmern der DD's statt. Zusammen mit der Organisation Oberberger und ein paar restlichen Linien unseres Direktberaters saßen alle versammelt in dem, für diesen Zweck viel zu klein geratenen, Raum. Peter hockte auf dem Rand eines Nachtkästchens, die Arme verschränkt und faßte ein paar Eindrücke des vergangenen Seminartages zusammen: „Ihr habt heute soviele Dinge gehört, von der Familie Zwekow, den Schuberts und anderen Direktberatern, die binnen kürzester Zeit Organisationen von enormen Größen aufbauten...". Je mehr er redete, desto mehr verfiel er in einen tranceartigen Zustand. Wo er anfangs noch die Worte: „Es liegt an jedem von Euch, Ihr entscheidet..." gebrauchte, benutzte er nun Aussagen wie: „Ein jeder von Euch macht, wenn er zu hause ist, in der Woche mindestens fünf Termine" oder „jetzt ist Schluß mit der ewigen Heulerei, ich arbeite in Zukunft nur noch mit erfolgreichen Leuten, oder denen, die es wirklich werden wollen...".

Wer hätte sich nach etwa einer Dreiviertelstunde noch getraut, als jeder einzelne nach seiner Zielsetzung gefragt wurde, zu sagen, er mache erst in einem Jahr DD? Keiner! Sogar Rex wollte spätestens im Januar Direktberateranwärter sein. Die größte Überraschung aber gelang Hardy und Heidi. „Wir machen noch in diesem Monat unsere Anwärterqualifikation mit 15.000, bis Januar werden wir fertige DD's sein, antwortete Heidi ganz selbstbewußt auf Peters Frage. Da mußte ich zweimal schlucken, blickte hinüber zu meiner Frau, die nur den Kopf schüttelte. Diese aufgeblasenen Wichtigtuer wollen hier doch nur eine Show abziehen, dachte ich mir. Alles hatte ich erwartet, nur das nicht. Ingrid und Peter reagierten da anders: „Das ist ein Wort, daran sollten sich alle ein Beispiel nehmen. Was die beiden können, kann ein jeder schaffen".

Jetzt stand ich da. Was sollte ich nun zu unserer Zielsetzung sagen? Ich blieb dabei, zum nächsten Seminar im Frühjahr sind wir DD-Anwärter. Von Ingrid handelte ich mir einen enttäuschten Blick ein, so als wollte sie sagen: „Glaubst du nicht an Deine Geschäftspartner?" Peter wurde dagegen schon etwas direkter: „Mit dieser Einstellung werdet Ihr nie etwas. Ich glaube, Du hast dieses Seminar nicht recht verstanden...". Wenn hier einer im Motivationsrausch überschnappt, dann ist er ein Star, so einfach war das! Am wenigsten Verständnis hatte ich für unsere DD's, die uns wie Versager behandelten - wie ungläubige Realisten. Ich fühlte mich im Recht, wenn auch Peter, als der "große Meister", anderer Meinung war. Wie mag unsere selbständige Zukunft aussehen, wenn wir diesem Druck nachgeben? Dürften wir nicht einmal mehr selbst entscheiden, wann wir was erreichen wollten? Noch waren wir zu klein um solche Gedanken offen auszusprechen. Vielleicht hatte er aber auch recht, immerhin, er war der DD.

Meinen Ärger über diesen Abend sollte ich bald vergessen. Nachdem die Familie Zwekow vor der versammelten Mannschaft noch ein paar aufheiternde Worte gesagt hatte, ging's ab in die Kellerbar. Bei Discomusik wurde nicht vom Geschäft gesprochen, sondern getanzt bis in die frühen Morgenstunden, dann zwei Stunden Schlaf, um rechtzeitig vor Seminarbeginn am Frühstücksbüffet eine Tasse Kaffee und eine Semmel zu ergattern. An den verschlafenen Augen der anderen Berater konnte ich ablesen, daß wir nicht die Einzigen waren, die hier hundemüde und mit letzter Kraft auf den Stühlen Platz nahmen.

„Hurray, Hurray its a holly, hollyday" klang es aus den Lautsprechern. Gleichzeitig begann das rhythmische, euphorische Klatschen der etwa 1800Anwesenden. Es folgten die für dieses GeschäftbekanntenLieder,dieauchindenSchulungszentren zu hören sind. „Guten Morgen, guten Morgen Sonnenschein", wir standen auf den Stühlen, klatschten und grölten. Von den lauten "Hey, hey" Rufen waren die Stimmbänder derart überstrapaziert worden, daß so mancher nur noch ein leises Krächzen hervorbrachte.

Wieder einmal war ein Seminar zu Ende gegangen. Wieder einmal blieben die Reden der vielen Sprecher in uns als ein unüberschaubarer Berg von Motivation, der Sehnsucht erweckte nach dem großen Glück.

In den Tagen danach war ich in Gedanken immer wieder bei jenem Redner, den wir liebevoll Strachi nannten. Einem der erfolgreichsten Diamant Berater, ein Rhetoriker wie es keinen vergleichbaren in diesem Geschäft gab. Er ließ uns, während er redete, wahrhaftig an seinen Reden teilhaben. So lebhaft, so bildlich konnte er Eindrücke in Worte verpacken, daß ich wie in Trance in eine andere Welt verschwand und auf Reisen ging. Jene Reisen auf die uns unser Lieferant einladen würde, wenn wir ein gewisses Jahresumsatzvolumen überschreiten.

* * *

Mit offenen Augen folgten wir ihm nach Ibiza. Dorthin, wo Strachi einst mit seinen Freunden beschloß, die Altstadt von Ibiza anzuschauen, eine Stadt, die uns mit Sicherheit gefallen würde. Hindurch durch die schmalen, kleinen Gassen, zu den verträumten Cafes, oft nur für ganz wenige Leute gedacht. Es gibt dort originelle Restaurants, wo sie sich dann auch zum Mittagessen niedergelassen hatten, etwas spät am Mittag. Hier aßen sie Fisch, frisch vom Kutter und sahen sich die Paradiesvögel an, die sich hier herumtrieben, was ihnen besonders viel Spaß machte, als sie dort draußen auf der Terrasse saßen. Hier, wo jede Woche der Jet eine neue Ladung aus der bundesdeutschen Schickeria einfliegt.

Und wir träumten weiter. Wie es wohl sein könnte, wenn wir alle nächstes Jahr dabei wären, wie wir den Abend dann vielleicht beschließen würden, nachdem wir uns in der Stadt getummelt hatten. Vielleicht in einer Diskothek am Stadtrand, wie wir sie in unseren Breitengraden wohl nicht erleben können. So sehr wir die Kellerbar auch in Obsteig schätzen, aber die Disco dort hatte kein Dach, eine Diskothek unter freiem Himmel. Ein wunderschönes Gefühl, hier zu heißen Rhythmen an der Bar zu stehen, einen Drink zu sich zu nehmen und dabei den Sternenhimmel anzusehen.

Vielleicht würden die Damen gemeinsam am anderen Morgen einen Einkaufsbummel machen, über die Märkte, die einheimischen Märkte mit all den exotischen Düften, dem bunten Treiben und dem lautenAnpreisen der Händler. Vielleicht aber eine Idee nobler: Ein Zug durch die Boutiquen, sie sind verrückt, sie sind exklusiv in Ibiza-Stadt, und sie werden auch Gelegenheit haben hier einzukaufen, denn die Reise kostet ja nichts - Geld ist also da.

Ich stellte mir vor, wie das wohl sein würde, wenn wir abends, so gegen zehn oder halb elf, in einem der Staßencafes säßen, die dort bis weit nach Mitternacht offen haben. Dort wo man sich trifft, wir trinken gerade ein letztes Digestiv, eine Tasse Kaffee oder einen Mokka und denken dabei an zu Hause, vielleicht an unseren Nachbar, unsere Freunde oder an den einen oder anderen lieben Verwandten der gesagt hatte „Seife? Nie...!“ Und ich stellte mir vor, was er wohl gerade macht: Zehn Uhr abends, vielleicht sitzt er gerade bei seiner dritten Flasche Bier und ein paar Salzbrezeln vor dem Fernsehapparat, hat seine Filzpantoffeln an. Beklagt, daß er müde ist, weil er gerade eine Fernsehsendung betrachtet, die ihn nicht interessiert - aber was soll man sonst machen? - Und er langweilt sich, während draußen, es ist immerhin Oktober, wahrscheinlich schon naßkalter Nebel durch die Straßen kriecht oder ein ekliger Nieselregen an das Fenster klopft.

Ja, das hat mir gut gefallen und ich dachte darüber nach, was wohl einfacher ist. Ich erinnerte mich an unseren Bekannten, der hier in Puchheim am Ortsrand wohnt. Kleines Häuschen, grüner Rasen, alles ganz proper. Und jedes Jahr, stets im Frühsommer, fängt er an seinAuto zu schamponieren. Dann wird es gewienert und kurze Zeit später kommt er dann wieder mit einem Monstrum von Wohnwagen. Nun geht eine emsige Geschäftigkeit los und Frau und Kinder packen den riesigen Wohnwagen voll, mit allem was man für eine große Reise braucht. Dann setzen sie sich hinein und fahren los und wir werden sie wieder einmal für die nächsten vier Wochen nicht mehr sehen.

Ist es denn einfach, zuzusehen, wie die anderen ihre Sachen packen, in den Urlaub fahren, sich an den wenigen Sommertagen faul in die Sonne legen oder in der Eisdiele sitzen, während wir zu Hause bleiben, um Kreise zu malen und unser Geschäft zu erklären? Ich fand es wesentlich einfacher, eine gewisse Zeit durchzuhalten, nicht in den Urlaub zu fahren und ein paar Jahre zuzusehen, um dann Urlaub zu machen in fernen Ländern. Dabei ist mir klar geworden: Wenn unser Bekannter keine Entscheidung trifft, wenn er nicht anfängt darüber nachzudenken, ob das so weitergehen soll, dann wird er die nächsten 30, 40 Jahre so seinen Urlaub verbringen. Er wird die nächsten 30, 40 Jahre im Frühsommer, wenn sein Betrieb schließt und die Werksferien beginnen, sein Auto schamponieren, seinen Wohnwagen holen, die Konserven reinpacken und er wird genau so weit fahren, wie es ihm sein Arbeitgeber möglich macht. Er wird das ganze Jahr sparen, wegknapsen was ihm übrig bleibt und das, was er sich zusammengekratzt hat wird reichen, wenn er nicht einen Kredit aufnimmt, daß er mit seinem Wohnwagen nach Österreich, nach Ungarn, vielleicht nach Spanien fährt.

Ich fand diesen Gedanken unerträglich. Mir schien es wesentlich einfacher und besser, für ein paar kurze Jahre so vermeintlich unverzichtbare Dinge zurückzustellen, um danach ein ganzes Leben lang genau das zu tun, was wir möchten. Und wenn wir mit dem Wohnwagen wegfahren wollen, werden wir einkaufen und losfahren, wir haben aber genauso die Wahl nach München-Erding zu fahren, uns in eine Düse zu hocken, erste Klasse zu buchen und dorthin zu fliegen wohin wir wollen und wo es uns gefällt, und nicht dorthin reisen zu müssen, wohin es uns unser bescheidenes Einkommen erlaubt. Das war die Perspektive die uns Strachi vermittelte, die mir gefiel und die verlockte.

* * *

Die ernüchternde, für uns bittere Erfahrung, daß Hardy und Heidi tatsächlich im November Direktberateranwärter wurden, verpaßte mir einen inneren, nur schwer zu verbergenden Schmerz. Obwohl, rein geschäftlich gab es gar keinen Grund zur Klage, denn je mehr DD's aus der eigenen Gruppe hervorkämen, desto größer würde unser Einkommen. Dazu kam, daß wir für unsere DD Qualifikation nun nur noch 6.000 DM Monatsumsatz benötigten, solange die beiden ihr Volumen von 15.000 DM hielten. Es war vielmehr eine Prestigefrage und dafür hatte wiederum Andy, unser Sponsor, vollstes Verständnis. Ihm war es doch genauso ergangen. Als wir unsere ersten Erfolge hatten, wurde er von der Leiter gestoßen und versank in Vergessenheit. Ob es uns nun genauso ergehen wird? Erste Anzeichen waren bereits da. Die Familie Oberberger, zu der wir inzwischen einen recht guten Kontakt hatten, zeigte uns auf einmal die kalte Schulter. Auch sie qualifizierten sich im November zu Direktberateranwärtern. Alle standen nun rangmäßig über uns. Mit den beiden neuen Anwärterlinien und einer bereits bestehenden DD Linie wurden Ingrid und Peter zu Perlen

Direktberatern geehrt. Alle stiegen eine Stufe hinauf - nur wir, wir fielen hinunter, waren die einzigen Verlierer.

Mit unserer kleinen Restgruppe war kein Anwärter zu machen. Rex sponserte eine sogenannte "Kitleiche". Einen der zwar den Antrag unterschreibt, aber nach Hause fährt, die Unterlagen ungelesen unters Bett schiebt und sich nie mehr sehen läßt. Birgit machte keine Anstalten Sponsorgespräche zu führen, aber verkaufen konnte sie wie kein anderer. Inzwischen sponserten wir auch meine jüngere Schwester Iris, von der wir uns aber von Anfang an nicht allzu viel erhofften. Für sie sponserten wir einen Auszubildenden meiner Firma, der eigentlich unbedingt von mir und meiner Frau gesponsert werden wollte. Aber nachdem er noch völlig grün hinter den Ohren war und wir uns von ihm nichts erhofften, erschien es uns vorteilhafter, wenn meine Schwester wenigstens einen Geschäftspartner bekommt. Vielleicht würde sie dadurch angespornt werden, um selbst ein paar Termine zu machen.

Anfang Dezember bekamen wir dann wieder Grund zur Hoffnung. In diesem Monat sponserten wir gleich zwei neue, ernstzunehmende Linien. Silvia und Albert hatten zwar von Anfang an erhebliche Schwierigkeiten andere zu sponsern, doch waren beide so begeistert und motiviert, daß wir an ihrem Erfolg keinen Zweifel hatten. Bei Toni und Karin, unserem zweiten neuen Pärchen, lief das Organisationswachstum schneller an. Kaum hatte ich den Marketingplan erklärt, fuhren sie nach Hause und riefen mich kurze Zeit später wieder an, um noch am selben Abend für sie weiterzusponsern. Toni kannte ich von meiner Ausbildung her. Woher er den Spitznamen Fips hatte, wußte ich nicht, aber von allen wurde er nur so genannt. Ein Kollege, mit dem man noch Pferdestehlen konnte. Immer gut gelaunt, ein wahrer Genuß mit ihm zusammenzusein und ich war froh, ihn gesponsert zu haben. An diesem Abend sponserten wir für Toni und Karin das ebenso erfolgversprechende Pärchen Daniela und Sigi. Gerade rechtzeitig - und das hatte unser

SponsorAndy versäumt, verbuchten wir zwei wichtige Sponsorerfolge die uns neuen Antrieb gaben.

Nein, an Hardy und Heidi wollten wir nicht glauben. Für uns stellten sie sich für kurze Zeit ins Rampenlicht, langfristig war die Qualität ihrer Berater nicht ausreichend um fortbestehen zu können. Ob sie sich überhaupt noch zwei Monate mit 15.000 DM über Wasser halten würden, war eine ganz andere Frage. Wir waren gekränkt, fühlten uns alleingelassen und ins Abseits geschoben. Aber nun hatten wir etwas in Petto, was die Situation ganz gewaltig ändern konnte.

Es war an der Zeit, sich für die zweite Phase dieses Geschäftes vorzubereiten. Jenen Abschnitt, in dem wir selbständig und alleine eine Organisation aufbauen und betreuen sollten. Wie schnell man in diesem Geschäft den Anschluß verpassen kann, sahen wir ja an unseren Sponsoren Andy und Manuela. Da wir in Zukunft nicht mehr auf die intensive Unterstützung unserer DD's bauen konnten, planten wir den völligen Alleingang.

An erster Stelle standen nun eigene persönliche Sponsorgespräche um uns vor einer einzelnen starken Gruppe wie Hardy und Heidi zu schützen. Eine größere Breite macht uns von einzelnen Linien unabhängig. Auch die Gruppenbetreuung wollten wir vollends alleine gestalten. Dazu würde es aber notwendig werden, mit einer wachsenden Beraterzahl die Gruppentreffen aus unserem Apartment in einen größeren Raum zu verlegen.

Was uns im Dezember noch wie Zukunftsmusik vorkam, wurde in den kommenden Monaten immer realer. Schon Ende Januar war unser Apartment für die gesamte Gruppe zu klein geworden, sodaß die Treffen den ganzen Nachmittag auf mehrere Termine mit kleineren Gruppen aufgeteilt werden mußten. Hardy und Heidi sonderten sich auch im Schulungszentrum von uns ab. Sie reservierten ausschließlich ihre eigenen Tische und beschränkten den Kontakt zu uns auf ein Minimum. Im Januar qualifizierten sich die beiden tatsächlich zum Direktberater. Ihre Gruppe war zwar während der Anwärterzeit nicht mehr gewachsen, doch bestellten sie in jedem Monat für über 15.000 DM Ware. Bei der DD Ehrung wurden sie als die jüngsten DD's Europas angekündigt, was ihnen langanhaltenden Applaus im Schulungszentrum bescherte. Für viele junge Berater waren sie der Beweis, daß auch sie es schaffen und aus diesem Geschäft Geld verdienen könnten. Für uns galt dieses Kapitel nun als beendet. Pflichtgemäß gratulierten wir, aber es tat weh. Schade um die schöne Zeit, die wir anfangs in diesem Geschäft miteinander erlebten. Was doch ein einseitiger Erfolg unter Freunden und sogar unter Verwandten bewirken kann.

Unser Tagesablauf wurde durch dieses Geschäft erheblich verändert. Die Nächte wurden immer länger, wodurch am meisten unsere "Nebentätigkeit" wie wir fortan unseren eigentlichen Beruf nannten, in Mitleidenschaft gezogen wurde.

Einige Male war es mir schon passiert, daß ich neben einer Maschine hockte und mir dabei die Augen zufielen. Ich brauchte mich nicht zu wundern, daß sich die Beschwerden meines Meisters mehrten. Überstunden ging ich, so gut ich konnte, aus dem Weg. Jede Minute, die ich länger bleiben mußte, kam mir wie eine Stunde vor. In Gedanken war ich bei unserem Geschäft. Kaum nach Hause gekommen arbeitete ich an irgendeiner Idee oder telefonierte mit Beratern. Am Abend machten wir uns auf zu einem Treffen, einer Schulung oder wir erledigten die Warenlieferungen. Tagtäglich waren wir bemüht neue Leute einzuladen, alte Freunde oder Bekannte ausfindig zu machen, um ihnen den Marketingplan zu erklären.

Jetzt im Januar kam nun endlich der lang ersehnte Beraternachschub. Mit unserer ganzen Energie machten wir uns an die Aufholjagd. Von unseren früheren Schulen ließen wir uns Namenslisten, unter dem Vorwand ein Klassentreffen abzuhalten, zusenden. In tagelanger Kleinarbeit wurde versucht die aktuellen Adressen und Telefonnummern ausfindig zu machen. Für unsere Geschäftsfreunde, die vorgaben zu wenig Leute zu kennen, erarbeitete ich eine eigene Sponsorpotentialschulung. An einem Sonntag auf unserem "Offenen Haus" drückte ich jedem Berater ein Blatt Papier in die Hand und bat sie, doch zu jedem Stichwort den Namen aufzuschreiben der ihnen spontan einfällt. „Wer fällt Dir ein beim Stichwort BMW? Raucher? Schulfreund? Fahrrad? Schule? Ehrgeiz?..." Nach einer halben Stunde hatte sich jeder etwa 20 verschiedene Namen notiert. Die nächste Aufgabe sollten sie zuhause erledigen: Zu jedem Namen Adresse mit Telefonnummer herausfinden. Am nächstem Sonntag würden wir dann systematisch und individuell die Terminabsprache am Telefon besprechen.

Ich fühlte mich wie ein Profi. Die Rolle des Organisationsleiters stand mir gut. Alle hatten aufmerksam mitgearbeitet, nahmen meine Worte ernst und ich hatte den Eindruck, daß sie durch dieses systematische Vorgehen angespornt wurden, etwas zu tun. Diese intensive Art zu arbeiten war erfolgversprechend. Momentan war sie bestimmt angebrachter als Motivation und Marketingplan.

* * *

Bald hatten wir bemerkt, daß mit der absoluten Wahrheit in diesem Geschäft kein Blumentopf zu gewinnen war. Gerade wenn es um die finanzielle Seite ging, neigten wir eher dazu alles zu beschönigen und unsere tatsächliche Situation zu verschweigen. Das ging soweit, daß wir uns selbst ein ganz anderes Bild von unserem Einkommen machten, als es wirklich war. Seit der Eröffnung unseres Geschäftskontos im Oktober letzten Jahres waren die Zahlen auch durchweg positiv. Die laufenden Auszüge wiesen stets ein Guthaben auf, wenngleich es oft nur ein paar Mark waren. Mit stetigem Wachstum würde sich aber auch das ändern. Was aus den Auszügen unseres Geschäftskontos nicht hervorging, waren unsere Ausgaben, die uns durch den Aufbau der Organisation entstanden. Diese versteckten sich in unserem Kredit und dem Minus auf unserem Gehaltskonto.

Meine Frau leistete, für viele unbemerkt, einen Großteil der wichtigen Kleinarbeiten. SeitAnfang des Jahres war sie den ganzen Tag zuhause. Selbst in den letzten Tagen ihrer Schwangerschaft arbeitete sie aktiv mit, holte Ware, fuhr mit zu den Schulungen, machte rundherum eine glückliche Miene und ich hörte sie niemals jammern. Am 9. März war sie gerade auf dem Weg Ware zu holen, als die Wehen einsetzten. Unser DD Peter war als nächster erreichbar und fuhr sie ins Krankenhaus. Am selben Abend hielten wir unseren Kronenbotschafterprinzen Markus in den Armen.

Für die folgende Woche nahm ich Urlaub. Den hatte ich auch nötig, denn mittlerweile rührte sich schon ganz schön etwas in unserer Organisation. Gut 50 aktive Berater waren nun ständig versammelt, hatten Fragen oder wollten persönliche Termine mit uns. Silvia und Albert stellten den einmaligen Negativrekord mit über 40 Gesprächen in Serie auf, von denen sich kein einziger sponsern ließ. Wir selbst hatten von diesen Gesprächen nie jemanden zu sehen bekommen, aber wir glaubten ihnen. Bis sie auf Hans stießen. Er und seine Schwester, zu vergleichen mit dem Schlagerduo Cindy und Bert, brachten die große Wende in ihrer Organisation. Diese sponserten Irene und Werner, ein Beraterpaar, das uns im Laufe unseres Geschäftsaufbaus noch sehr ans Herz wachsen sollte. Von dort aus wurde in kürzester Zeit weitergesponsert und unsere Organisation vergrößerte sich erheblich. Bei Fips und Karin entpuppte sich ihre Erstlinie Daniela und Sigi als die großen Renner. Sehr schnell sponserten sie selbst einige Erstlinien, die auch schon in die Tiefe weiterwuchsen.

* * *

Nun waren wir zu dritt in unserem Apartment in Puchheim. Zum Glück braucht ein Baby nicht soviel Platz, so daß wir unseren Sohn vorerst einmal, sobald er schlief und wir Berater bei uns hatten, in seiner Tragetasche ins Bad stellten. Es war ziemlich eng geworden. Eine größere Wohnung brauchten wir auf jeden Fall. Die neue Situation war mir fremd und unvertraut. Wir waren plötzlich eine Familie und hatten ein Geschäft. Mit unserem früher so sorglos geführten Lebensstil war das nicht vereinbar. Nun sollten wir auch noch unsere Wohnung verlassen, in der wir nun schon seit vier Jahren wohnten und mit der uns so viele schöne Erinnerungen verbanden. Momentan ging mir alles zu schnell. Am liebsten verdrängte ich die Situation und wollte einfach abwarten. Wir sollten erst einmal DD werden, damit meine Frau zu Hause bleiben kann. Auch das offene Haus konnte so nicht mehr weitergeführt werden. Momentan brauchten wir schnelle Lösungen damit uns unsere Situation nicht auf einmal über den Kopf wuchs.

Das erste Quartal in diesem Jahr brachte viele neue Erfahrungen und damit einige Umstellungen mit sich. Nicht nur, daß Markus geboren wurde, was sicher zu den größten Ereignissen zählte, sondern auch unser geschäftlicher Werdegang nahm in dieser Zeit eine ganz entscheidende Hürde.

Auf dem Jahreseröffnungsball im Januar in Augsburg fiel bei Silvia und Albert endlich der Groschen. Seither waren sie nicht mehr zu bremsen. Und das, obwohl sie noch eine Woche zuvor völlig entnervt ihren "Kit" abgeben wollten. Jetzt träumte Albert von einem Nadelstreifenanzug. Auf der Rückfahrt von Augsburg nach Puchheim ging er ihm nicht mehr aus dem Kopf. Den ganzen Heimweg redeten wir nur von unserem gemeinsamen Geschäft und unserer, bestimmt phantastischen, Zukunft. Beide versprachen, nun mit voller Kraft durchzustarten. Kurz darauf verkauften sie ihr Eigentumsapartment, um sich für den Erlös einen nagelneuen BMW 315 zu bestellen.

* * *

Am 17. März fuhr ich nach Obsteig. Diesmal blieb meine Frau wegen unseres kleinen Markus zu Hause. Mit im Auto saß Fips, unsere Erstlinie und guter Freund aus meiner Lehrzeit. Viel Mist produzierten wir früher zusammen. Gemeinsam durften wir manche eingebrockte Suppe wieder auslöffeln und nun machten wir uns zusammen auf den Weg um reich zu werden.

Fips, begeistert bis über beide Ohren, lieh sich von einem Freund extra für dieses Seminar einen Anzug aus. Das Autoradio bis zum Anschlag aufgedreht, kamen wir singend und lachend in Obsteig an. Bei ihm war mir das Geschäft eigentlich gar nicht so wichtig. Seine Freundschaft, und daß er mit mir diesen Weg gehen wollte, waren mir viel wertvoller. Von ganzem Herzen wünschte ich ihm seinen Erfolg und das gar nicht des Geldes wegen.

Da ich die Bettenverteilung für meine Organisation von Peter übertragen bekam, machten wir uns sofort auf den Weg das schönste und größte Zimmer im Seminarhotel für uns auszukundschaften. In alle anderen Zimmer legte ich, wie es in Obsteig Brauch ist, eine Begrüßungskarte auf das Nachtkästchen. Noch bevor die anderen aus unserer Organisation eingetroffen waren, saßen wir beide schon an der Bar des Hotels. Dort, wo es die besten Gin Fizzes weit und breit gibt, genossen wir das erste und gleich darauf das zweite Glas dieses herrlich erfrischenden Getränkes. Kurz nach Ende der Begrüßung in der Seminarhalle waren wir schon wieder die Ersten, die in der Kellerbar, der hoteleigenen Disco, die Plätze reservierten. Wir sangen und tanzten bis uns der Discjockey so gegen halb 5 Uhr an den frühen Morgen erinnerte und uns höflich, aber bestimmt, erklärte, daß er nun schließen möchte. Schnell besorgten wir noch zwei halbe Bier in der Flasche, torkelten die Treppen hinauf zum Speisesaal und setzten uns auf die tiefen Fensterbretter, ganz hinten im Eck, von wo aus man auf das Schwimmbad hinuntersehen konnte. Die mollige Wärme der Heizkörper hinderte uns daran das Bier vollends auszutrinken. Schon nach kurzer Zeit waren wir eingeschlafen. Erst der Lärm der Frühaufsteher, der Berater, die bereits um halb 8 Uhr zum Frühstücksbüffet eilten, riß uns aus dem Schlaf. Als wir von den Fensterbrettern stiegen, die Bierflasche in der Hand, mit zerknitterten, verrauchten Anzügen, waren schon mehr als 50 Berater im Saal versammelt. „Das Bett hätten wir gar nicht gebraucht", sagte ich zu Fips. Der sah mich mit blutunterlaufenen Augen an „Mhh", mehr war nicht aus ihm herauszubekommen. „Komm, damit wir uns wenigstens ein wenig waschen", ich zog ihn am Sakko aus dem Speisesaal hinaus.

Viel Zeit hatten wir nicht, also hinauf ins Zimmer, die Zahnbürste durchs Gebiß gejagt, das Hemd gewechselt und wieder hinunter. Ein paar Semmeln, Eier und Wurst organisiert, den Kaffee im Stehen getrunken, eine Zigarette angesteckt und schnaufend und hustend hasteten wir hinüber in die Seminarhalle. Dort stand die Gruppe Sonnabend auch schon versammelt. Klatschend sangen sie in der Halle zu den Obsteig Liedern. „Mann da seid Ihr ja," meinte Ingrid etwas überrascht. „Du siehst aber nicht gut aus, und du erst Fips, wann seid ihr denn ins Bett gegangen?". Ich lachte, doch mir war hundeelend, die Knie butterweich und in die Semmel konnte ich auch nicht beissen. Ein Vorbild war ich in diesem Zustand ganz und gar nicht, aber ich glaube, ich wollte es auch gar nicht sein. In Obsteig gab es so viele Gelegenheiten sich von einer ganz normalen Seite zeigen zu können, so wie man einfach ist. Hier konnte jeder auch einmal über ganz persönliche Belange sprechen, über ganz banale Dinge. Hier durfte gelacht, geweint und natürlich auch gefeiert werden. Wir waren alle unter uns, wie eine riesige Familie. Die Themen, die an diesem Morgen von den Sprechern behandelt wurden, gaben nicht allzuviel Anlaß zu einer übermäßigen Aufmerksamkeit. Es waren immer wieder neue Erfolgsgeschichten, eine mehr oder weniger, was soll schon sein?

Verhältnismäßig gut überstanden wir den 2. Seminartag. Am Nachmittag traf sich die halbe Organisation zum Schwimmen. Der schlimmste Punkt schien überwunden. Aber anstatt etwas dazugelernt zu haben, saßen wir abends alle miteinander wieder in der Kellerbar. Nachts um 3 Uhr fanden wir dann relativ früh ins Bett. Eigentlich hätten wir auch ohne Zimmerreservierung hierher fahren können. Für 6 Stunden wurde es tatsächlich benutzt. Alles andere spielte sich an den Bars, in der Seminarhalle, den Speisesälen oder im Schwimmbad ab. War meine Frau dabei, mußte ich doch irgendwann ein Ende finden, mit Fips aber hatte ich einen Verbündeten gefunden, der absolut keinen Bock verspürte die Zeit in Obsteig zu verschlafen. Der dritte Tag wurde dann, wie gewohnt, zum Großkampftag gegen den Schlaf. Aber auch bei aller Anstrengung konnten es nur wenige verhindern, daß ihnen der Kopf immer wieder zur Seite nickte. Zugegeben, auch ich habe einen nicht unwesentlichen Teil des letzten Seminartages verschlafen. Der MC bemühte sich zwischen den einzelnen Sprechern uns mit Lockerungsübungen wieder auf die Beine zu bringen. Zwei, drei Kniebeugen, die Hände nach oben, den Körper nach rechts drehen, dann wieder nach links. Sicher gut gemeint, doch empfand ich es als eine einzige Qual, mit meinem dicken Kopf aufstehen zu müssen um aerobicähnliche Lockerungsübungen zu machen.

Einen Obsteigkassettensatz für 100 DM zu bestellen, gehörte für jeden, der Erfolg haben wollte, schon zur Pflicht. Aber es war bestimmt auch meine einzige Chance die Reden der Sprecher des letzten Tages, und dies sind vorrangig Spitzenberater wie Strachi, Schubert und die MM's, nochmals Zuhause in aller Ruhe anzuhören. Vereinzelte Chaoten sorgten zwischendurch immer wieder für neuen Gesprächsstoff. So mußte sich unter anderem ein Waschbecken einer benachbarten Pension unter dem Gewicht eines daraufsitzenden Beraters aus der Wandhalterung verabschieden. Sicher, für Gruppentreffen waren die meisten Zimmer einfach zu klein und so setzte man sich auf jeden Vorsprung der sich anbot. Aber daß anschließend das Becken ohne Abflußrohr provisorisch wieder an die Wand geklebt, oder besser gesagt, irgendwie verhakt wurde, ist schon eine Sache, über die man denken kann wie man will. Ein anderer kam auf Socken in die Seminarhalle weil es sein Zimmerkollege bei dem Gestank seiner Stiefel nicht mehr aushielt und sie kurzerhand hinaus aufs Fensterbrett stellte. Leider schneite es in dieser Nacht bei Temperaturen um Null Grad. Doch trotz allem oder gerade deswegen - Obsteig machte Spaß. Bisher hatte ich noch niemanden erlebt, der von hier mit einer anderer Meinung wieder nach Hause fuhr. Obsteig, Zauberwort für schöne Erinnerungen. Der Geist der Gemeinschaft lebte hier und verband Tausende von Menschen. In Obsteig wurden Träume geboren, Ziele gesteckt und eine neue Welt entdeckt.

* * *

Für eine uns fremde Beraterschaft aus Frankfurt betreuten wir seit kurzem ein junges Pärchen. Obwohl wir an ihnen nie etwas verdienen konnten, behandelten wir die beiden wie eine eigene Erstlinie. Bald waren sie uns ans Herz gewachsen wie gute, alte Bekannte. Sicher hätten wir die beiden gerne selbst gesponsert, doch das ließ sich nun leider nicht ändern. Aber es ehrte uns, daß andere Organisationen uns ihre Berater anvertrauten.

Obwohl wir offiziell nur als 15 %er galten, genossen wir bei vielen Direktberatern einen hervorragenden Ruf. Am 21. März hielten wir, entgegen aller Warnungen, unser erstes "Offenes Haus" außerhalb unserer Wohnung ab. So luden wir unsere Berater in die Nebenräume des Puchheimer Vereinsheimes ein. Meine Unerfahrenheit erteilte mir dabei eine bittere Lektion. Zuhause herrschte eine persönliche, private Atmosphäre. Dort waren wir die Hausherren und unsere Berater die Gäste. In diesem Saal, wenngleich er auch klein war, ging das nicht so einfach. Solch ein Treffen ist vergleichbar mit einer Schulung und da konnte ich bis heute noch keine Erfahrungen sammeln.

Jetzt stand ich dort, wo ich noch vor ein paar Monaten niemals sein wollte: Vorne, sozusagen als der Leiter und alles wartete auf meinen Auftritt. Meine Situation wurde mir erst bewußt, als ich dort so alleine stand und den Marketingplan erklärte. Vor ein paar Monaten kauften wir uns für diesen Zweck eine

Tafel, so eine wie Ingrid und Peter sie haben. So sehr ich mich auch bemühte meine Ausführungen in die Länge zu ziehen, und die einzelnen Einkommen sogar bis ins Detail erklärte, nach etwa 25 Minuten fiel mir nichts mehr ein. Es herrschte eine völlig andere Atmosphäre. Schon vor Beginn stellte sich bei mir eine Nervosität ein und ich bekam sogar ein wenig weiche Knie. Eigentlich hätte ich es mir denken können, daß hier keine Zwischenfragen gestellt werden, keine persönlichen Gespräche zustande kommen. Zuhause wurde im engen Kreis über so viele andere Dinge gesprochen, Fragen gestellt, manchmal sogar Diskussionen geführt. Hier im Vereinsheim saß alles still und lauschte. Keine Unterbrechung, kein gemeinsames Gelächter. Ganz steif und unbeholfen kam ich mir vor. Spontan fiel mir nichts mehr ein, das ich hätte erzählen können. Vielleicht, dachte ich mir, ist das ganze ein Flop. Die MM's rieten auf ihren Schulungskassetten von Treffen in Lokalen ab und Ingrid und Peter zeigten sich von unserer Idee auch nicht sonderlich begeistert. Trotzdem wollte ich es noch einmal probieren. Ich gab einen Termin für die darauffolgende Woche bekannt, an dem das nächste "Offene Haus" abgehalten werden sollte. Nur diesmal wurde als Treffpunkt das "Café Göbl" in Puchheim, nahe unserer Wohnung, gewählt. Jetzt kannte ich die Situation. Vor etwas, das man kennt, braucht man nicht unbedingt Angst zu haben. Das Programm mußte nur einen Sinn ergeben, einen besser durchdachten Ablauf haben. Was wir nicht ahnen konnten: Das "Café Göbl" sollte sich auf unserem Werdegang zu einer wichtigen und beliebten Einrichtung entwickeln.

In der folgenden Woche baten uns Hardy und Heidi um Hilfe. Beide hielten, obwohl Hardy der Bruder meiner Frau ist, nur sehr oberflächlichen Kontakt zu uns. Gerade deshalb schienen sie uns ernsthaft in Schwierigkeiten zu sein, also fuhren wir zu ihnen. In ihre Organisation hatte sich ein "Parasit", wie Peter ihn später nannte, eingeschlichen. Ein Berater aus ihrer Gruppe ließ sich von einem Weinhersteller, der ein ähnliches Vertriebssystem aufbaute, anwerben und versuchte nun, Berater aus ihrer Organisation abzuwerben, was ihm bei einzelnen auch gelang. Eilends wurde eine Krisensitzung bei Ingrid und Peter einberufen, zu der auch die beiden Direktberaterpaare Sonja und Heinz sowie die Familie Oberberger gerufen wurden. Das Problem war nicht ganz neu. Über den Weinhersteller lagen bereits Informationen bei unseren DD's vor. Nach einem langen Abend wurde beschlossen, daß ein jeder, der für diese Firma aktiv wird, aus unserem Geschäft ausgeschlossen werden soll. Selbst der Zutritt zu den Schulungszentren wird ihnen in Zukunft verwehrt werden. Es durfte nicht sein, daß wir unsere ganze Aufbauarbeit in Leute stecken, die wiederum ein anderes Geschäft betreiben, dort Berater anwerben um eben mit dieser Organisation erfolgreich zu werden. Obwohl der Konkurrenz nicht viele Chancen gegeben wurden überhaupt nennenswerte Größen zu erreichen, mußte der Versuch, über unsere Organisationen an Geschäftspartner zu kommen im Keim erstickt werden. Meine Frau und ich wollten uns das auf jeden Fall selbst anschauen, eine Schulung besuchen und mit den Organisationsleitern reden. Wir fühlten uns für unsere Organisation verantwortlich, es war sogar unsere Pflicht, der Sache nachzugehen.

Ein paar Tage darauf trafen wir auf deren Schulungszentrum, einer Gaststätte am Pasinger Marienplatz, einige bekannte Gesichter. Aus unserer Organisation saßen dort zwei Berater. Sie gehörten zur Gruppe von Hardy und Heidi. Die Schulung verlief nicht viel anders als unsere in Eching, außer daß wesentlich weniger Leute anwesend waren. Wir ließen uns deren Marketingplan erklären, redeten interessiert mit den Organisationsleitern und bekamen das Gefühl etwas Gutes zu tun, als wir übereifrig, etwas überheblich gegen ihre Geschäftsidee argumentierten. Jeder der Obervertreter war etwas Besonderes, hatte natürlich ein riesiges Einkommen, machte es entweder hauptberuflich oder war gerade dabei, seine traumhafte Karriere vollends auszubauen. Drei Mann hatten uns am Ende in der Mangel. Natürlich hatten wir nicht verschwiegen noch ein anderes Geschäft zu betreiben. Doch dieses Geschäft war ihnen ganz und gar nicht unbekannt. Im Gegenteil, solch aktive Berater wie uns würden sie brauchen. Von ihrer Seite sahen sie gar kein Problem beide Geschäfte nebeneinander zu betreiben. Gesponserte Leute könnten so ihre Produktpalette ausbauen, indem sie zusätzlich erstklassigen Wein anbieten. Für uns aber war eigentlich von vornherein alles klar: Der Wein war viel zu teuer, das Bonussystem ungerecht und überhaupt, um Wein zu verkaufen müßte man schon etwas Ahnung davon haben. Keine Chance, auf zwei Hochzeiten zugleich tanzen, das kann nicht funktionieren. Die beiden Berater von Hardy und Heidi hatten sich unmittelbar nach der Schulung aus dem Staub gemacht. Wir selbst sollten mit diesem Problem in der folgenden Zeit nicht mehr konfrontiert werden. Später wurde regelmäßig auf den Schulungszentren der MM-Organisation eine Durchsage gemacht, die alle Geschäftspartner welche gleichzeitig das Weingeschäft betrieben, aufforderte den Saal zu verlassen. Für diese Woche wurde es das Hauptthema auf unserem neuen "Offenen Haus" im Café Göbl, für das ich mich nun inhaltlich gründlich vorbereitete. Noch so einen Untergang wie im Vereinsheim wollte ich nicht mehr riskieren.

Natürlich blieben die Fragen unserer Geschäftsfreunde nach unserer Qualifikation zum Direktberater nicht aus. Es lag in der Luft, in absehbarer Zeit mußte es klappen. Doch im März erreichten wir noch nicht einmal die 18 % Hürde mit 10.000 DM Umsatz. Viele gingen wohl davon aus, daß wir mit Hardy und Heidi ein 21 % Bein besaßen und uns deshalb für unsere Qualifikation lediglich ein Restvolumen von 6.000 DM fehlte. Doch die beiden hatten seit ihrer Qualifikation nur noch ganz geringe Umsätze. Ihr Gruppenwachstum stagnierte, die Schulung wurde Woche für Woche von weniger Beratern besucht. In den drei Monaten ihrer DD Qualifikation bestellten sie immer etwas über 15.000 DM Ware. Da sie kein Auto besaßen, brachten wir diese enorme Menge an Ware auch noch zu ihnen. Wir waren überzeugt, daß sie sich zum DD eingekauft hatten, das heißt, daß der Großteil der Ware wohl noch in ihrem Keller stand. Unsere Bitte an Ingrid und Peter, doch etwas dagegen zu unternehmen, wurde kurz und bündig abgeblockt: „Die werden schon wissen was sie machen", war Peters kurzer Kommentar.

Er wurde sogar böse, etwas lauter, als wir dieses Thema ansprachen. Ich selbst machte mir Sorgen, hoffte, daß sie sich wegen einer DD-Nadel nicht hoffnungslos verschulden würden. Heidi versicherte uns, nichts auf Lager zu haben. Der Großteil der Ware sei tatsächlich an eine Firma verkauft worden, von der sie einen Großauftrag über Reinigungsartikel erhalten hatten. Und nun? Hatten sie nun keinen Auftrag mehr?

Nur nicht mehr darüber nachdenken, es ging uns schließlich auch nichts mehr an. Außerdem hielten sie als DD die Nase so hoch oben, daß sie eines Tages sowieso drauffallen würden. Fest stand, daß wir nicht mit Umsatz von ihnen rechnen durften. Unsere bevorstehende Qualifikation mußte mit dem Volumen unserer Restgruppe bestritten werden. Reagierten Ingrid und Peter nur deswegen so barsch, weil sie mit der Anwärterschaft von Hardy und Heidi selbst Perle wurden? Egal warum, wir fanden das so nicht richtig, wenngleich ich verstand, daß solch eine Qualifikation andere motiviert, denn sie bewiesen dadurch, daß dieses Geschäft wirklich einfach ist und ein jeder DD werden kann.

Fast täglich saßen Kessy und ich irgendwo bei einem Sponsertreffen, führten wöchentlich ein "Offenes Haus", überzeugten Berater nach Obsteig mitzufahren und fehlten auf keiner Schulung. Das Treppchen zum DD besaß für uns eine magische Anziehungskraft. Entsprechend sah es mit meiner Begeisterung für meinen eigentlichen Beruf aus. Ein bis zweimal in der Woche verschlief ich, trotz Gleitzeit kam ich zu spät zur Arbeit. Einige Male zitierte mich mein Vorgesetzter in sein Büro, ermahnte mich, daß es so nicht weiter gehen könne. Schon zweimal unterlief mir ein größerer Fehler während der Reparatur einer computergesteuerten Maschine. Bei diesen Maschinen, etwa 20 Meter lang mit drei Frässpindeln und einem Wert von ein paar Millionen Mark, erreichten die Ausfallzeiten schnell Summen von einigen zehntausend Mark. Daß dies Konsequenzen haben würde, war mir klar und so mußte ich alsbald, zusammen mit Theo, Maschinen warten. Drehbänke, Pressen,

Fräsmaschinen abschmieren und ölen. Und das, obwohl mein Meister mich einst als seinen Nachfolger bezeichnete. Auf der anderen Seite hatte dieser Job auch etwas Gutes. So wurden zum Beispiel an der großen Schlagpresse, unten am Fundament, die Schrauben an den Federn, auf der sie stand, nachgezogen. Dazu mußte ich, auf einem kleinem Rollwagen liegend, vom Keller aus unter die Presse fahren. Hier, unter dem meterhohen, tonnenschweren Betonklotz war es völlig dunkel und es konnte mich niemand sehen. Theo kontrollierte die Maschine und ich schlief, bis er mich wieder weckte.

Tagtäglich erzählte ich Theo von unserem Geschäft. Es war mühsam, doch ich schaffte es, ihn auf einen Sponsertermin zu uns einzuladen. Schade, obwohl er die Idee riesig fand, wollte er nicht mitmachen. Drängen bringt in diesem Geschäft nichts, entweder man will oder man will nicht. Vielleicht wäre es möglich gewesen, ihn zur Unterschrift zu bewegen, dann aber bestimmt nur mir zuliebe, damit ich ihm nicht böse bin und Ruhe gebe. Es wäre zu schön gewesen. Irgendwie konnte ich es mir auch nicht vorstellen: Theo als aktiver Geschäftsmann! Er hatte auch gar nichts mit der großen weiten Welt am Hut. Er wollte nicht reich werden, war zufrieden, wenngleich er sich für die Arbeit in unserer Firma schon einen besseren Stundenlohn wünschte. Es war mehr oder weniger nur Gerede, so wie alle schimpfen. Zufrieden ist niemand, aber etwas dagegen tun will auch keiner. Zumindest trifft das auf eine bestimmte Sorte Menschen zu und davon gibt es recht viele. Immerhin, er hielt zu mir, redete nicht dagegen und sagte zu niemandem etwas von meinen Aktivitäten. Ihn zu sponsern würde viel Arbeit erfordern. Nicht solche wieAndy sie meinte machen zu müssen. Mit seinen unglaublichen Millionärsgeschichten. Bei Theo glaubte ich, geht das nur ganz langsam. Nicht zuviel erzählen, immer nur kleine Häppchen und ihm dabei das Gefühl geben, daß alles ganz einfach sei.

* * *

Die Bonusdifferenz, die wir monatlich aus unserem Geschäft verdienten, ersetzte zusammen mit dem Mutterschaftsgeld, das meine Frau erhielt, nicht ihr bisheriges Einkommen. Wir wollten das auch gar nicht so genau ausrechnen, da sich das schlagartig, mit dem zu erwartenden Wachstum, ändern würde. Dennoch spielte ich mit dem Gedanken bei meiner Firma zu kündigen. Über Herrn Oberberger erhielt ich einen Vorstellungstermin bei einer Versicherung, für die Stelle als Aussendienstmitarbeiter, die mir ein Garantieeinkommen von monatlich 2.500 DM anbot. Natürlich müßte ich dafür eine Leistung bringen, ansonsten würde der Vertrag nach drei Monaten gekündigt werden. Aber ich bekäme dadurch die Chance meine Zeit frei einzuteilen. Vormittags ausschlafen, nachmittags Versicherungen verkaufen, abends unser Geschäft betreiben und nebenher noch viele neue Leute kennenlernen. Ich besprach mich mit Ingrid und Peter, die wiederum waren völlig empört darüber. Auf der einen Seite würde ich Termine ausmachen um das beste Geschäft der Welt zu erklären, auf der anderen Seite die beste Versicherung an den Mann bringen. Die Zwekow's äußerten darüber hinaus sogar Bedenken, das Versicherungsgeschäft würde meinen Charakter verderben. Ich bekam den Eindruck, daß sie Angst hatten, ich würde mit den Versicherungen schneller Geld verdienen und deswegen dieses Geschäft vernachlässigen. Ich verwarf den Gedanken an einen Berufswechsel und ging weiter in meine Firma, wo mir jeder Tag länger und sinnloser vorkam, mir die Arbeit täglich schwerer fiel.

* * *

Am 13. April bestellten wir telefonisch Ware bei Ingrid und Peter. Das war inzwischen nichts Ungewöhnliches mehr, denn unser eigentlicher Sponsor Andy machte uns seit längerer Zeit einige Schwierigkeiten. Ursprünglich brachte er die Ware mit dem Auto entweder zur Schulung mit, oder wir erledigten die Lieferungen nach der Arbeit am Parkplatz. Häufig trafen wir uns auch bei den DD's, um gleich dort unsere Bestellung in unser Auto einzuladen. Das ersparte allen eine Menge Schlepperei.

Doch Andy wurde zu einem seltenen Gast. Zur Warenlieferung sollten wir nun immer am Abend nach Trudering fahren, von Puchheim aus genau das andere Ende von München. Wer München kennt, weiß, was das für eine Strapaze bedeutet. Unsere Beschwerde hatte Erfolg. Fortan erledigten wir den Einkauf direkt bei Peter, nur der Bonus wurde über Andy abgerechnet. Aber auch hier gab es bald Schwierigkeiten - er zahlte ewig nicht aus, zog irgendwelche Dinge ab, die wir ihm angeblich schuldeten und vertröstete uns mit der Korrektur von einer Woche auf die andere.

An diesem Bestelltag klingelte spät abends das Telefon: „Ich habe eine gute Nachricht für euch", sagte Peter am Telefon. Seine Stimme klang freudig und aufgeregt. „Morgen werdet ihr in Eching zu neuen Direktberateranwärtern geehrt, ich soll euch auch von Ingrid recht herzlich gratulieren". Mir stockte der Atem für einen kurzen Moment. „Ja, wie ist denn das möglich? Wir haben doch erst etwa 5.000 Mark Bestellung zusammen!" Schnell rief ich meine Frau: „Wir werden morgen Anwärter." „Was? Das ist doch gar nicht möglich!"

„Also paß auf", fuhr Peter fort, „Hardy und Heidi machen diesem Monat 6.000 DM Umsatz..." „Wer sagt das?", warf ich dazwischen, „Heidi?" „Jetzt beruhige dich erst einmal, die 6.000 machen sie sicher, das steht fest. Sie haben schon für 4.000 bestellt und noch etwa 2.000 DM an Bestellung liegen, den Rest macht ihr leicht mit den nächsten zwei Bestellungen klar, oder? Also keine Widerrede, morgen werdet ihr Anwärter!" Natürlich freuten wir uns riesig, stand doch unser erstes großes Ziel nun ganz nah vor uns. Den schwierigsten und wichtigsten Schritt, den Traum von tausenden von Beratern in diesem Geschäft, hatten wir damit geschafft. Wir dachten an die überraschten Gesichter aus unserer Organisation. Keiner rechnet mit einer Anwärter Ehrung mitten im Monat. Ich stellte mir vor, wie das am nächsten Abend sein wird. Wie etwa 500 Menschen aufstehen werden und klatschen, uns Applaus spenden für unsere Leistung. Wir öffneten eine Flasche Wein. Ich nehme Markus in den Arm, der mich mit seinen großen Kulleraugen ansieht: „Kind, was hast du für ein Glück auf dieser Welt zu sein. Du wächst in ein neues, unbeschreiblich schönes Leben hinein. Eines Tages wirst Du unser Kronenbotschafter..." Ich erinnerte mich noch einmal an den Anfang zurück, als uns Andy und Manuela dieses Geschäft erklärten. Fast ein Jahr ist es her. Fast ein Jahr brauchten wir um selbst eine 21 % Gruppe aufzubauen. Jene 21 %, um die ich Ingrid und Peter einst beneidete. Vor denen ich soviel Respekt und Achtung hatte, daß ich den beiden glaubte, als sie uns sagten das wir es schaffen würden. Doch so sehr ich mich freute, es war auch einAbschied. EinAbschied aus unserer Organisation der kleinen Berater. Bis heute waren wir alle gleich, aber von nun an sollten wir die Position von Ingrid und Peter in unserer Organisation übernehmen.

Markus brachten wir am folgendenAbend zu meinen Eltern. Auf der Schulung in Eching kam sofort Familie Oberberger auf uns zu, um zu gratulieren. Sie hatten es schon von Peter erfahren, als sie ihn fragten, für wen denn der große Blumenstrauß sei. Auch in unserer Organisation gab es neugierige Fragen, doch die konnten wir recht glaubwürdig mit einem angeblich frisch qualifizierten 15 %er aus Ingrid und Peters Gruppe beantworten, der heute seine neue Nadel erhält. Es war ja auch erst der 14. April, wer konnte sich schon binnen 14 Tagen mit 15.000 Mark zum DD-Anwärter qualifizieren?

Die Schulung begann wie immer mit lauter Musik und rhythmischem Klatschen. Der MC begrüßte alle Anwesenden, ließ alle Neuen mit ihren Sponsoren auf die Bühne kommen und ermittelte dann den Sponsor der Woche. Nun wurden alle neuen 3 %er anhand einer Liste vorgelesen und gebeten kurz aufzustehen. Ich bekam Herzklopfen. Unser größter Tag in diesem Geschäft stand vor seinem Höhepunkt. Meine Frau gab mir unter dem Tisch die Hand, als der MC die Perlen-Direktberater Ingrid und Peter auf die Bühne bat, um eine höhere Ehrung vorzunehmen. Es wurde ganz ruhig im Saal als Peter das Mikrophon in die Hand nahm: „Einen wunderschönen gutenAbend hier in Eching. Heute haben wir die ganz besondere Ehre ein Paar zu ehren, daß uns innerhalb eines Jahres besonders eng ans Herz gewachsen ist. Die beiden wurden im Mai vergangenen Jahres gesponsert, haben selbst bereits einen DD in ihrer Linie und eine starke, sehr motivierte Gruppe aufgebaut." Die Blicke unserer Berater ließen uns nicht mehr los. „Das seid Ihr", flüsterte mir jemand zu, von der Seite wurde ich angeschubst, die ersten reichten uns bereits die Hände zur Gratulation. „Die beiden gehören schon heute zu den erfolgreichsten Beratern dieses Geschäftes, wer sie kennt weiß wovon ich rede", fuhr Peter fort. „Ich darf zu mir, als neue Direktberater Anwärter auf die Bühne bitten, die Familie..." Unser Name ging im Geschrei unserer Organisation unter. Tosender Applaus begleitete uns durch die schmale Gasse hinauf zur Bühne. Auf dem Weg dorthin wurden Hände geschüttelt, ein paar nahmen uns in die Arme. Es dauerte, bis wir neben Ingrid und Peter auf der Bühne standen, die uns vor den, immer noch laut rhythmisch klatschenden Beratern, umarmten. Uns wurde die silberne Anwärter Nadel angesteckt und kurz darauf streckte mir Peter das Mikrophon entgegen. Meine Stimme zitterte: „Ich danke Ihnen recht herzlich für diesen tollen Applaus und ich finde es schön, eine solche Anerkennung für die getane Arbeit zu erhalten. Aber ich möchte mich auch bei Ingrid und Peter bedanken, für das, daß sie immer an uns glaubten, daß sie uns stützten, auch in Zeiten als wir an uns zweifelten, aber auch bei unserer Organisation, ohne die diese Ehrung heute nicht möglich geworden wäre. Wir sind stolz auf sie, genauso wie ich auf meine Frau stolz bin, die nicht weniger zu diesem Erfolg beigetragen hat. Unsere Ziele für die nächsten Monate sind erst einmal unsere Durchqualifikation zum DD und dann der Rubin Direktberater." Ich wandte mich mit meinen Worten auch an die Berater, die noch ganz am Anfang standen: „Auch wir saßen einmal ganz alleine auf dieser Schulung. 15.000 Mark Umsatz waren einmal unvorstellbar für uns. Ich weiß noch gut wie wir mit unserem ersten selbst gesponsertem Paar dort unten saßen, wie wir langsam wuchsen, größer wurden, bis wir heute selbst hier oben als Direktberater Anwärter stehen dürfen. Zurückblickend war alles ganz einfach. Eigentlich müssen

Sie nur fest an Ihr Ziel glauben und Schritt für Schritt weitergehen. Ich verspreche Ihnen, ein jeder von Ihnen kann eines Tages hier oben stehen und zum Anwärter geehrt werden, das ist das wenigste. Nun geht das eigentliche Geschäft erst los. Ich bin mir sicher, eines Tages werden wir wieder hier oben stehen, unsere Organisation wird bis dahin riesig groß sein, dann werden wir wieder geehrt werden - zu neuen Kronenbotschaftern. Wir freuen uns riesig mit Ihnen zusammen diesen Weg zu gehen, vielen Dank". Ich gab das Mikrophon an den MC zurück, als die eingespielte Musik schon wieder von lautem Klatschen übertönt wurde.

Bereits an der Treppe der Bühne wurden wir von zahlreichen Beratern und Direktberatern aus anderen Organisationen empfangen. Es dauerte eine ganze Weile bis wieder Ruhe in dem Schulungszentrum eingekehrt war und der MC fortfahren konnte. Mit unserer Organisation trafen wir uns am Abend, wie es sich nach jeder Ehrung inzwischen eingebürgert hatte, im Restaurant Wienerwald in Gröbenzell. Ingrid und Peter wollten heute abend nicht fehlen und hielten vor unserer Gruppe eine ausführliche Ansprache. Mit Nachdruck betonte Peter unsere hervorragenden Führungseigenschaften, daß sich bereits jetzt schon viele Führungskräfte in unserer Gruppe entwickelten und diese Organisation eines Tages ganz oben, an der Spitze dieses Geschäftes stehen werde. So wurde dieser Tag zum größten unseres bisherigen Lebens. Niemand kann dieses Gefühl, diesen Stolz nachempfinden, der nicht selbst erlebt hat, was solch eine Ehrung nach soviel Arbeit bedeutet. Wir erhielten die Anerkennung und den Dank für viele Tage Mühe, viele Tage Ausdauer und für unseren Fleiß. Diese Ehrung bewies, daß wir recht hatten, bei all den vielen Sponsergesprächen. Das wir nicht zuviel versprachen und daß es möglich ist, die höheren Einkommen tatsächlich zu erreichen.

Doch dieser Monat war noch nicht überstanden und dann lagen da noch zwei Monate vor uns. Irgendwie mußten wir das schaffen, es gab kein Zurück mehr. Jetzt war es passiert, also ziehen wir die Qualifikation auch durch. Als neue Anwärter wurden wir kurz darauf von Hardy und Heidi zum Essen eingeladen und auch die Familie Oberberger wurde auf einmal wieder zu guten Bekannten. Eine Woche später erhielten wir eine Einladung zum Essen in ihrem Haus außerhalb Münchens, zu dem auch Ingrid und Peter kamen. Der Kontakt zu uns schien einigen Leuten wieder wichtig geworden zu sein.

Mit dem letzten Bestelltag verfehlten wir den erwarteten Umsatz nur knapp. Wir entschlossen uns daher, das komplette Kochset selbst zu bestellen, für etwas über 800 DM Beratereinkaufspreis. Über den Umsatz von Hardy und Heidi, den sie angeblich in diesem Monat erreichen sollten, bestanden bei uns immer noch Zweifel. Woher kam der ungewöhnlich hohe Umsatzschub, wo sie doch in den vergangenen Monaten fast nichts mehr bestellt hatten? Vielleicht wollte man uns aus irgendeinem Grund über die 15.000 DM Hürde hieven und Ingrid und Peter bestellten bei Hardy und Heidi, so daß deren Umsatz auf unsere Linie zurückfiel und wir uns gegenüber dem Lieferanten zum DD-Anwärter qualifizierten. Die Bonusabrechnung von Hardy und Heidi bekamen wir nicht mehr zu Gesicht, da sie als DD direkt mit dem Hersteller abrechneten. Vielleicht rechneten die beiden danach ihren Bonus mit Ingrid und Peter ab? Als Grund dafür fiel mir sofort die anstehende Smaragd-Qualifikation von unseren DD's ein. Zum Smaragd brauchten sie mindestens drei verschiedene Linien mit 21 %, die sich innerhalb des Geschäftsjahres sechs mal mit über 15.000 DM qualifizierten. Nachdem das neue Geschäftsjahr am 1. September begonnen hatte und Hardy und Heidi nicht den Eindruck machten, als würden sie in dieser Zeit nochmals 21 % erreichen, schien mir das ein plausibler Grund zu sein. Auch zum kostenlosen Reiseseminar des Lieferanten mußte man sich mit Umsatz qualifizieren. Sollte uns die vorgezogene Qualifikation etwa zu mehr Umsatz zwingen? Der Gedanke an solche Hinterlistigkeiten erschreckte mich einen Moment lang, tat aber gleichzeitig eine Fülle von Gedankenspielen für uns auf, um schneller die Treppchen nach oben zu steigen. Am Ende aber war alles nur

Spekulation. Ich konnte mir zwar vieles zusammenreimen, wie aber die Wahrheit aussah, wer weiß ob ich es jemals erfahren würde.

* * *

Der Ablauf des "Offene Hauses" im Café Göbl war inzwischen überdacht und neu gestaltet worden. Eine gewisse Ähnlichkeit mit einem Schulungszentrum kann ich nicht leugnen. Die Wichtigkeit eines gemeinsamen Treffens wurde uns recht schnell bewußt. Nur mit einem ständigen engen Kontakt konnten wir einen enormen Einfluß auf die Organisation ausüben, und der wird in diesem Geschäft zweifellos wichtig sein. Unser "Offenes Haus" sollte die Berater miteinander verbinden, die einzelnen Linien zum Konkurrenzdenken anregen, einen labilen, noch etwas unschlüssigen Berater im Geschäft halten und sei es nur, weil es ihm hier gefällt. Dazu wollten wir organisationsinterne Veranstaltungen machen, sozusagen auch die Freizeit der Berater mitgestalten. Auf diese Weise würde der eine oder andere vielleicht etwas später angesteckt werden und auch einmal einen Sponsertermin vereinbaren oder wenigstens etwas Umsatz machen. Ja, ein Berater ist unser bester Kunde. Aufgrund des Bonussystems würde er all seine Haushaltsartikel ständig über die eigene Sponserlinie kaufen. Bei ihm brauchte niemand für das Produkt zu werben, jeder ist selbst darauf bedacht eigenen Umsatz zu machen. Das ist viel einfacher als einem Kunden hinterher zu laufen, der vielleicht auch noch an irgend etwas herumnörgelt, denn er braucht die Produkte ja nicht gutzuheißen.

Ich erarbeitete ein Konzept nach welchem das "Offene Haus" in Zukunft geführt werden sollte. Aus der Organisation sollten die Führungskräfte mit vorgegebenen Themen zu Wort kommen. Der Begriff "Führungskraft" war mir allein schon deswegen wichtig, damit sich andere, die bereits gesponsert hatten, angespornt fühlten, diesem Kreis anzugehören. Häufig saßen wir mit den Führungskräften, im Anschluß an das "Offene

Haus", noch zusammen um interne Themen und Pläne zu besprechen.

Doch auch der Nachwuchs müßte angespornt werden. Zwar sagte so ziemlich jeder Neue, daß er niemals vor einer Gruppe sprechen könnte, doch insgeheim stand jeder gerne im Rampenlicht. So führten wir den "3 % Sprecher" ein. Auf jedem "Offenen Haus" sollte zu Beginn ein neuer 3 %er die Gelegenheit bekommen, kurz über seine Ziele, überhaupt über seinen kurzen Werdegang zu berichten. Das hatte den Effekt, daß sich dieser neue Berater als ein vollwertiger Geschäftspartner fühlte, der anderen etwas zu sagen hatte. Zusätzlich konnten dadurch andere bewegt werden, nun endlich die erste Hürde zu überschreiten und eine 300 DM Bestellung aufzugeben.

Meine Gedanken gingen noch weiter. Von diesen Treffen aus wollte ich Sponserwettbewerbe, Produktaktionen und vielleicht einmal ein eigenes Seminar organisieren. Dies alles wird nur mit einem sehr engen Kontakt zur Organisation möglich sein.

Unsere Bemühungen wurden auch privat honoriert. Am 2. Mai wurde Markus getauft. Am selben Abend fand auch unser Treffen im Café Göbl statt. Unsere Organisation überraschte uns mit einem Berg von Geschenken. Ein Wickeltisch, ein Hochstuhl und viele sorgsam ausgesuchte Kleinigkeiten wurden uns überreicht. Für uns ein Zeichen, daß wir uns mit unserer Arbeitsweise auf dem richtigen Weg befanden. Eine Zeitlang wurde das Treffen auf einen Donnerstag verlegt. Mit wenig Erfolg, denn das dadurch gewonnene Wochenende wurde nicht zum Sponsern sondern vielmehr zum Ausruhen benutzt. Nein, gerade das Wochenende sollte aktiv für das Geschäft genutzt werden. Einigen wurde es auch zuviel, unter der Woche auf zwei Treffen zu gehen, also verlegten wir unseren Termin bald wieder auf einen Sonntag. Das hatte auch einen ganz besonderen Nebeneffekt: Wer am Sonntag auf ein "Offenes Haus" geht, der hat weniger Zeit sich seinen alten Gewohnheiten hinzugeben. Zwangsläufig mußten Dinge, die für den Geschäftsaufbau weniger wichtig waren, aufgegeben werden.

Seit kurzem fuhren wir einen BMW 525. Als DD sollten wir uns das doch leisten können. Wir hatten ihn sehr günstig erstanden, weil beim Vorgänger schon der "Kuckuck" drauf klebte und der Vorbesitzer dringend Geld brauchte. Mit der Automatik Schaltung verbrauchte das Auto nicht selten um die 16 Liter. Unseren alten BMW 520 verkauften wir an einen Berater der Organisation für 800 DM. Der wollte am Ende des Monats bezahlen - seither war er auf keinem Treffen mehr zu finden. Erst über einen Mahnbescheid und mehrere Vollstreckungsversuche sind wir lange Zeit später zu unserem Geld gekommen.

Meine Frau wünschte sich ein eigenes Auto, einen, schon damals als Liebhaberfahrzeug gehandelten Opel GT. Wir hatten Glück, bald fanden wir einen ganz weißen zu einem echt günstigen Preis von 5.500 Mark. „Er erinnert ein wenig an eine Corvett nur im Kleinformat" meinte ich. Zum Transportieren der Ware war er wegen des fehlenden Kofferraumes völlig untauglich. Aber Spaß machte er uns. Ganz unten, fast auf dem Boden, saß man darin, meine Frau konnte kaum über das Lenkrad hinausschauen. Jetzt hatten wir zwei Autos. Damals war das für uns etwas ganz Besonderes.

Im Mai ging's noch einmal mit einer kleinen Schar Berater nach Obsteig. So viel Neues, so viel Motivation in so kurzer Zeit machte die Organisation müde. Am 20. Mai waren gerade einmal 6.000 DM Umsatz erreicht. Wir standen in der Qualifikation, brauchten also dringend 15.000 DM. Unser Qualifikation zum DD geriet in Gefahr. Peter meinte, ich solle etwas unternehmen, unsere Leute einmal richtig rannehmen und wenn jemand murrt, solle er seinen Beraterantrag zurückgeben. Ziemlich genau so lief dann auch unser "Offenes Haus" ab.

Meine Frau übernahm die Einleitung. Sanft und schonend brachte sie den etwa 50 Anwesenden bei, daß es mit der Qualifikation böse aussehe, daß dringend etwas passieren müßte um nicht durchzurasseln. Mein Auftritt dagegen verlief weniger schonend. Bestimmend, fast frech ging ich zur Sache: „Wer jetzt nicht bereit ist, zu arbeiten, wer diesen Monat nicht alles gibt, der kann von mir aus seinen Kit abgeben. Mit Schläfern und Leuten die immer nur reden und nichts tun, will ich nicht mehr zusammenarbeiten." Einen Moment lang herrschte völlige Stille. Bis sich Werner aus der Linie Silvia und Albert erhob und mich böse und energisch angriff.

Da kam zum ersten Mal ein Widerspruch gegen mich auf. War ich es zu hart angegangen? Bin ich etwa über das Ziel hinausgeschossen? Ich wurde unsicher, doch die Organisation stand hinter mir. Sofort kam das Kontra aus einer anderen Ecke. „Uwe hat schon recht, wir sind lauter Schläfer! Wollt Ihr wirklich, daß sie durch die Qualifikation fallen?" „Wir sollten alle etwas unternehmen, damit sie es schaffen" meinte jemand anderer. Werner wurde bald überstimmt, war aber immer noch sichtlich erregt. Aber Werner war nicht irgendwer. Zusammen mit seiner Frau Irene wurde er von Hansi und Christine, den Erstlinien von Silvia und Albert gesponsert. Aus der ganzen Linie hatten sie den größten Anteil an Beratern zusammengesponsert und trugen somit auch zum Umsatz wesentlich bei. Daß er ernsthaft aufhören würde, glaubte ich nicht, aber ich hoffte, daß unser Verhältnis zu ihnen, durch meinen energischen Auftritt, keinen Knacks bekommen hatte.

Für Samstag wurde eine Kochvorführung angekündigt, zu der jeder interessierte Bekannte mitbringen sollte. Irgendwie mußte jetzt Umsatz her, dafür war das umsatzträchtige, etwa 800 Mark teure Kochgeschirr natürlich ideal.

Am Sonntag darauf forderten wir die Organisation von Heidi und Hardy auf, gegen unsere Berater Fußball zu spielen. In Neuaubing trafen wir uns nachmittags auf dem Sportplatz. Solche, vom Geschäft unabhängige Veranstaltungen, sollten das Zusammengehörigkeitsgefühl bestärken und unsere Organisation zusammenschweißen. Aus Mangel an Beratern nahmen Heidi und Hardy zusätzlich Herrn Oberberger und zwei weitere Organisationsfremde in ihrer Mannschaft auf. Silvia erklärte sich bereit, Schiedsrichter zu sein und ihr inzwischen gesponserter Vater wurde als unser Kapitän aufgestellt.

Ein chaotisches Spiel nimmt seinen Lauf. Fehlende Spielfeldlinien erschweren die Entscheidungen des Schiedsrichters. Ohne Strategie und Taktik: Neun Stürmer, ein Verteidiger und ein Torwart rennen über das Spielfeld. „Sonnabend vor", rufen unsere Fans. Torwartabstoß. Der Ball fliegt weit in die Hälfte des Gegners. Ein Rudel stürzt kampfbereit in die Abwehr des Gegners. „Wo ist der Ball?" denk ich mir als bereits unsere Fangemeinde jubelnd aufschreit: „Tor, Tor, Tor..." Wir führen 1:0. Nach den wenigen gespielten Minuten herrscht bereits Siegesstimmung. Kurze Zeit später wendet sich das Blatt. Der Gegner bombt aus kürzester Entfernung zum Ausgleich. Nach etwa 20 gespielten Minuten läßt unsere Laufkraft nach. Fortan besteht unsere Mannschaft aus neun Verteidigern, einem Torwart und einem Stürmer. Bald nach Beginn der zweiten Halbzeit das 1:2. Nun wird das Spiel aggressiver, zwei gelbe Karten und dann: Elfmeter! Zum Ende unterliegen wir mit 1:3. Wir sind etwas verärgert, doch zum Gruppenfoto ist schon wieder alles vergessen.

Ich, der vorher noch niemals 90 Minuten Fußball gespielt hatte, war total erledigt. Wegen des schmerzhaften Muskelkaters, den ich mir zugezogen hatte, machte ich am nächstem Tag krank. Aber Roosevelt, der amerikanische Präsident, war auch ein großer Mann und der sagte schon: „No Sports". Wie wahr, wie wahr.

* * *

Die letzte Maiwoche mußte der Umsatz mit allen erdenklichen Mitteln hochgefahren werden. Zuerst riefen wir zu einem Führungskräftetreffen in unsere Wohnung. Nur mit Mühe fanden die 18 Berater in unserem Apartment Platz. Noch einmal wurde auf den fehlenden Umsatz aufmerksam gemacht und danach ein Sponserwettbewerb vorbereitet, der gleichzeitig für Beraterzuwachs sorgen sollte. Mit der Familie Zwekow, die inzwischen in der Diamantqualifikation mit sechs 21 % Linien stand, vereinbarten wir ein persönliches Gruppentreffen in deren Wohnung. Von unseren Führungskräften sollten die Teilnehmer ausgewählt werden. Durch die vorherige Absicherung bei den Aktiven unserer Organisation bekamen wir die notwendige Sicherheit, daß unsere Vorhaben in der Gruppe auch angenommen werden.

Unsere Bemühungen zeigten schnell einen einschlagenden Erfolg. Mit der letzten Monatsbestellung erreichten wir ein Gesamtvolumen von etwa 21.000 DM. Silvia und Albert übersprangen mit ihrer Bestellung die 15 % Hürde und qualifizierten sich mit 11.000 DM zu neuen 18 %ern. Ihre Erstlinie Hansi bestellte davon für etwa 7.000 DM und erreichte somit 15 %, wovon Werner, der sich auf dem "Offenem Haus" noch über mich beklagte, und seine Frau Irene einen 5.000 DMAnteil hielten. Vorsichtig gaben wir eine Bestellung bei unserem Lieferanten auf, mit der wir knapp über die 15.000 DM Qualifikations-Hürde rutschten. Den restlichen Umsatz schoben wir in den nächsten Monat. Sicherheitshalber kündigten wir eine Schmuck-Aktion für den kommenden Monat an. Seit kurzem führte unser Lieferant Modeschmuck in seinem Verkaufssortiment. Auf allen, in diesem Monat bestellten Schmuck, versprachen wir unseren vollen 21 % Bonus an den bestellenden Berater weiter zu bezahlen. Der dritte Monat der Qualifikation durfte auf keinen Fall noch einmal in Gefahr geraten.

Mitte Juni lud die Familie Zwekow all ihre Direktberater aus der gesamten Organisation zu einer DD Konferenz in das bekannt vornehme Hotel Hilton in München. Unser erstes großes Treffen als angehende Direktberater. Die Umgebung faszinierte mich, hier ist jeder etwas Besonderes, wenigstens erhielt ich diesen Eindruck. Auf diesem Treffen wurden wir nochmals als DD Anwärter geehrt, sozusagen aufgenommen in die nächsthöhere Gruppe der Berater. Die Themen, die hier angesprochen wurden, waren altbekannt: Schulungszentrum, Obsteig, Reiseseminar und so weiter. Vermutlich hatte dieses Meeting auch keinen anderen Grund als unser kleines Führungskräftetreffen mit unserer Gruppe. Aber es war schön dabei zu sein.

Um die neuen 3 %er namentlich festzuhalten schrieben wir alle Geehrten, die zu unserer Organisation gehörten, auf den Schulungen mit. Von Mai bis Mitte Juni entstand so eine Liste mit über 50 Beratern, von denen wir noch alle persönlich kannten. Ab nächsten Monat, als DD's, werden alle zu Ehrenden unter unserem DD-Namen aufgerufen. Das wird bei anhaltendem Wachstum das Mitschreiben vereinfachen.

* * *

Ende des Monats wurde das "Offene Haus" geteilt. Auf den letzten Treffen mußten die Leute bereits stehend teilnehmen, weil der kleine Saal überfüllt war. In diesem Monat veranstalteten wir auch ein Grillfest an der Isar. Leider regnete es an dem geplanten Samstag, aber absagen wollten wir dennoch nicht. Also fuhren wir mit etwa 60 Leuten an die Isar, suchten uns die nächste große Brücke, umstellten unseren Lagerplatz großräumig mit den etwa 25 Autos und machten uns dort breit. Irgend jemand besaß eine überdimensional bemessene Stereoanlage im Auto, an die er zwei große Boxen anschloß und auf Motor- und Kofferraumhaube stellte. Ein großes Lagerfeuer hielt uns warm. Ein Faß Bier wurde geöffnet und eine riesige Fete begann, die bis in die frühen Morgenstunden dauerte. Ein Fest wie es wohl nur selten unter einer Brücke gefeiert wird, das vielen deshalb in Erinnerung bleibt, weil es in einer solchen Form wohl nur mit einer solch einzigartigen Organisation gefeiert werden kann. Spät nach Mitternacht, es regnete immer noch in Strömen, holte ich meine Gitarre aus dem Auto und so saßen wir noch Stunden und sangen Lieder. Das Faßbier ging zu Ende, Holz war in der Nähe fast nicht mehr zu finden, als die ersten sich auf den Heimweg machten.

Ein Sommerfest im Regen neigte sich dem Ende zu. Ein Fest mit Freunden von denen wir vorher nur wenige richtig kannten. Dieses Geschäft, das wir alle gemeinsam betrieben, verband uns miteinander. Alle die wir hier versammelt waren, lebten für einen gemeinsamen Traum: Den Traum einer schöneren Zukunft, einer neuen Welt. Hier unter der Brücke saßen wir zusammen und hatten den selben Gesprächsstoff. Kein Wort mehr von solch kleinen Zielen wie „ein paar Mark nebenbei verdienen". Wir wollten alle gemeinsam nach ganz, ganz oben. Gemeinsam in den Urlaub fliegen, um die schönsten Strände dieser Erde kennenzulernen. Unsere Häuser sollten einst nahe beieinander stehen, in einem kleinen Dorf. Alle Türen würden dort offenstehen und jeder Gast wird uns willkommen sein. Viele Träume wurden in dieser Nacht geboren, gemeinsam zum Leben erweckt. Mit diesem Geschäft könnten wir jede Mauer niederreißen, die sich uns in den Weg stellen würde. Ein neuer Tag brach an, doch konnte auch der uns nicht in die alte Welt zurückholen.

Die am Nachmittag angesetzten "Offenen Häuser" waren von den Träumen der vergangenen Nacht geprägt. Ich verglich den Wunschtraum eines Menschen mit einer Glut, die leise knisternd vor sich hin schwelt. Tief im Menschen ist sie vergraben. Verschüttet und fast erstickt durch die realitätsbezogene Erziehung von Kind auf, darf sie sich nicht zu einem Feuer entfachen. Die Umwelt mit ihren Einflüssen sagt uns, was wir können und dürfen. Als Kind hat keiner Schwierigkeiten sich vorzustellen, ein großer Star zu sein. Im Spiel durfte ich ein Hubschrauberpilot, ein Popstar, ja sogar ein König sein. Niemand konnte mir meinen Traum zerstören. Bis ich ihn laut aussprach: „Ich werde einmal ein berühmter Sänger!" „Aber Kindchen, Sänger ist doch kein richtiger Beruf, das kann man nicht so einfach werden. Die meisten sind arm geblieben, außerdem hast du schiefe Zähne... Lern doch was Anständiges, werde Beamter oder Handwerker."

Und so schlummert in jedem eine Glut, die nur darauf wartet sich entfachen zu dürfen. Wem war es noch nicht passiert: Man sitzt irgendwo, liest vielleicht ein Buch oder steht mit dem Auto an einer Kreuzung und da ist er wieder: Ein Tagtraum, so eine Art verbotene Lust. Man denkt vorher an etwas völlig anderes und auf einmal ist er wieder da. Vielleicht am Anfang nur ein ganz vager Gedanke: „Wie schön wäre es doch..." und man erschrickt. „Mein Gott bin ich unbescheiden", aber es macht Spaß daran zu denken. Man möchte mehr, gibt sich in einer unbeobachteten Minute wieder diesen Gedanken hin um bald darauf wieder vom Alltag zurückgeholt zu werden. Schon als Kind wurde uns gelehrt, die Dinge realistisch zu sehen, und so kommt es, daß so mancher Traum verschwindet und in der Ewigkeit versickert. Mit diesem Geschäft dürfen die Tore geöffnet und Öl in das Feuer gegossen werden. Den Träumen sind keine Grenzen mehr gesetzt. Und der Weg dorthin ist ganz einfach: „Hört doch einfach nicht mehr hin, wenn euch jemand mit seinen negativen Meinungen, mit seinem ewigen Wehklagen die Kraft aus den Knochen saugen möchte. Es sind doch bedauernswerte Geschöpfe voller Neid und Mißgunst, die es nicht ertragen können, daß ihr euch erhoben habt aus dieser Monotonie und aus dem Stumpfsinn. Seht nur nach vorne, dorthin, wo eure Sonne scheint, auf euer Ziel! Und ihr werdet mit großen Schritten darauf zugehen. Gemeinsam werden wir den Weg nach oben gehen und unsere Kraft wird stärker und stärker, so stark, daß wir eines Tages auch denen einen Weg in eine schöne und lohnenswertere Zukunft zeigen können, die uns heute beneiden. Wir werden die menschliche Größe haben, auch diejenigen aus dem Sumpf zu ziehen, die uns heute zurückholen wollen - auf ihr eigenes Niveau. Ein Niveau der farblosen Durchschnittlichkeit."

Mit meiner Rede erntete ich einen langanhaltenden Beifall, obwohl ich große Teile den Reden anderer Sprecher in diesem Geschäft entnommen hatte. Aber in diesem Geschäft war alles erlaubt, was das Wachstum förderte. Warum sollte ich das Rad neu erfinden? Meine Frau und ich schwammen vollends auf dieser Motivationswelle mit. Manche Reden hörten wir zuhause von Kassetten, bis wir sie fast wortgetreu auswendig konnten. Mit den Kassettensätzen hielten wir ein mächtiges Werkzeug in unseren Händen, von dem wir lernten, mit diesem Geschäft richtig umzugehen. Motivation, das kann man nicht so einfach aus dem Stegreif machen. Dazu mußte man selbst erst einmal eine gehörige Portion davon haben. Genauso wie freies Reden vor einer Gruppe von Menschen. Dazu mußte man selbst erst viele Reden gehört und in sich aufgenommen haben. Inzwischen waren wir zu richtigen Profis geworden. Wir konnten Berater bis unter die Haarspitzen motivieren, Sponsergespräche mit einer hohen Erfolgsquote führen und alles Negative von uns und unserer Gruppe fernhalten.

Eine strahlende Aura umgab uns, die es nur noch wenigen gestattete unerwünschte Fragen zu stellen, negative Meinungen zu äußern oder Zweifel an der Funktion dieser Geschäftsidee aufkommen zu lassen. Bald beherrschten wir die Fähigkeit in andere Menschen hineinzusehen. Ich spürte ob ich jemanden sponsern konnte oder nicht. In einem kurzen Vorgespräch, das nicht selten nur ein paar Minuten vor der Erklärung des Marketingplanes stattfand, fielen bereits die Würfel für den Sponsererfolg. Lief das Vorgespräch nicht, so erklärte ich häufig den Plan nicht mehr. Genauso wurde es von den MM's, den Kronenbotschaftern unserer Organisation, gelehrt. Alles was ich zu Anfang in diesem Geschäft nicht recht verstand, was auf den Schulungen und den Kassetten immer wieder gesagt wurde, bekam nach und nach einen Sinn. Vieles davon nahmen wir uns zu Herzen, doch besaßen wir auch den Mut zu neuen Ideen.

Dank des überschüssigen Umsatzes des Vormonates verlief der dritte und letzte Monat der DD Qualifikation ohne Schwierigkeiten. Am 28. Juni überreichten uns unsere DD's auf dem Schulungszentrum in Eching die goldene Direkt Distributor Nadel. Von nun an waren wir qualifizierte Direktberater. Ein Traum ging in Erfüllung. Ich erinnerte mich an die grüne Couch, auf der wir gesponsert wurden, sah deutlich die goldene Nadel an Peters Sakko. Einst glaubte ich, dies sei eine für uns unüberwindbare Hürde, aber heute standen wir hier oben auf der Bühne und niemand zweifelte, daß wir es schaffen würden. Für alle war es selbstverständlich: Die Sonnabends kommen ganz nach oben! Warum nur verstanden es so viele dort unten nicht? „Ihr könnt das auch", sagte ich ins Mikrophon. „Genau wie jeder einzelne von euch dort unten sitzt und vielleicht noch zweifelt, genauso saßen wir vor etwa einem Jahr dort unten, vielleicht sogar auf ihrem Stuhl und ich konnte nicht glauben, daß wir eines Tages hier oben, als Direktberater stehen würden. Wir arbeiteten einfach darauf los, glaubten all das, was die Erfolgreichen uns sagten und sahen nie zurück."

Natürlich hatten wir zurückgesehen, und wie oft kamen da Zweifel auf und oft war es auch nicht einfach. Eine lange Zeit lag hinter uns, endlos lang kam sie mir vor. Wer von denen dort unten, die uns da applaudierten, würde denn tatsächlich ein solches Jahr durchstehen? Doch was zählte das heute abend?

„Wir freuen uns schon heute auf unsere Zukunft, auf daß wir gemeinsam mit ihnen die schönsten Strände dieser Welt erleben dürfen", beendete ich meine kurzeAnsprache. Dutzende von Händen wurden geschüttelt. Von vielen wurden wir umarmt, sogar Tränen standen einigen unserer Berater in den Augen. Die Diamantberater Zwekow waren extra zur Schulung angereist und auch die Sponsoren von Ingrid und Peter waren heute abend anwesend.Auch sie sind inzwischen Perlen Direktberater. So sehr ich mich freute über unseren Erfolg, ein wenig schwer wurde mir doch ums Herz. Denn Direktberater zu sein bedeutete endgültig Abschied zu nehmen aus dem Kreis der Berater. Ich empfand es wie den Verlust der Kindheit. Eine ganze Gruppe von Beratern nabelte sich nun ab und erhielt einen neuen Namen: Die "DD-Organisation Sonnabend".

* * *

Es ist nun schon über 10 Jahre her, denke ich mir, wie schnell doch die Zeit vergeht. Es hat sich soviel verändert, mein ganzes Leben hat eine neue Perspektive erhalten. Was damals geschah war derAnfang einer furchtbaren Kettenreaktion. Würde das anderen auch passieren? Eine erlebnisreiche Zeit liegt hinter mir. Eine schwere, aber auch eine schöne Zeit. Sie hat tiefe Narben in allen hinterlassen. Bestimmt bin ich ein ganzes Stück reifer geworden, doch wird man das nicht automatisch mit zunehmenden Alter? Vielleicht nicht so intensiv. Bestimmt wurde ich von den Erlebnissen stark geprägt, und bestimmt haben auch die vielen Schulungen, die intensiven Träume Spuren in mir hinterlassen.

In diesen Jahren machte ich viele schlimme Erfahrungen. So zum Beispiel der Mißbrauch des Vertrauens in die Menschen. Dieses Geschäft, ob es jemand wahrhaben will oder nicht, vermarktet ganz gezielt menschliche Neigungen und Beziehungen. Eigennützig werden die Worte "gemeinsam" und "Vertrauen" eingesetzt. Es werden Wünsche geweckt, die nicht ausschließlich von materieller Natur sind. Themen wie Geborgenheit, Vertrauen und Gemeinsamkeit gehen vielen Menschen tief unter die Haut. Viele sind für solche Themen empfänglich, reagieren, wohl aus den verschiedensten Gründen, sehr emotional darauf. Erst einmal auf diese Schiene gebracht, opfern sie ihr letztes Hemd für die Gemeinschaft. Ein kluger Geschäftsmann wäre dagegen recht unempfindlich, er würde wohl auch auf diesen Zug aufspringen, doch intelligent und erfahren genug sein um die Situation für sich zu nutzen. Zu welchen gehörte ich? Zum kühlen Rechner oder zum emotionalen Träumer?

Tatsächlich waren wir in kürzester Zeit die Stars dieser Phantasiewelt geworden. Vorbild für Tausende von Menschen. Kessy und ich als Team, so sind wir zusammen über uns hinausgewachsen, haben ungeahnte Kräfte mobilisiert und uns zu Führungskräften im Direktvertrieb entwickelt. Wenn ich heute in meinem Büro sitze, dann hat dies sicher seine Wurzeln in diesem Geschäft. Aber nein, mit dieser Art Geschäft hat unsere heutige Arbeit nichts mehr zu tun. Meine Frau und ich, inzwischen wieder verheiratet, betreiben ein einigermaßen gut gehendes Desktop Publishing Studio, das neben der EDV Dienstleistung auch Computer Schulungen, sowie den Vertrieb von Soft- und Hardware anbietet. Große Firmen wie Siemens / Nixdorf gehören zu unseren Auftraggebern aber auch kleinere Firmen und selbständige Unternehmer.

Den Grundstein legten wir in München-Laim mit einem kleinen Ladengeschäft. Einige Zeit später mieteten wir in München-Obermenzing ein weit größeres Büro für die von uns durchgeführten Schulungen an. Ich habe lange gebraucht um aus diesem bösen Traum aufzuwachen, zu lange. Es hat weit mehr Kraft und Anstrengung gekostet, den Scherbenhaufen wieder in Ordnung zu bringen, als wir benötigten um das Direktvertriebsgeschäft aufzubauen. Diese Leistung wurde von niemanden honoriert, keine Erfolgsnadel, keine Ehrung, kein Applaus. Ganz still, aber voller Stolz, stehen wir heute wieder auf eigenen Beinen, besser und sicherer als je zuvor. Die "Jahre danach" haben uns eigentlich erst zu dem gemacht, was wir heute sind: Für unser Verständnis erfolgreich und unabhängig. So gesehen, war es damals der Träumer, der mit seiner Frau eine Vertriebsorganisation aufbaute. Irgendwann hatte mich die Realität eingeholt. Genau die Realität, von der ich damals glaubte, daß sie der eigentliche Alptraum auf Erden sei und all die Menschen darin sich in einem tiefen Schlaf befanden und nicht spürten, daß das Leben an ihnen vorbeizog. Heute weiß ich, daß man auf dieser Welt Großes vollbringen kann, wenn man sich nur nicht vom Alltagstrott einschläfern läßt.

Einiges ist noch heute schmerzlich, wenngleich schon fast vergessen: Die vielen Freundschaften, vor unserer Beraterzeit, zu denen der Kontakt vollständig abbrach. Selbst die ehemaligen Arbeitskollegen, dazu zählt vor allem Theo mit dem ich so viele schöne Tage erlebt habe - aber auch Andy, mein Sponsor aus der Werkstatt, gehören heute nicht mehr zu unserem Freundeskreis. Viele andere habe ich seit einem gescheiterten Sponsorgespräch nie wieder gesehen. Meinem früheren Beruf und auch dem Wunsch einmal Meister zu werden, habe ich den Rücken gekehrt. Heute bin ich noch halbtags als Beamter tätig, die restliche Zeit widme ich meiner Familie und unserem Unternehmen. Gemeinsam wehren wir uns gegen das "Müde-Werden" im Leben. Immer wieder finden wir in unserer Umgebung Menschen, die uns durch ihre Ansichten, ihren fest vorprogrammierten Alltag, Angst machen. Noch immer können wir uns nicht damit abfinden, daß wir nur auf der Welt sein sollen um 40 Jahre lang jeden Morgen aufzustehen, um für jemanden zu arbeiten. Dazwischen 30 Tage Urlaub, ein paar Feiertage, vielleicht mal 14 Tage zuhause bleiben, weil man sich krank fühlt. Wir können es nicht, doch vielleicht fühlt sich der eine oder andere viel glücklicher dabei als wir. Vielleicht würde er mit meiner Auffassung, mit meinem Lebensstil, todunglücklich sein? Ich hatte auch eine Phase, in der ich mir ein ganz normales, einfaches Leben ersehnte. Es gab eine Zeit, da hätte ich etwas darum gegeben, zu den "einfachen Leuten" zu gehören. So märchenhaft unser Geschäft begann, es war eine Seifenblase, in der nicht genug Platz war, um mit tausenden von Menschen nach oben zu schweben. Wenn sie platzt dann fallen einige sehr tief, je nachdem wie hoch sie schon gestiegen waren.

* * *

ALLEN ZUM VORBILD: DER RUBIN DD

Die Krise begann mit dem Erreichen der nächsten Erfolgsnadel. Sauber war es nicht, viel mehr zusammengetüftelt, geschoben und vorgezogen: Unser Rubin DD mit 30.000 DM Monatsumsatz. Noch nicht einmal zwei Monate war es her, daß wir uns zum DD durchqualifizierten. Ich spürte es: Jetzt oder nie! Die Verfolger, unsere eigene Organisation, saß uns im Nakken. Silvia und Albert standen mit ihrem Wachstum kurz vor ihrer DD Anwärterschaft. Auch Daniela und Sigi aus der Linie von Fips und Karin holten enorm auf. Bald würde sich auch hier eine DD Organisation herausbilden. Beide Linien standen bereits auf sicheren 15 %. Die nächsten Erfolgsnadeln waren nur eine Frage der Zeit.

Zahlreiche Rechenbeispiele gingen mir durch den Kopf. Eine Bestandsaufnahme ohne Selbstbetrug wollte ich erstellen: Die Restlinien waren allesamt zu klein. Fielen die beiden Linien als DD's heraus, so würde es sehr schnell ruhig um den DD Sonnabend werden. Es war einfach noch kein Nachwuchs, kein Ersatz für diese Linien geschaffen. Heidi und Hardy müßten sich nochmals mit 15.000 qualifizieren und zwar genau dann, wenn Sigi und Danny sowie Albert und Silvia in die DD Qualifikation gingen. Damit würden wir Perlen DD werden. Aber mit den beiden war nicht mehr zu rechnen. Sie genossen ihren DD-Status und zeigten keine ernsthaften Anzeichen ihre Gruppe weiter auszubauen. Für mich hieß es nun die Chance zu nutzen um Rubin zu werden. Im Juli, einen Monat nach der DD Ehrung, bremste ich jegliche Warenbestellung zum Lieferanten. Ich begründete dies mit Lieferverzögerungen und Engpässen durch den Hersteller. Alle Bestellungen mußten in den nächsten Monat gehen. Fast 10.000 DM konnte ich so "verschleppen". Im August ließen die Bestellungen aufgrund fehlender Lieferungen bedenklich nach. Jetzt mußte schnell ausgeliefert und im Café Göbl, unserem Gruppentreffen, Werbung für Produkte gemacht werden. Wir brauchten einen Anreiz, damit neue Ware gekauft wurde. So stellte ich ein "Starterpaket mit doppeltem

Punktwert" zusammen. Jeder der ein solches Paket erwirbt, erhält statt der 150 gleich 300 Punkte und somit Anspruch auf 3 % Bonus. Das galt natürlich auch für die höher qualifizierten Berater.

Diese Pakete, bestehend aus den wichtigsten Produkten, wir nannten es HUP, ein Haushaltsumstellungspaket, wurden in einer so großen Anzahl bestellt, daß die ganze Bonusstrategie nicht mehr stimmte. Zusammen mit einigen anderen Aktionen erreichten Silvia und Albert einen Punktwert von fast 20.000. Auf dem Papier wäre eine Anwärterschaft bereits möglich gewesen, doch nach einem persönlichen Gespräch waren sie unserer Meinung, daß dies kein beständiges DD Volumen sei und sie in diesem Monat lediglich zu 18 %ern geehrt werden würden. Ich konnte sie überzeugen, noch so lange zu warten, bis sie ein sicheres DD-Volumen hatten. Die Qualifikation würde ihnen so viel leichter fallen. „Es gibt nichts Schlimmeres als die Qualifikation nicht durchzustehen". Albert nickte und damit konnten wir ihren Umsatz für unser Rubinvolumen nutzen.

Da standen wir nun, wie wir es allen schon vergangenen Monat angekündigt hatten, als neue Rubin Direktberater in Eching, genau 2 Monate nach unserer DD-Ehrung. Wir waren schon ganz besonders stolz auf die neue, rautenförmige Nadel mit dem roten Rubin darin, die wir ab jetzt als Zeichen unserer Qualifikation tragen durften. Die MM's nannten sie die wichtigste Nadel in diesem Geschäft. Mit einem Rubinvolumen war man auf dem besten Weg nach oben.

Die ganze Sache hatte im nachhinein aber erhebliche Nachteile: An Albert und Silvia mußte natürlich auf ihren Umsatz der Bonus gezahlt werden: 21 %, genau den Prozentsatz, den auch wir vom Lieferanten erhielten. An Fips und Karin gingen 15 % ihres Umsatzes, von dem uns 6 % blieben, das waren gerade einmal 400 DM. Dazu kam 1 % Rubinbonus auf unseren Gesamtumsatz also etwa 350 DM. An der Restgruppe verdienten wir etwa 300 DM, zusammen um die 1.000 DM. 1.000 DM für ein Rubinvolumen? Doch wir kannten die Ursache, es waren zu wenig Linien, auf die sich unser Umsatz verteilte. Da Ingrid und Peter auf unseren Umsatz einen 3 % Sonderbonus vom Lieferanten ausbezahlt bekamen, verdienten sie in diesem Monat alleine an unserer Linie soviel, wie uns selbst aus der eigenen Gruppe blieb.

Unsere finanzielle Lage war inzwischen selbst von mir schwer zu durchschauen. Durch die Warenverschiebungen, die endlosen Bestellscheine und die völlig unübersichtlichen Bonusberechnungen verloren wir bald die Übersicht. Wer bekam noch wieviel? Dort wurde reklamiert und da eine Falschlieferung zurückgegeben. Die Folge waren Bonusabrechnungen mit zahlreichen Gutschriften und Bonusabzügen. Einige Male mußte die Abrechnung völlig neu ausgestellt werden und selbst die wurde im nachhinein wieder überarbeitet. Ein heilloses Durcheinander entstand, das zu immer größeren Zeitverschiebungen bei den Abrechnungen führte.

* * *

Trotz allem - die Organisation wuchs und mit dem Wachstum gab es viele andere Dinge zu regeln und zu organisieren. Aus der Gesamtorganisation waren etwa 80 - 100 Berater ständig vertreten, egal ob "Offenes Haus", Schulungszentrum oder irgend ein anderes Treffen. Diese wurden sozusagen der "harte Kern" der Organisation. Für einen Sommernachtsball der MM Organisation schrieben meine Frau und ich ein Lied, das bald in unserer Organisation zu einerArt Nationalhymne wurde. Die Melodie entnahmen wir dem "Kufstein" - Lied. Bald darauf wurde es unseren engsten Führungskräften vorgestellt. Meine paar Gitarrengriffe reichten völlig aus, da die Klänge im lauten Gesang der Gruppe untergingen. Auf Kassette aufgenommen schickten wir unser Lied an die Kronenbotschafter, die MM's, in der Hoffnung das es ihnen gefallen würde und wir das Lied vor den circa 6.000 Beratern in Ulm vortragen dürften.

Kennst Du die Chance, das eigne Geschäft?
Im Örtchen Puchheim, kennt's mancher noch net.
Drum seid recht fleißig und sponsert recht viel,
dann seid Ihr auch bald vor dem großen Ziel.
Dann seid Ihr auch bald vor dem großen Ziel.

Und bist Du manchmal am Boden zerstört,
weil doch der Neue nicht gleich auf Dich hört.
Und stimmt's GV nicht und nicht der PW,
dann bist Du traurig und es tut Dir weh.
Dann bist Du traurig und es tut Dir weh.

Und eines Tages, da hast Du's geschafft.
Du gehst zur Ehrung, so ganz abgeschlafft.
Doch mit der Nadel tankst Du neue Kraft,
jetzt wird hier endlich mal Rubin gemacht.
Jetzt wird hier endlich mal Rubin gemacht.

Und hast Du all Deine Ziele erreicht,
dann bist Du Krone und bist steinreich.
Bist reich an Freundschaft und reich auch an Geld.
Mit 20 DD's gehört Dir nun mal die Welt.
Mit 20 DD's gehört Dir nun mal die Welt.

Und ist Dir Freundschaft und Liebe was wert,
dann sei stets offen und ehrlich zu Dir.
Ich sag Euch das Eine, wer was auf sich hält,
den treffen wir wieder an den Stränden der Welt.
Den treffen wir wieder an den Stränden der Welt.

Die vorbestellten Karten, insgesamt 80 Stück, wurden von uns, drei Tage vor dem Ball in Ulm, an Ingrid und Peter bezahlt. Wie immer waren in unserer Organisation Berater, die zwar Karten bestellten, sich dann aber nicht mehr sehen ließen, um sie abzuholen. Eiligst wurde versucht, sie an neue Berater oder Interessenten zu verkaufen, ja notfalls wollten wir sie sogar verschenken, bezahlt waren sie ja bereits. Warum also verfallen lassen? Für die Anreise mieteten wir uns einen Reisebus. Durch die vielen Beziehungen und Bekanntschaften fand sich ein Bekannter eines Beraters, der mal schnell eine "Sonderschicht zum Sonderpreis" einlegte. Um 17.00 Uhr trafen wir uns am AEZ in Puchheim. Eine Horde wild grölender Berater empfing uns, als wir ziemlich pünktlich am vereinbarten Treffpunkt eintrafen. Der Reisebus stand auch schon dort und zu unserer Überraschung hing hinten im Fenster ein riesiges Schild "DD-Organisation Sonnabend". Es machte schon stolz, ein solcher Empfang und dann dieses Schild im Fenster. Es drückte so etwas aus wie: "Ich bin stolz zu Sonnabends zu gehören", oder: "Ich bin auch einer von denen". Ein netteres Geschenk konnte man uns nicht machen.

In Ulm angekommen, trafen wir gleich Ingrid und Peter, die Familie Oberberger und die Zwekow´s. Herr Zwekow kam sofort auf mich zu und fragte: „Na singt ihr heute?". Woher er das wieder wußte? Bestimmt von Peter, dachte ich mir. „Ich weiß nicht, wir haben keine Antwort bekommen". „Ich werde mich sofort darum kümmern" versprach Herr Zwekow. Obwohl ich beim Anblick der vielen Menschen gerne gekniffen hätte, so wollte ich andererseits doch im Rampenlicht stehen. Ja, das Lied war gut. Bestimmt würde es ein Riesenerfolg werden. Meine Frau war inzwischen etwas verunsichert. Bestimmt wurde sie, wie ich, von den vielen Leuten irritiert. Singen war auch nicht ihre Stärke, doch den Mut dort auf die riesige Bühne zu gehen, den hatte sie bestimmt. Von unseren Beratern wurden wir immer wieder gefragt: „Was ist, wißt ihr schon was?" Kurz vor Beginn der Veranstaltung holte uns Zwekow hinter die Bühne. Unsere Handvoll Berater verlor sich zwar in den oberen

Balkonreihen der Halle, doch das hatten sie in Windeseile mitbekommen. „Die Sonnabends sind mit Zwekow hinter der Bühne verschwunden".

Dort wurde dann auch alles klar gemacht. Die MM's hatten ja gesagt, Strachi würde uns persönlich ansagen. Nach der ersten Pause sollte die anwesende Liveband noch ein Lied spielen und dann waren wir an der Reihe.

Mein Blutdruck schoß in die Höhe. Ich bekam fürchterliches Herzklopfen. Am liebsten hätte ich nun alles wieder abgeblasen, aber zu spät. Wer A sagt muß auch B sagen. Ganz ruhig bleiben! Auch meine Frau war sichtlich aufgeregt und hätte bestimmt am liebsten einen Rückzieher gemacht. Mit wackligen Beinen ging ich wieder zu unserer Gruppe, die uns auch sofort eifrig bestürmte. „Und, was ist?" Auch Peter wartete bereits neugierig: „Klappt es?" Freudestrahlend, wie auch stolz brachte ich ein „Ja" über die Lippen. „Nach der Pause..." ich brauchte gar nicht mehr zu sagen, da ging ein Hurra durch die Beraterschaft. Während des ersten Teils des Abends wurden wir immer wieder von unseren Geschäftsfreunden angesehen, sie grinsten, drückten die Daumen oder flüsterten uns zu: „Na, schon aufgeregt?" „Nee, keine Spur" meinte ich selbstbewußt. Von wegen, mir hing das Herz in der Hose. Von den Rednern, die dort unten auf der Bühne standen, bekam ich so gut wie kein Wort mit. „Wir werden das schon hinbringen", sagte ich zu meiner Frau. „Natürlich, wir schaffen alles" antwortete sie käseweiß. Die Halbzeit war schnell erreicht. 15 Minuten Pause, sie vergingen im Nu. Zwekow suchte uns aufgeregt. „Mensch, da seid Ihr ja, ich suche Euch überall. Kommt mit hinter die Bühne, die Musiker wollen kurz mit Euch sprechen!" Für unser erstes Konzert läuft das alles sehr unkonventionell ab, ob das bei anderen Musikern auch so ist? Nein, die proben doch bestimmt einige Male, dann werden die Instrumente noch einmal gestimmt und die Anlage überprüft, ging es mir durch den Kopf.

Die Musiker wußten noch nicht einmal was sie spielen sollten. „Das Kufsteinlied? Da können wir Euch ja begleiten!" meinte der Bassist. „Toll..., ja wirklich, eine feine Idee". Eigentlich war ich mehr erschrocken als begeistert. Hätten die uns wirklich alleine da raus gestellt? „In welcher Dur singt Ihr?" „Hä?, weiß ich nicht, aber ich kann Euch die Griffe auf der Gitarre zeigen." „Aah, F-Dur" „So? Na klar, F-Dur! Aber könntet Ihr vielleicht das Hollaredürü zwischen den Strophen weglassen?" „Ich glaube, das ist untergegangen" sagte ich zu meiner Frau, da stupst mich einer von der Seite an: „Wieviel Strophen sind es denn?" Ich zog ein Textblatt hervor und zeigte es dem netten Herrn. „Das Hollaredürü, können sie das weg...?" „Ja das reicht mir schon" meinte er und weg war er. Ein chaotisches Durcheinander herrschte hier, ein Durcheinander das mich andererseits wieder beruhigte. Was sollte da schon schiefgehen. Scheinbar nahm es hier keiner so ernst.

Die Gruppe stand schon wieder auf der Bühne, spielte ihr erstes Lied nach der Pause und ehe ich richtig zum Nachdenken kam, wurden wir schon von unserem großen Vorbild Strachi angesagt. Er verlas unseren geschäftlichen Werdegang und fügte recht ehrwürdige Worte hinzu wie: „Eines der erfolgreichsten und wohl begeistertsten Beraterpaare unserer Zeit. Ein Paar, das sich viel vorgenommen hat und bereits viel erreicht hat. Mit Sicherheit werden wir alle noch viel von ihnen hören. Begrüßen Sie recht herzlich das singende Direktberaterpaar Waltraud und Uwe Sonnabend..."

Und das war ein Applaus. Allen voran unsere kleine Schar von Beratern, die winkend und schreiend auf ihren Plätzen standen. Es dauerte eine ganze Weile bis ich, die Gitarre in der Hand, zum Mikrophon ging und mit zitternder Stimme die ersten Worte herausbrachte: „Vielen Dank, Sie haben uns doch noch gar nicht gehört..." ließ ich plötzlich locker heraus. „Also, meine Frau und ich haben aus dem Kufsteinlied ein Sponsorlied gemacht. Wir freuen uns, es heute Abend vortragen zu dürfen und hoffen, es gefällt Ihnen". Ein kurzer Blick zur Band, die warteten wohl auf ein Zeichen. Ich nickte kurz und begann den Rhythmus auf der Gitarre zu spielen. Da setzt die Gruppe auch schon ein. Meine Frau rückte zu mir ans Mikrophon, ein Luftholen und es geht los... „Kennst du die Chance, das eigene Geschäft? Im Örtchen Puchheim kennt's mancher noch net. Drum seid recht fleißig und sponsert recht viel, dann seid ihr auch bald vor dem großem Ziel, dann seid ihr auch bald vor dem großem Ziel...". Ich habe es mir doch gedacht, der hat mich nicht verstanden. Spontan setzten die Musiker und kurz darauf die ganze Halle ein: „Hollarädihi di hi di hi holari holarei dilho..." Na, Gott sei Dank, alles grölte mit. Das Schlimmste schien überstanden. Von nun an klappte es perfekt. Tausende von Beratern waren wie angesteckt. Reihenweise schunkelnd sangen sie mit. Unsere Strophen wurden scheinbar gut verstanden, ich hörte die Leute an bestimmten Stellen lachen. Jetzt machte es Spaß. Mitten in den Scheinwerfern der abgedunkelten Halle standen wir und es entstand eine wunderbare Stimmung. Die Musikgruppe begleitete uns professionell und untermalte das Lied auffrischend mit kreativen Instrumentaleinlagen, daß es mir eine Freude war dieses Lied zum Besten zu geben. Meine Frau ist bestimmt keine Barbra Streisand und ich nicht Caruso, machte auch gar nichts, was zählte war: Wir standen mittendrin, im Scheinwerferlicht, im Mittelpunkt - wir hatten uns getraut etwas zu tun, was wir keinem anderen zutrauten.

„...und ist dir Freundschaft und Liebe was wert..." hieß es in der letzten Strophe „...dann sei stets offen und ehrlich zu dir. Ich sag euch das eine, wer was auf sich hält, den treffen wir wieder an den Stränden der Welt, den treffen wir wieder an den Stränden der Welt." Noch ein abschließender Jodler, dann tobte im wahrsten Sinne des Wortes die Halle. Bestimmt nicht weil wir so gut gesungen haben, sondern weil dies ein Lied für die Organisation war. Weil wir darin von Erfolg, Liebe und Freundschaft gesungen haben.

„Zugabe, Zugabe..." tönte es aus den Reihen. Eine Zugabe? Nein, wir hatten gar kein Lied mehr. Meine Frau nahm mich bei der Hand und drückte mich etwas zur Seite. Ich hätte gerne eine Zugabe gegeben, wenn ich eine gehabt hätte. Kessy war heilfroh, daß sie es hinter sich hatte. Singen, noch dazu vor so vielen Menschen, gefiel ihr gar nicht. Wir verbeugten uns und gingen unter riesigem Applaus von der Bühne. Jahre später sollte diese Idee wieder in der Kronenbotschafterorganisation erwachen. In Obsteig würden dann Strachi und andere große Berater mit ihren Liedern auf der Bühne stehen. Für uns war es erst einmal geschafft, wir waren die ersten, unsere Organisation wurde damit in Bayern sicher zu einer der bekanntesten.

* * *

Zwei Tage darauf, am Sonntag, waren Ingrid und Peter bei uns zu Gast auf dem „Offenen Haus". Der Ruf unser Treffen verbreitete sich sehr positiv in den anderen Organisationen. Wo wir anfangs von ihnen gewarnt wurden, standen nun sogar unsere DD's neugierig im Café Göbl. Wir hielten uns streng an den inzwischen festgelegten Ablaufplan. Zuerst durften zwei neue 3 %er kurz über ihr Sponsorgespräch und ihre Ziele erzählen. Für viele etwas ganz Besonderes, standen sie doch schon nach kurzer Zeit vor etwa 80 Zuhörern. Ein vor kurzem gekauftes Mikrophon in der Hand, das über einen Verstärker die Stimme doch erheblich lauter machte, vermittelte ein klein wenig von dem Gefühl des professionellen Vortrags. Anschließend eine Produktvorführung eines schon etwas erfolgreicheren Beraters, nach dem Muster wie wir die Vorführungen von den Schulungszentren her kannten. „Ist euer "Offenes Haus" nicht ein zweites Schulungszentrum?" fragte mich Peter. „Eigentlich nicht, das ist viel mehr. Wir nehmen unseren Beratern die Angst vor dem "Da-vorne-Stehen", sie müssen sich auf ihre Rede vorbereiten oder sich mit den Produkten für die Vorführung auseinandersetzen", gab ich ihm zur Antwort. Peter macht einen überlegenden Eindruck, nickte kurz, worauf ich ihm weiter erklärte: „Gerade die ersten paar Wochen finde ich sehr wichtig. Wenn sie gleich voll integriert sind, gehören sie zur Gemeinschaft. Auch wenn sie vorher sagen, daß sie das nicht können,

Spaß macht es doch den meisten. Für sie ist es ein wichtiger Schritt, das Gefühl zu haben, ernst genommen zu werden."

Kessy und ich hatten ein etwas schwierigeres Thema vorbereitet: „Sekte, Stammtisch oder Interessengemeinschaft?". Solche Themen arbeiteten wir uns schon Tage vorher aus. Immer ein aktuelles Thema, immer irgend etwas Eigenes das zu diesem Geschäft paßte. Das Reizwort "Sekte" wurde mit der zunehmenden Verbreitung dieses Geschäftes immer aktueller. In meiner Rede stritt ich jegliche Ähnlichkeit mit einer Sekte ab. Auch von einem Stammtisch, an dem immer nur geredet wird und niemand wirklich etwas ändert, distanzierte ich mich klar. „Ich sehe uns als eine Interessengemeinschaft, die aktiv gemeinsam an ihrer Zukunft arbeitet...". Meine Frau baute das Thema noch ein wenig aus. Sehr selbstbewußt klang ihre Stimme inzwischen. Sie entwickelte sich hin in Richtung Organisationsmutter. Verständnisvoll und vertrauenswürdig, mit einem sanften, angenehmen Ton in der Stimme. Ihre Worte kamen, so bekam man den Eindruck, aus dem Herzen. Oft nicht ganz beim Thema, manchmal sehr persönlich und an die eigene Ehre gehend, fesselte sie die Zuhörer mit ihrer natürlichen, ungezwungenen Art zu reden. Das gefiel auch unseren DD's. Ein dickes Lob sprach Ingrid ihr dafür aus.

Peter sollte, sozusagen als Gastsprecher, zum Abschluß noch ein paar Worte sagen. Das tat er dann auch. Nur „ein paar Worte", waren es nicht. Ich kannte ihn nun schon eine ganze Zeit und hatte ihn schon häufig auf seinen Treffen reden gehört oder auf den Zimmern in Obsteig und als Sprecher auf dem Schulungszentrum. Scheinbar motiviert von unserem "Offenen Haus", wollte er als Stargast ein wenig mehr bieten. Bald war herauszuhören, daß er völlig unvorbereitet an das Mikrophon ging. Nach anfänglichem Lob für unsere Gruppe steigerte er sich schnell in die Rolle des Oberlehrers hinein. Mit strengem Ton und etlichen Ermahnungen. Als auch dieses Repertoire ausgeschöpft war, ging er über zu seinen berühmten kosmischen Spinnereien: Von Universum bis intergalaktisch hinein in die

Ewigkeit. Jeder Sprecher auf unserem "Offenen Haus" war besser vorbereitet und hatte mehr Inhalt in seinen Themen als er, der Perlendirektberater vor dem so viele so große Achtung zeigten. Nach seiner endlos erscheinenden Rede beendete ich, nach Bekanntgabe der nächsten Termine und der Ankündigung, daß die Kronenbotschafter Schubert morgen im Schulungszentrum Gastsprecher sein würden, unser "Offenes Haus". Eines stand fest: So schnell würden wir Peter nicht mehr als Sprecher einladen.

Die Damen unserer Organisation arbeiteten eifrig zwei Themen aus: Eine Koch- und eine Kosmetikvorführung. Für nächsten Samstag um 9.30 Uhr wurden zahlreiche Berater und Kunden zu einer Kosmetikvorführung in unser Apartment eingeladen und ab 14.30 Uhr startete die Kochvorführung im Apartment von Daniela und Sigi. Beide Veranstaltungen wurden bis ins Detail ausgetüftelt, die Präsentation nahezu perfektioniert. Faszinierend, was mit wenigen Mitteln aber großem Ehrgeiz alles verwirklicht werden kann. Systematisch wurden die vielen Lotions, Wässerchen und Farben vorgestellt und je nach Haut- und Gesichtstyp aufgetragen. Daß Daniela etwas von Kosmetik verstand war ganz offensichtlich, sie hatte dies in ihrem Beruf gelernt und wurde somit für alle in der Organisation zu einer kompetenten Ansprechpartnerin. Die Kochvorführung war für mich wesentlich interessanter. Da ging es um Energiesparen, das vitaminerhaltende Garen von Gemüse und letztendlich als praktische Demonstration, die Dampfnudel mit Vanillesoße. Besonders eindrucksvoll: Kochen mit mehreren Kochtöpfen übereinander und Garen verschiedener Speisen in einem Topf wie z.B. Fisch und Gemüse, ohne daß dabei das eine nach dem anderen schmeckte.

* * *

Ein Erlebnis ganz anderer Art folgte einige Tage darauf. Ein Herr Waigl, Außendienstmitarbeiter einer Versicherung, rief an, um uns ein tolles Geschäft vorzuschlagen. Er kam mir, wie inzwischen alle Vertreter, wie gerufen. Es entwickelte sich zu einer Art Spiel, das ich mit diesen Leuten trieb. Er durfte mir sein Geschäft vorstellen und dann erklärte ich ihm meines. Die Schwierigkeiten waren mir inzwischen bekannt. Von ihren Sponsoren oder Firmen wurden sie auf vielfältige Weise geimpft, um ihr Produkt an den Mann zu bringen. Doch jedesmal war es für mich wieder eine neue Herausforderung, ob ich ihn knacken konnte.

Mit einem dicken Ordner unterm Arm besuchte uns Herr Waigl eines Nachmittags. Ein junger Mann, vielleicht Anfang 20, gut frisiert, im vornehmen Anzug, kam da zur Türe herein. Ich bot im Platz an, „eine Tasse Kaffee?" „Ja, bitte, wenn es keine Umstände macht." „Umstände?, Nein, bestimmt nicht!". Kaffeekochen war eine der wichtigsten Tätigkeiten in unserem Geschäft, das mußte jeder können und Umstände durfte es gleich zweimal nicht machen. Täglich setzten wir einige Kannen voll auf. Er gab sich betont höflich, redete auch gar nicht so viel, sondern legte seinen Ordner auf den Tisch, so daß wir beide gut hineinsehen konnten. Darin waren verschiedene Zeitungsartikel gesammelt wie z.B. „Renten noch sicher?" oder „Unfallopfer wurde zum Sozialfall". So blätterte er Seite für Seite, alles Themen, zu denen ich spontan etwas hätte sagen können, um. „Warten sie auf eine Reaktion von mir?" fragte ich schelmisch. „Nein, sehen sie sich die einzelnen Seiten nur an". Er blätterte weiter. „Eine seltsame Strategie, lassen sie sich doch helfen! Wir würden gerne einmal ein Haus bauen, kennen sie eine geeignete Möglichkeit es zu finanzieren?" Das hatte der nette junge Mann bestimmt nicht eingeplant. Auf seinen Schulungen lief das bestimmt auch nur theoretisch ab. Bestimmt ging er davon aus, daß ich bei einem bestimmten Thema eine entsprechende Reaktion zeigen würde. „So ein Schmarrn", dachte ich. Er legte seinen Ordner beiseite und zog eine Mappe heran. „Sicher, ich biete auch Finanzierungen an...". Mit Papier und Kugelschreiber fing er an zu erklären. Wir hörten im aufmerksam zu.

Eine ganze Zeit ging es um Eigenkapital, Disagio, monatliche Belastung, Vorsparphasen und viele solcher Dinge. Als Betrag setzte er 200.000 DM für eine Eigentumswohnung an. „Herr Waigl, ich glaube wir verstehen uns nicht recht. Zum einen rede ich hier nicht über eine Eigentumswohnung sondern über ein Haus, zum anderen: Was will ich mit 200.000 Mark? Ich brauche eine Finanzierung über eine Million. Ich glaube sie nehmen mich nicht ernst!" Er versuchte mir klar zu machen, daß das ganz unrealistisch sei. „Mit solchen Beträgen finanziert man doch kein Haus." „Das ist wohl meine Sache! Sie brauchen mir ja nur zu sagen, was das kostet und was ich tun muß, um letztendlich, sagen wir mal in fünf Jahren, eine Million Mark zur Verfügung zu haben". Über eine solche Summe könne er nicht entscheiden, das müßte sein Oberagent machen, aber er würde sich informieren und mir bald Bescheid geben. Ich wollte ihn nicht gehen lassen, ohne ihm vorher unser Geschäft erklärt zu haben. „Sie sind noch recht jung, wie lange wollen sie diese Versicherungen noch verkaufen?" fragte ich vorsichtig an. „Oh, das ist erst der Anfang, ich befinde mich noch im Aufbau. Nach ein paar Jahren werde ich hier eine eigene Agentur bekommen, dann...". Ein wenig zaghaft entwickelte sich ein Gespräch. Ich goß uns etwas Kaffee nach und wartete auf seine Neugier. Vertreter müssen neugierig sein, wenigsten sollten sie Interesse an ihrem Gegenüber bekunden.

Jetzt müßte er eigentlich bald fragen, in welcher Branche ich tätig sei. Die ließ nicht lange auf sich warten. „Also ich biete den Leuten eine Möglichkeit Geld zu verdienen, ein eigenes Geschäft zu gründen." „Ahhaa", meinte er, machte dabei aber kein Gesicht, als würde es ihn weiter interessieren. Vielleicht konnte ich ihn mit seinen Versicherungen erwischen. „Vor kurzen wurde auch mir von einer Versicherung ein Job im Außendienst angeboten, aber da führt ja gar kein Weg hin. Die Verdienstchancen sind einfach zu gering, gemessen an dem enormen Aufwand eine lohnenswerte Versicherung zu verkaufen. Langfristig gesehen ist das zuviel Streß. Einen großen Nachteil hat auch das Produkt. Ich muß es verkaufen, ob ich es selbst für gut finde oder nicht, es ist ja mein Geld. Doch wenn es Sie interessiert, ich zeige Ihnen gerne wofür ich mich entschieden habe." Er war noch zu jung, noch nicht von der hartnäckigen, abgebrühten Sorte, um solche Angebote konsequent abzulehnen.

Die unteren Einkommen fand er völlig uninteressant, ab Smaragd, Diamant ging es für ihn erst los. „Sechs Bekannte für einen Diamantbonus zu finden dürfte ihnen doch nicht schwer fallen, oder?" „Wir sind heute Rubinberater, schauen Sie die hier mit 2.750 DM plus das eine Prozent. Einen Direktberater haben wir selbst schon, den Bruder meiner Frau. Nummer 2 und 3 stehen kurz vor dem 15.000 DM Volumen und das nach einem Jahr." Das Gespräch ging noch eine ganze Weile, doch zur Unterschrift konnte ich ihn nicht bewegen. Bis nächste Woche am Freitag wollte er mir seine Finanzierung mitbringen und sich in der Zwischenzeit den Marketingplan durch den Kopf gehen lassen.

Solche Aussagen sind häufig das Ende. Viele Bekannte werden es ihm wieder ausreden, allen voran sein Versicherungsboss. War ja auch verständlich - der brauchte ihn um Versicherungen zu verkaufen und nicht um mit Seife zu handeln. Ich ahnte es und erzählte Herrn Oberberger von diesem Gespräch. Der fand sich sofort bereit am kommenden Freitag Schützenhilfe zu leisten.

Am Sonntag mußten unbedingt ein paar Bonuszahlungen vorgenommen werden. Die kleineren Zahlungen hatten wir schon vor einer Woche erledigt. Zu den kleinen gehörte auch Birgit, unsere Starverkäuferin. Sie erhielt fast schon regelmäßig auf ihre 1.000 DM Umsatz einen Bonus von 6 %, also rund 150 DM. Birgit war damit glücklich, besuchte alle "Offenen Häuser" und Schulungen in Eching, nur sponsern gelang ihr nicht. Sie saß gerne bei uns, ich hatte oft den Eindruck, sie würde nur für uns verkaufen, nur um uns einen Gefallen zu tun. Die größeren Bonuszahlungen fielen uns schon schwerer. Gerade erst waren zwei Schecks beim Lieferanten geplatzt und unser Konto schon wieder bis fast an die Obergrenze überzogen. Nach einem Gespräch mit der Sparkasse versicherte man uns, daß die folgenden Schecks eingelöst werden würden. Damals gab es, genau zur rechten Zeit, die Möglichkeit eines Familiendarlehens: 5.000 DM fürs Heiraten und 5.000 DM für das Kind. Beim ersten Kind wurden 1.500 DM des Darlehens erlassen. An das Geld kämen wir mit ziemlicher Sicherheit, durch die Bürgschaft vom Staat, heran. Von der Bank wurde alles in die Wege geleitet. Endlich wieder ein Lichtblick in unserer finanziellen Situation. Wir mußten die Zeit nur überbrücken. Vielleicht noch ein oder zwei Jahre, bis wir das richtige Geld aus dem Geschäft verdienten. Es gibt wohl in jedem Geschäft eine Durststrecke. Da mußten wir einfach durch. Eine Zeitlang, nur eine kurze Zeit, heißt es durchhalten. Später werden wir dafür um so besser leben.

Montag hatten Daniela und Sigi einen, wie sie sagten, wichtigen Sponsortermin. Es sollte alles sehr geschäftstüchtig aussehen, deswegen wäre es nicht schlecht, wenn wir in unregelmäßigen Abständen bei ihnen anrufen würden. Wir sollten so tun als ob wir Ware bestellen oder irgendwelche Auskünfte brauchen. Kein Problem, wenn es beim Sponsern hilft, dann rufen wir an. Gesponsert wurde ihr Gast nicht. Da halfen auch unsere Telefonate nichts. Aber jeder Trick, jedes Mittel, war recht, um die Organisation zu vergrößern.

Jeder Tag, die ganze Woche wurde inzwischen von uns für das Geschäft verplant. Der Terminkalender wurde zur wichtigsten Gedächtnisstütze. "Nebenbei" sollte ich auch noch zur Arbeit gehen. Mein Meister, aber auch die Kollegen wurden spürbar unzufriedener mit mir. Die älteren Kollegen redeten nur noch das Notwendigste mit mir, aber sie fragten auch nicht. Fast täglich verschlief ich. Kam ich doch einmal pünktlich, so sah jeder deutlich die lange Nacht und den fehlenden Schlaf in meinem Gesicht.

Theo zeigte mir gegenüber noch das meiste Verständnis. Er kannte mein Geschäft, wußte von unserem Erfolg und wünschte mir, daß ich es bald packen würde, um hier alles hinschmeißen zu können. Das schlechte Klima war bedrückend. Anhand einer Liste, im Schlepp einen Handwagen voll Schmiermittel, zog ich meist mit Theo durch die großen Hallen und schmierte Maschinen ab, wechselte Öl und drückte mal hier mal dort einen "Sprutz" Fett in die Schmiernippel. Meine Krankmeldungen häuften sich. Hatte ich mal zu lange verschlafen, rief ich an und meldete mich für ein oder zwei Tage krank. Dafür brauchte ich nicht zum Arzt zu gehen, bald aber zu einem sehr persönlichen Gespräch mit meinem Meister. Er wurde sehr deutlich, ermahnte mich zu mehr Disziplin und Einsatz. Er teilte mich anschließend kurzerhand für Überstunden und Samstagdienste ein und ließ mich dabei erst gar nicht zu Wort kommen, als ich ihm erklären wollte, daß ich dafür keine Zeit hätte. Er neigte häufig dazu Kollegen anzubrüllen und soweit wollte ich es nicht kommen lassen. Ich zog es vor, mir die Predigt bis zum Ende anzuhören und war froh, sein Büro nach 10 Minuten verlassen zu dürfen. Ein einziger Gedanke machte mir die ganze Zeit über Mut: Lange brauche ich das nicht mehr mitzumachen. Bald sage ich ihm meine Meinung, dann kann er seinen Mist alleine machen.

Eine erfreuliche Nachricht erhielten wir übers Telefon. Hardy und Heidi wollten wieder enger mit uns zusammenarbeiten, berichtete mir meine Frau als ich nach Hause kam. „Ich habe sie auf unser nächstes "Offenes Haus" eingeladen, vielleicht haben sie diese Zeit gebraucht." Es war schon etwas viel für die beiden. So schnell und so jung Direktberater zu werden, so etwas mußten sie bestimmt erst einmal verdauen. Ihre Gruppe war auf dem Schulungszentrum erheblich geschrumpft. Womöglich haben sie zu lange gewartet, kommen jetzt aber zurück mit neuer Energie, neuer Kraft und schaffen noch einmal einen DD Umsatz? Jedenfalls schön, daß sie wieder da sind.

Auch Peter, unser DD, hatte bei Waltraud angerufen. Wir sollten nun endlich die nächsten Obsteigzimmer bestellen und einen Scheck abgeben. „Nächstes Obsteig? Das ist erst in zwei Monaten!“ Ich rief Peter zurück. „Das ist noch ein wenig zu früh. Wir wissen doch noch gar nicht wer überhaupt alles mitfährt.“ Mein Anruf half auch nicht. „Entweder Du bestellst jetzt und bringst mir den Scheck oder Eure Organisation bekommt keine Zimmer!“ Kurz und recht barsch stellte er mich vor die Entscheidung. „Du bist jetzt selbst DD, also mußt Du auch die Zimmerreservierungen vornehmen und das Geld von den Beratern kassieren. Wieviel Betten braucht Ihr denn?“ Das wußte ich nun auch nicht. „Fünfzig werden es bestimmt, aber was wird wenn ich sie nicht voll bekomme? Peter war da ganz anderer Meinung: „Was, nur 50? Sag mal, willst Du nicht wachsen, wo bleibt denn Dein positives Denken? Wenn Du nur 50 bestellst, können die Neuen, die jetzt noch gesponsert werden, alle nicht mitfahren. Denk an Deinen Aufbau! Du trägst auch Verantwortung für Deine Organisation. Deine Führungskräfte wollen auch DD werden, willst Du deren Wachstum bremsen?“ Ich einigte mich mit ihm auf 100 Betten, das waren 25.000 Mark. Den Scheck wollte er bis übermorgen.

Was habe ich da getan? Noch nie hatte ich eine Bestellung über eine solche Summe abgegeben, ohne bereits etwas davon verkauft zu haben. Peter hatte sicher recht, 100 würden im Herbst bestimmt mitfahren. Beim nächsten “Offenen Haus“ müssen sich die Leute anmelden und ihren Scheck abgeben.

Das zweite Gespräch mit Herrn Waigl von der Versicherung fand inzwischen auch statt. Oberberger war gut vorbereitet und pünktlich zu uns gekommen. Der junge Mann erschien recht zugeknöpft, war er verärgert über unseren Gast? Vor unserem Geschäft war er inzwischen gewarnt worden. „Ein Schneeballsystem, das nicht lange funktioniert.“ Bald lieferten sich die beiden eine hitzige Debatte über Versicherungen, Einkommen und unser Geschäft. Ich hielt mich heraus. Am Ende bereute ich doch, den Oberberger hinzugezogen zu haben. Nicht, daß er seine Sache schlecht machte, aber vielleicht hätte ich das Gespräch doch etwas persönlicher und sanfter führen können. Mit sachlichenArgumenten konnten sich beide eine ganze Zeit zwar gut unterhalten, aber für Herrn Waigl, der uns eine Finanzierung verkaufen wollte, war es nun sehr schwer geworden eine einmal geäußerte Meinung wieder zu ändern.

Oberberger machte ihm keinen Rückweg auf. Er argumentierte zwar sachlich, meiner Meinung nach aber ungeschickt. Es fielen Sätze wie: „Da sind sie völlig falsch informiert," „das glauben sie doch selbst nicht" oder „meinen sie, daß sie mit ihren Finanzierungen reich werden?" Nein, so klappte das nicht. Warum sagte er nicht: „Da haben sie schon recht, aber sie müssen doch zugeben, daß..." Herr Waigl bekam keine Tür aufgemacht, die es ihm ermöglichte, seinen Standpunkt ohne einen Gesichtsverlust zu wechseln. Nun waren wir Interessensgegner geworden und konnten keine gemeinsame Basis mehr finden. Ein Fehler, der jeden Sponsorversuch zunichte macht. Die Situation war für alle denkbar ungünstig geworden. Einer wollte den anderen für seine Idee gewinnen und jeder hatte sich auf seinem Standpunkt festgefahren. So saßen wir uns, inzwischen aufgeheizt und zähnewetzend, gegenüber, um uns gegenseitig mit Argumenten zu bewerfen. Herr Waigl packte bald seine Siebensachen zusammen und verabschiedete sich. Viel habe ich nicht verstanden, lediglich soviel, daß Herr Oberberger die Finanzierung nicht für empfehlenswert hielt. Doch das war mir ja von vornherein egal. Ich hatte gar nicht vor, eine Finanzierung abzuschließen. Ich wollte sponsern, und das war gründlich in die Hose gegangen. Aber ich hatte etwas dabei gelernt: zum einen, meine Sponsertermine in Zukunft lieber wieder selber zu machen und zum anderen, daß jemand, der von seiner Idee genauso überzeugt ist, wie ich von meiner, nur sehr schwer für meine Sache zu begeistern war.

Am Abend wurden kurzfristig die Führungskräfte zusammen gerufen. Unsere Obsteigbetten mußten verkauft werden. Die wichtigsten Berater sollten vorab informiert werden, ich brauchte dringend die Schecks. Zu unseren Führungskräften gehörten Silvia und Albert, Hans und Christine und deren Erstlinie Irene und Werner. Auch Fips und Karin, sowie deren erfolgreichstes Paar Daniela und Sigi, wurden eingeladen. Obwohl uns niemand fragte, wußte ich, daß sich alle über die Anwesenheit von Ruth und Ernst wunderten. Vor noch nicht allzu langer Zeit hatten wir Waltrauds Cousine Ruth und ihren Freund Ernst gesponsert. Auf die beiden setzten wir große Hoffnungen. Beide machten einen sehr interessierten Eindruck und ließen kein Treffen aus. Mit dem Sponsern klappte es bisher noch nicht, aber vielleicht dauerte es nur noch eine Weile. Bei Silvia und Albert hatte es ja auch ganz massive Startschwierigkeiten gegeben. Wer weiß, vielleicht lief es bei Ruth und Ernst ähnlich. Ich wollte sie durch die Teilnahme am Treffen ermutigen, ihnen zeigen, daß ich an sie glaubte, außerdem sollten sie unbedingt mit nach Obsteig fahren.

Bei Hans und Christine lief es eigentlich auch nicht anders. Gleich am Anfang, beim ersten Termin, hatten sie gut hingelangt, als sie Irene und Werner sponserten. Danach unterschrieb zwar noch jemand, diesmal aber mit wesentlich weniger Erfolg. Christine zog sich bald aus dem aktiven Geschäftsleben zurück, mit Hans entstand eine enge Freundschaft, die uns gemeinsam, über viele viele Stunden hinweg, träumen ließ. Er wollte nach oben, ganz oben dabei sein. Es scheiterte immer nur an den erforderlichen Sponserterminen, und wenn er einen hatte, dann schaffte er es nicht, den Interessenten für sich zu gewinnen. Er war immer mit dabei, wenn sich der erfolgreichere Kreis traf. Bestimmt hatte ich es ihm zu leicht gemacht und ihn somit am Erfolg gehindert. Hans zählte inzwischen zu unseren engen persönlichen Freunden. Da die Linie über Irene und Werner gesichert war, hatten wir an seinem Organisationsaufbau nur wenig geschäftliches, sondern überwiegend persönliches Interesse. Es blieb somit bei vielen einzelnen Gesprächen, in denen ich ihm lediglich riet, mehr Termine zu machen. Ich war überzeugt, alle bisher von ihm abgehaltenen Sponsergespräche an einer Hand abzählen zu können. Aber was soll's? Wenn sich an seiner Einstellung nicht irgendwann etwas änderte, dann würde er bald zu den Verlierern gehören.

Irene und Werner machten sich keinen Knopf ins Hemd. Eifrig und munter zogen sie ihre Termine durch. Heute den, morgen den. Von ihrer Seite kam schon bald das größte Organisationswachstum. Mit ihnen war auch gut auszukommen, immer fröhlich, freundlich, hilfsbereit, mit einer offenen Haustür. In ihrem kleinen Häuschen hießen sie jeden willkommen. Für jeden Spaß, jede Idee waren sie zu haben. Über unser Geschäft entwickelte sich in kurzer Zeit eine Freundschaft, als würden wir uns schon seit vielen Jahren kennen.

* * *

Mein Urlaubsgeld füllte unser Konto etwas auf. Wenig später wurden auch die 10.000 DM Familiengründungsdarlehen auf unserem Konto gutgeschrieben. Nur zweimal 70 Mark mußten monatlich zurückgezahlt werden, das erste Jahr überhaupt nichts. Momentan fühlten wir uns reich.

Von Bekannten hörten wir, daß in Fürstenfeldbruck, im Ortsteil Buchenau, günstige Wohnungen leerstünden. Wir ließen uns die Telefonnummer der Hausverwaltung geben, um einen Besichtigungstermin zu vereinbaren. „Hier sieht es ja aus wie in Perlach," meine Frau war entsetzt, als wir in dem Wohnviertel ankamen. Lauter Hochhäuser, anonym und trostlos, reine Wohnbaracken. Die Zweizimmerwohnung kostete nur 750 Mark und es würde auch nur für kurze Zeit, ein, zwei Jahre sein. Wir fuhren "Am Drudenbogen" entlang. „Hier muß es sein." Ich zeigte nach rechts zu dem braunen Hochhaus. „Im zweiten Stock, hat mir der Verwalter gesagt." Kessy klingelte. Wir stiegen die Treppen hinauf. An der Tür wartete der Vormieter. Die Wände waren nicht frisch gestrichen, aber die Tapeten waren gerade mal ein halbes Jahr alt. Im Wohnzimmer, einem sehr großen Raum, waren braune Korktapeten angebracht. Die Filzböden zeigten starke Verschleißerscheinungen. In der Küche eigentlich nur ein länglicher Schlauch, gab es fast keine Möglichkeit sich aufzuhalten. „Vielleicht könnten wir vor dem Fenster einen Klapptisch befestigen?" Meine Frau war bestimmt nicht begeistert, doch sie wollte aus unserem kleinen Apartment heraus. Mit Markus und den vielen Leuten bei den Treffen, war es inzwischen einfach zu eng geworden. Im Schlafzimmer fehlte ein großes Stück Tapete. „Da hatten wir einen Schrank stehen, aber wenn sie dort auch wieder einen Schrank hinstellen, sieht man das garnicht," erklärte uns der Vormieter. Bad und Toilette waren getrennt. Mitten im Gang wurde mit Regipsplatten ein WC abgeteilt. Das war bestimmt praktisch, wenngleich dadurch etwas Platz verschwendet wurde. Für zwei Zimmer mit Balkon schienen die Wohnung und die Miete eigentlich ganz akzeptabel, nur die Gegend war etwas deprimierend.

Wir entschieden uns für die Wohnung, unterschrieben die Woche darauf den Mietvertrag und konnten in den nächsten Wochen bereits einziehen. Da es eine reine Übergangslösung sein sollte, kauften wir auch keinen Schlafzimmerschrank, sondern stellten den alten, nur 1,50m breiten, Schrank meiner Schwester auf, den sie vor einiger Zeit ausrangiert hatte. Von Bekannten bekamen wir für 500,- Mark einen modernen, aber sehr billig verarbeiteten Wohnzimmerschrank, mit dazu passendem Sideboard. Meine Eltern besorgten uns dunkelbraune Sitzelemente, die sie von Bekannten geschenkt bekommen hatten. Meine jüngere Schwester lagerte im Keller ein altes, weißes Preßspandoppelbett, mit zwei Matratzen. Schnell war damit unser neues Zuhause eingerichtet. Unser Wandschrankbett aus dem Apartment konnten wir schnell und gut verkaufen, einige andere Dinge fuhren wir zum Sperrmüll, den Rest der Möbel, und viele angesammelte Kleinigkeiten, verstauten wir irgendwie in der neuen Wohnung. Ein Teil davon sollte für lange Zeit in den Umzugskartons verbleiben.

Kurz vor unserem Umzug beschädigte eine Frau beim Rückwärtsfahren den Opel GT von Kessy. 6.000 Mark erhielten wir dafür von deren Versicherung überwiesen. Die große Beule an der Seite klopfte ich selbst wieder heraus, verspachtelte sie und spritzte provisorisch weiße Farbe darüber. Immerhin konnte ich den Wagen, nach ein paar Wochen, noch für 3.500 Mark verkaufen. Das Geld kam wieder einmal gerade recht. Bonuszahlungen standen an, Ware mußte nachgeliefert werden und unsere monatlichen Kosten für Essen, Benzin, Bewirtung, Kleidung, aber auch die vielen Ausgaben für Motivationsmaterial, wie Kassettensätze, Schulungen, Seminare und viele andere Dinge, schnellten immer mehr in die Höhe. Gut 1.000 Mark Benzinbelege wanderten jeden Monat in den Ordner für das Finanzamt. Jetzt waren wir auf dem Konto wieder im Plus, vorerst also kein Grund sich Sorgen zu machen.

Als Herr Oberberger von unseren Umzugsplänen erfuhr, war er doch sehr erschrocken. „In ein Hochhaus? Bei uns in der Nähe ist in einem Haus eine Wohnung freigeworden. Das ganze Obergeschoß, über 100 qm, für 800 Mark plus Nebenkosten". Das wollten wir uns anschauen. Aber, "bei uns", das bedeutete 50 km Autobahnfahrt auf der Nürnberger Autobahn. Es dauerte endlos, bis wir ankamen. Schön war es, ohne Zweifel. Ein Zweifamilienhaus, mit großem Garten, die Sicht aus dem Wohnzimmer unverbaut. Überhaupt die ganze Front, eine dreieckige Glasfront bis unter den Giebel. „Macht bestimmt Spaß - das Fensterputzen." Die Böden allesamt mit grauem, weichem Teppich ausgelegt, eine vollständig eingerichtete Küche, halbrund in dunkelrot, ins Wohnzimmer hineinversetzt, mit zwei Durchgängen. Toll, faszinierend! Zu Schlaf-, Bad- und Kinderzimmer ging es über den Hausgang. Dort waren noch einmal zwei kleinere, aber ausreichend große, Zimmer vorhanden. Eigentlich war die obere Wohnung für die Tochter gedacht, doch die heiratete und baute mit ihrem Mann selbst ein Haus. Die Vermieter selbst waren nur am Wochenende in der unteren Wohnung, da sie in München wohnten. Wir wären also die meiste Zeit alleine im Haus gewesen. Der Aufgang zum ersten Stock wurde durch eine massive Tür, innerhalb des Treppenhauses, getrennt, somit konnten zwei Familien hier gut wohnen.

Ein Traum. Warum wir nicht ja gesagt haben? Es fehlte wohl der notwendige Mut. Das war uns eine Dimension zu groß. Noch arbeitete ich in der Flugzeugfirma, auf der anderen Seite von München. Mit ein- bis eineinhalb Stunden einfache Fahrzeit müßte ich täglich rechnen. Die Verbindung nach München schien mir wie abgerissen. Oberberger versuchte mich zu überzeugen: „Ich fahre auch fast täglich nach München. Das ist kein Problem. Ich habe auch Bekannte hier, bei der großen Elektronikfirma, da würde sich bestimmt etwas Passendes finden." Ich war hin und her gerissen. Meine Frau brauchte ich nicht mehr zu fragen, sie war begeistert, wollte sofort dorthin ziehen. Das Haus und auch der Mietpreis, es war greifbar nahe. Ich erbat mir Bedenkzeit, schrieb mir die Telefonnummer auf, um in den nächsten Tagen zurückzurufen. Auf der Heimfahrt standen wir wieder im Stau. Es dauerte ewig bis wir zuhause ankamen. Ich suchte nach Argumenten, warum wir es lieber bleiben lassen sollten. Der Fahrtweg, er war einfach endlos lang. Nein, solange ich bei meiner jetzigen Firma noch arbeiten mußte, führte kein Weg zu diesem Haus. Bedrückt akzeptierte meine Frau diese Entscheidung. Vielleicht war es ein schwerer Fehler, aber wir zogen kurz darauf nach Fürstenfeldbruck.

* * *

Dieses Haus würde mir heute noch gefallen. Ich hebe den Kopf und blicke aus dem Fenster, hinunter auf die Parkplätze. Momentan ist es recht ruhig. Waltraud gibt einen Kurs bei der Firma Siemens. Drei Wochen lang schult sie, auf einem Lehrgang mit 26 Teilnehmern, das neue Winword Textverarbeitungsprogramm.

Finanziell geht es uns inzwischen besser als je zuvor. Wir wohnen nun in einer 117 qm großen Wohnung, mitten in München. Ein Zimmer wurde als Büro eingerichtet. Aber eigentlich ist die ganze Wohnung ein großes Büro. Mittlerweile steht in fast jedem Raum ein Computer, die alle miteinander vernetzt sind. Das ist gar nicht so schlimm, wie es sich im ersten Moment anhört.

Durch unser Wochenendhaus in Niederbayern haben wir inzwischen genug Gelegenheit auch ausreichend Ruhephasen zu finden. Dieses Häuschen steht an einem Waldrand, rundherum nur Felder, Wiesen, Wälder, und ganz in der Nähe ein Bauernhof und ein Pferdezüchter, bei dem unser Sohn inzwischen das Reiten gelernt hat.

Waltraud und ich machten vor kurzem den Motorradführerschein, um an schönen Tagen mit den Motorrädern spazierenzufahren. Manchmal nutzen wir das ganze Wochenende und fahren in Richtung Berge. Das sind Erlebnisse, wie ich sie vorher nicht erahnt hätte. Überhaupt legen wir inzwischen viel Wert auf unsere Freizeit. Waltraud entwickelte sich zu einer leidenschaftlichen Puppenhaus-Sammlerin. In stundenlanger Handarbeit fertigt sie zahlreiches Mobiliar in Miniaturform. Die Ergebnisse können sich sehen lassen. Etwas weniger Erfolg habe ich mit meiner Musik. Im Alter von zehn Jahren lernte ich Klavierspielen. Dies habe ich mir inzwischen wieder zum Hobby gemacht, doch muß ich noch kräftig daran arbeiten.

In unserer Firma gibt es auch Höhen und Tiefen, mal können wir uns vor Aufträgen nicht retten, dann wiederum gibt es sehr ruhige Phasen. Im Computergeschäft herrscht schon lange rege Konkurrenz. Die Verkaufspreise für Hardware liegen nur wenig über den Einkaufspreisen. Nur am Service und der individuellen Softwareanpassung läßt sich noch gut Geld verdienen. Das aber wird sich mit zunehmender Verbreitung des allgemeinen Computerwissens auch schnell ändern. Waltraud entwickelt für verschiedene Firmen Datenbankanwendungen. Von einer Firma wird sie dabei schon seit längerem sehr intensiv in Anspruch genommen. Ein Ende ist noch gar nicht abzusehen. Doch sie bezahlen gut und pünktlich, was uns langfristig auch eine Sicherheit gibt.

Sinkende Margen, ein Überangebot an billigen Softwareschulungen, und die schlechte Lage unseres Ladengeschäfts, machten den Hardwareverkauf und die Schulungen bei uns immer uninteressanter. Wir entschlossen uns, unsere Geschäftsräume in München-Laim und Obermenzing aufzugeben, und stattdessen die lukrativeren Geschäftsbeziehungen zu intensivieren und die Kunden vor Ort zu betreuen.

Diese Entscheidung brachte uns nur Vorteile, dem Finanzamt übrigens auch. Der Laden mußte nun nicht mehr ständig besetzt sein, die Kosten für die Mieten und die Aushilfskräfte konnten ersatzlos eingespart werden. Die Hard- und Software, in den Schulungsräumen, mußte nun nicht mehr ständig auf dem aktuellsten Stand sein, was zuvor sehr hohe Investitionen erfordert hatte. Die Werbeausgaben reduzierten sich auf einen Bruchteil. Entgegen anderslautender Meinungen, lief uns die Kundschaft nicht davon; wir schulen und betreuen weiterhin Rechtsanwälte, Dolmetscher, Schreibkräfte, Architekten, Baubetreungsunternehmen und viele andere. Die Mund zu Mund Werbung bringt uns immer wieder neue Kunden.

Mit unserem EDV Geschäft haben wir uns ein zweites Mal bewiesen, daß wir mehr leisten können. Voller Ehrgeiz und Leistungsbereitschaft waren wir in der Lage, uns ein gutes Einkommen zu schaffen, und ein akzeptiertes Unternehmen aufzubauen, auf das wir beide allen Grund haben stolz zu sein. Sicher erlebten wir in den vergangenen Jahren nicht nur Höhen. Es kamen immer wieder Phasen, die wir meinten, nicht meistern zu können. Die wird es aber immer wieder geben. Im nachhinein sind es ganz "normale" Schwierigkeiten. Sie sind einfach da, um bewältigt zu werden. Das unterscheidet eben einen Selbständigen von den meisten Angestellten - daß er "selbst" und "ständig" seine Aufgaben bewältigt. Und dazu gehören nun mal auch die Schwierigkeiten. Schwierigkeiten sind für einen Selbständigen eigentlich nur Handlungsaufforderungen. Ohne einen Vorgesetzten muß er alle Entscheidungen alleine treffen und verantworten. Mit dieser Einstellung, und mit dem Willen, etwas zu schaffen, haben wir uns an die Arbeit gemacht, um ein wenig mehr aus unserem Leben zu machen.

Früher, im Direktvertrieb, hatten wir die Freiheit eines Selbständigen nicht. Die Oberen zeigten uns einen eingefahrenen Weg, von dem niemand abweichen durfte. Die Beziehungen zu anderen Menschen basierten auf einem Beraterantrag. Der Sponsor liebte alle Menschen, wenn sie sich nur sponsern ließen. Später dann nur noch, wenn sie bestellten und weitersponserten. Blieb dies aus, wurde allmählich sogar der Orangensaft, den sie auf einem Treffen tranken, zuviel. Liebe, Vertrauen und Freundschaft standen immer im Mittelpunkt der vielen Reden. Darauf ist diese Geschäftsidee aufgebaut. Ein Neuer sponsert nicht, weil er glaubt, irgendwann einmal Kronenbotschafter zu werden. Das kann er sich noch garnicht vorstellen. Er sponsert für dich. Um deiner und der vielen anderen Anerkennungen willen, um einen kleinen Erfolg. Nicht 15 DM Bonus werden ihn zum Verkaufen bewegen, sondern deine Aufmerksamkeit, dein Interesse für ihn und seine Ziele. Viele Mißerfolge übersteht er nur durch deine Freundschaft, von der er glaubt, sie sei ehrlich. Das unterscheidet sich doch sehr von unserem heutigen Geschäft. Heute fühlen wir uns wirklich frei und unabhängig. Keine Entscheidung, die wir treffen, müssen wir vor einer Obrigkeit verteidigen. Unsere Arbeit ist frei von solchen emotionalen Beweggründen.

Inzwischen haben wir wieder Freunde gefunden. Wenige, sehr wenige. Es ist aber auch ein großer Unterschied zu früher. Die Wahl, wer bei uns ist, und mit wem wir uns treffen, ist unabhängig von geschäftlichen Interessen. Es macht keinen Unterschied, ob diese Person aktiv an unserem Geschäft mitwirkt, oder ob sie sich lieber mit uns in den Biergarten setzt. Niemand ist dem anderen Rechenschaft schuldig. Wir freuen uns über ein interessantes Gespräch, über eine Hilfe oder ein paar nette Stunden beim Schafkopfen.

Kein Mensch sagt uns heute, was wir zu tun haben und was nicht. Niemand bestimmt, für was und wen, wir unser Geld ausgeben. Keine diktierten Termine, kein Erfolgszwang, keine Verhaltensschulungen. Es gibt auch kein Erfolgsschema, das irgendwelche Leute ausarbeiten, um aus uns aktive und leistungsfähige Partner zu machen. Das ist es, was wir eigentlich wollten: auf unseren eigenen Beinen stehen, selbstverantwortlich handeln und ein bißchen mehr frei zu sein.

Selbstverantwortlich waren wir früher nur für unsere Mißerfolge, für unsere Schulden und den zu geringen Umsatz. Bei allen Erfolgen standen immer andere dahinter: Die MM's oder unser DD. Daß wir dies nicht akzeptierten, daß wir eigene Wege suchten, paßte vielen nicht in ihr Konzept. Wir engagierten uns eifrig, entwickelten eigene Pläne und machten uns, im Rahmen der wenigen Möglichkeiten, eigenständig. Bestimmt wurde dies unser eigenes Erfolgsrezept. Unsere Gruppe entwickelte sich im Vergleich zu anderen Organisationen hervorragend. Die Organisation fiel auf, wo immer sie hinkam. Sie war begeistert und motiviert, oft mehr als in anderen Organisationen üblich. Gleichzeitig entzogen wir uns der Kontrolle der Oberen. Unsere Kritik an deren Führungsstil, an deren Geschäftspraktiken, wurde mit Entzug ihrer Freundschaft bestraft. Wir liefen Gefahr, eine Inselorganisation innerhalb der großen MM Gruppe zu werden.

* * *

Das Jahr war gespickt voll mit Ereignissen. Niemand hätte Grund gehabt, an dem Erfolg unseres Geschäfts zu zweifeln. Unser besonderes Rezept lag in der Gemeinschaftsarbeit. Freizeitgestaltung, Freundschaft und geschäftlicher Erfolg wurden zu einem verschmolzen. Mehr instinktiv bemühte ich mich, unsere Organisation von der großen Herrschaft MM ein wenig zu distanzieren. Da fielen manchmal auch ein paar negative Worte über die Zwekow´s, wie auch über die MM's, bei denen ich immer mehr den Eindruck bekam, daß sie nur von Freundschaft redeten, tatsächlich aber ihr Bankkonto meinten. Was von dort oben kam, waren nur Aktionen, die sich um Millionenumsätze drehten. Recht hatten sie, geschäftlich gesehen, wo aber würde das hinführen, wenn jeder in dieser Größenordnung das Geld abschöpfen würde? Bei einem einzelnen Seminardurchgang wurden in Obsteig und Umgebung etwa 2000 Berater untergebracht. 2000 mal 250 DM ergibt 500.000 Mark. Bald wurde Obsteig in 20 Durchgänge aufgeteilt. 20 mal 500.000 Mark ergibt 10 Millionen, und das zweimal im Jahr. Zusätzlich gab es jedes Jahr einen Jahreseröffnungs- und einen Sommernachtsball. Über 50 Schulungszentren, die jede Woche die Einnahmen auf ein Konto der MM's zu überweisen hatten. Bonus- und Lieferscheinblöcke, das Stück zu 5 DM, Aufbauhilfen, der Satz ebenfalls zu 5 DM, ein Schulungskassettensatz für 50 DM, ein Ringordner mit dem Diamanten der Organisation, usw. Zu jedem Obsteigseminar wurden für 90 Mark Audiokassetten angeboten. Eine Bestellung war schon zur Pflicht geworden. Später wurde das Sortiment um Videokassetten erweitert, jeder Sprecher einzeln erhältlich, zum Stückpreis von 100 DM. Ein zig-Millionen Geschäft. MM ist zu einem großen Unternehmen geworden. Hinter diesem Kürzel verbergen sich ein Herr Dr. Peter Maier-Mehringer und seine Frau Eva. Ein Marketingspezialist und eine erfolgheischende, sich in den Mittelpunkt drängende, Frau. Als eine der ersten Hundert, haben sie dieses Geschäft in Deutschland begonnen, etwa 5 Jahre vor uns. Mit immensem Eifer, bauten sie dieses Geschäft, in kürzester Zeit, zu einer Kronenbotschafterorganisation auf. Tolle, gut ausgearbeitete Reden hielt der Doktor. Anspruchsvoll wollte er sein, rhetorisch einwandfrei. Die Stimme dem Thema angepaßt, mal langsam und nachdenklich, dann wieder lauter, bestimmend und mahnend. Politische, wirtschaftliche, und auch sehr persönliche Themen, flossen in seine Reden ein. Auch Grundsätze wollte er vermitteln, seinen eigenen, wirtschaftlichen Erfolg immer vor Augen.

Sie dagegen spielte die Mutter der Organisation. Wollte fürsorglich, warmherzig und verständnisvoll, der Ansprechpartner für Probleme und die vielen kleinen Wehwehchen sein. Doch wer sie kannte, und wir hatten häufig Gelegenheit sie zu studieren, wußte, wie erfolgsbesessen, ja giftig, sie war. Sie wollte gebettelt werden, ein unnahbarer Star sein. Von allen bewundert. Die weinerliche, herzzerreißende Stimme war nur für die Bühne. Doch ihre herzerweichenden Reden trafen uns nicht mehr. Ihr Heucheln machte mich immer öfter wütend, und ihr zuzuhören wurde bald zur Qual.

Das durfte nicht laut gesagt werden. Schon wären wir "hellblau" gewesen. "Hellblau" stand für einige Ableger der MM's, die sich schon vor Jahren von den beiden getrennt hatten und ihre eigenen Wege gingen. In vielen Reden wurden sie verspottet und ausgelacht. Alles, was von den "Hellblauen" zu hören war, war negativ: Verräter, Abtrünnige, am Ende würden sie die Verlierer sein. Nur aus der MM Organisation kämen erfolgreiche Berater, so war es immer wieder zu hören.

Nein, die MM's duldeten keinen Erfolg neben sich. Selbst die heutigen Kronenbotschafter, die Familie Schubert, die weit mehr menschliche Größe besaß, als Eva Maier-Mehringer, wurden uns als einfache Bauern vorgeführt. Eine einfache Bäuerin und ein Elektriker, hieß es da von den MM's, keine höhere Schulbildung, nicht promoviert, ohne Studium - sie hatten es durch die Hilfe der MM's geschafft. Obwohl doch jeder sagen würde, warum gerade die? Die haben das doch garnicht verdient, nein, solche Leute können nicht Kronenbotschafter werden. Schuster bleib bei deinen Leisten!

Vielleicht bin ich etwas voreingenommen, weil sich die MM's immer als etwas Besonderes in den Mittelpunkt stellten. Weil er sich seinen Doktor so raushängen ließ. Ich habe herausgehört, daß die Schuberts "nichts" waren. Daß sie dankbar sein sollten und daß es ihnen im richtigen Leben nicht zustehen würde, erfolgreich zu sein. Und da war ich ganz und gar nicht der Meinung der MM´s. Wo wären denn die MM's ohne dieses Geschäft? Sie erzählten ja selbst oft genug, daß sie früher fast nichts zu beißen hatten, daß es ihnen schlecht ging - wahrscheinlich schlechter als den Schuberts. Dieses Herabschauen, dieses Gerede über Unterprivilegierte konnte ich nicht hören. Sie, die MM's, setzten sich vor tausenden von Menschen immer wieder die Krone auf. In einer Rede träumten sie gar vom Friedensnobelpreis, den sie gerne hätten. Wer etwas hinter die Kulissen sehen konnte, wußte, wie krankhaft diese Gier nach Anerkennung und Erfolg in ihnen saß. Lange würde das nicht gut gehen. Sie sollten sich etwas zurückziehen. Keiner würde es ihnen übelnehmen, ja wir hätten sogar Verständnis dafür gehabt. Angekündigt wurde dies schon einige Male. Einen Obsteigdurchgang waren sie nicht anwesend, doch selbst da ließen sie es sich nicht nehmen, von der Leinwand aus, eine aufgezeichnete Rede einzuspielen. Sie glaubten wohl, ohne sie ginge es nicht. Im darauffolgenden Seminar saßen sie dann während des ganzen Durchgangs wieder fest auf der Bühne.

Die vielen Zahlungen, die aus unserer Organisation zu den MM's gingen, machten mich ärgerlich. 40.101,84 DM wurden alleine von uns, über Ingrid und Peter, im letzten Quartal des Jahres, für Aufbauhilfen, Lieferscheinblöcke, Jahreseröffnungsballkarten, Obsteigbetten, Weihnachtssäckchen und viele solcher Dinge, in die oberen Reihen der Organisation bezahlt. Fast ein DD Qualifikationsvolumen. Dabei war noch kein bißchen Ware, die zum Geschäftsumsatz gezählt hätte, verkauft worden, da diese Artikel ja nicht von unserem Lieferanten geliefert wurden. Vierzigtausend Mark, die dem Kapital unserer Organisation entzogen wurden. Im Jahr hochgerechnet 160.000 Mark. Bei einem DD-Bonus von 21 % ergäbe das 33.600 DM im Jahr, monatlich 2.800 Mark Einkommen, das zusätzlich zu verteilen wäre. Auf eine Diamant-Organisation umgerechnet, läßt sich so schnell eine Million Jahresumsatz erreichen. Dieses Geld resultierte aber nicht aus den Gewinnen, die die Berater aus ihrem Geschäft erzielten, sondern aus deren "normaler" Arbeit, aus den Ersparnissen oder den Krediten, die viele wegen dieses Geschäftes bei der Bank aufgenommen hatten.

Es war keine Seltenheit, daß sich Berater plötzlich ein anderes Auto kauften. Ein nagelneues, oder ein Auto, das eine oder zwei Nummern zu groß für ihr Einkommen war. Die Wohnungen wurden renoviert, ein neues Wohnzimmer für den erwarteten Berateransturm finanziert, teure Kleidung gekauft, wie auch die notwendigen Erfolgsnadeln dazu.

Bis zu zehn Linien tief war unsere Organisation schon angewachsen. Der Überblick war uns schon lange verlorengegangen. Nur durch die, auf den Treffen abgegebenen, Beraterantäge, kannten wir noch den einen oder anderen Namen. Natürlich wurden uns die Neuen auch vorgestellt, man sah sich, wechselte ein paar Worte, lud sie auf das "Offene Haus" ein und vergaß schnell, wer zu wem gehörte. Die genaue Anzahl, der zu unserer Organisation gehörenden Berater, konnten wir nicht mehr überblicken, da sie sich inzwischen auch schon in anderen Städten ausbreiteten. Vereinzelt hörte ich Geschichten. Entweder erfuhren wir sie von unseren Führungskräften, oder die Betroffenen hatten selbst mit uns einen persönlichen Termin, weil sie nicht mehr weiter wußten, aufhören oder einfach nur Mut zugesprochen haben wollten.

Ein Verdacht lag häufig nahe: Hier hat sich ein Berater mit ein paar tausend Mark in eine Nadel "eingekauft". Gerade wenn aus der Tiefe ein 15 %er herauskam, neigten die Sponsoren dazu, noch fehlende 1.000 oder 2.000 Mark draufzulegen, um die 18 % Nadel mit 10.000 DM Volumen noch zu erreichen. Wir verschlossen die Augen, bremsten dieses Verhalten nicht. Wir brauchten selbst ständig Umsatz. Jede Mark Bestellung war uns recht. Daß sich alle auf die Dauer selbst vernichteten, wollten wir nicht wahrhaben. Der Anreiz, auf ein Führungskräftetreffen eingeladen zu werden, war für viele groß. An diesen, von uns in unregelmäßigen Abständen abgehaltenen Treffen, durften all diejenigen teilnehmen, die 15 % oder mehr bereits erreicht hatten. Ab dieser Nadel stellten die Qualifizierten etwas Besonderes in der Organisation dar. Sie wurden zu Grillfesten und Parties eingeladen, durften längere, wenngleich vorgegebene Themen, auf dem "Offenen Haus" vortragen und qualifizierten sich für unser erstes eigenes Seminar in Golling / Österreich Ende Januar. Mit unseren 50 besten Beratern wollten wir dort den Weg zum Diamanten gemeinsam planen. Das schlug ein wie eine Bombe. Auch jeder der bis dahin zwei neue Mitglieder sponserte, dürfte daran teilnehmen. Wenn es zu viele würden, dann kämen diejenigen mit den meisten Gesponserten zum Zug. Für jeden 15 oder 18 %er war es aber klar: Er durfte auf jeden Fall mit!

Solche Pläne dachten wir uns nicht auf einem Führungskräftetreffen aus. Für solche Dinge gab es eine heimliche Elite. Diese bestand aus Silvia und Albert, Daniela und Sigi, Hans und seinen gesponserten Spitzenpaar, Irene und Werner. Mit ihnen wurden alle Pläne vorab besprochen und für ein Führungskräftetreffen entsprechend ausgearbeitet. Bei den VIPs, wie unsere 15 und 18 %er genannt wurden, kamen diese Pläne dann als "brandneu" zur Besprechung.

* * *

Innerhalb der MM-Organisation hatten wir uns schnell einen Namen gemacht. Ein Onkel erzählte uns später, er sei auch einmal auf einer solchen Schulung gewesen. In gut 300 km Entfernung wurde unsere Organisation als positives Beispiel genannt. Die Familie Sonnabend, "Die Löwen aus Bayern". In unserem Heimatschulungszentrum in Eching hatten wir inzwischen selbst einige Schulungen abgehalten. Die Themen waren nach einem 10-Punkte-Schulungsplan gegliedert und der Inhalt in groben Zügen vorgegeben. Die MM's verkauften diese Themen ja eifrig auf Schulungskassetten - der Inhalt war für die Sprecher verbindlich. Eines interessierte mich besonders: Das Gastsprecherthema, die Schulung Nummer 10. Sie wurde von sehr erfolgreichen Beratern durchgeführt, von Diamanten und Smaragden. Eine reine Motivationsschulung, vom eigenen Sponsergespräch, bis hin zu vielen kleinen Geschichten, Träumen und Zukunftsaussichten. Für das eigene Schulungszentrum ein recht aussichtsloser Wunsch. Dorthin wurden Direktberater von anderen Schulungszentren eingeladen, es handelte sich ja auch um ein Gastsprecherthema. Von Peter wußte ich, daß auch er gerne einmal Gastsprecher bei einem anderen Schulungszentrum gewesen wäre. Auch für ihn, der schon viele Schulungsthemen hinter sich hatte, war dieser Wunsch bis dato nicht in Erfüllung gegangen.

Unsere erste Schulung, "Kiterklärung", wurde ein Erfolg. Kurz darauf rief uns Herr Zwekow an, ob wir nicht Lust hätten, eine Schulung in Amberg abzuhalten. Dort saßen bereits regelmäßig ein paar Geschäftspartner aus der Tiefe. Uns war es eine besondere Ehre, wenngleich das Thema wieder Kiterklärung hieß. Gerne hätten wir ein etwas motivierenderes Thema behandelt, doch hatte der "Kit" den Vorteil, daß wir die Schulung nicht neu vorbereiten mußten.

* * *

Im Laufe des Jahres heirateten Silvia und Albert. Kurze Zeit später, unsere erste Linie, Ruth und Ernst. Außer der Mutter von Ruth konnten die beiden bis dahin niemand anderen sponsern. Doch waren sie immer da. Bei jeder Schulung, auf jedem Treffen. Ernst, ein Polizeibeamter, hängte seinen Beruf an den Nagel und bot seine Dienste als Kurierfahrer an. Wir wohnten noch nicht lange in Fürstenfeldbruck, da zogen auch sie nach. Ganz in unserer Nähe, mieteten sie sich eine Drei-Zimmer-Wohnung.

Zu beiden Hochzeiten wurden viele Berater der Organisation eingeladen. Silvia und Albert kamen dabei noch recht glimpflich davon. Rundherum ein nettes Fest. Für über 1.000 Mark schenkte unsere Organisation den beiden eine Babyausstattung, von der Windel bis zum Kinderwagen. Heimlich konnten wir den Wohnungsschlüssel organisieren. Mit einem Kompressor wurden eiligst 1.000 Luftballons aufgeblasen und in dem kleinem Apartment verteilt. Fast einen Meter hoch war der Boden am Ende bedeckt. Insgesamt eine ganz lustige Aktion. Die Hochzeit selbst verlief, wie man es eben von Hochzeiten kennt: Mit Live-Musik, viel Tanz und guter Stimmung. Vielleicht war diese recht nette Feier für Ruth und Ernst der Anlaß gewesen, einen Teil unserer Organisation ebenfalls auf ihre Hochzeit einzuladen. Das war auch gut so, wie sich im nachhinein herausstellte, denn wer weiß, ob dieses Fest, ohne uns, nicht einer Beerdigung ähnlicher gewesen wäre.

Gut die Hälfte der etwa 60 Gäste kamen aus dem Beraterkreis und diese sorgten ordentlich für Stimmung. Ein intensiv ausgetüfteltes Programm, von langer Hand geplant, lief zur Überraschung der anwesenden Verwandten ab. Mit Preßluftfanfaren und buntem Reigen, wurde das frisch getraute Paar vor der Kirche von uns empfangen. Im großen Kreis stellten sich alle auf. Unser Autodiscjockey plazierte seine Boxen vor der Kirche, und mit dem Glockengeläute ertönte das Trompetensolo "Il Silencio". Im herbstlichen Sonnenschein tanzten die beiden ihren Hochzeitstanz im Freien. Die anschließende Fahrt, bis zum Hochzeitslokal, wurde vom lauten Hupen der Autos und den Fanfaren untermalt.

Im Lokal angekommen, wurde die Beratertruppe erst einmal auf härteste Weise ausgebremst. In einer Ecke war die "Band" aufgebaut. Drei Musiker, alle drei wohl schon lange in Rente. Mit Kontrabaß, Akkordeon und Schlagzeug aus dem Museum ausgerüstet, gaben sie alte Volksweisen zum Besten. Das konnte nicht gutgehen. Etwas mehr Stimmung hatten wir schon erwartet. Sittsam nahmen wir unsere Plätze ein, etwas abgesondert von den Verwandten, und griffen zum angebotenen Sekt. Leises Gespött ging durch die Beraterreihen, man solle doch dieser Musik ein Ende machen. Wir einigten uns auf die Polonäse Blankenese. „Zwei, drei, vier. Wir ziehen los, mit ganz großen Schritten und Herbert faßt der Heidi von hinten..." ging das Gegröle los. Schon stimmten alle ein, nahmen sich an den Schultern, und zogen durch die Gaststätte. Von der Musik war nichts mehr zu hören. Ein Lied nach dem anderen wurde angestimmt, die Musikgruppe wurde hoffnungslos überfahren. Bald blieb ihnen nichts anderes übrig, als in unseren Gesang einzustimmen und ihn einigermaßen zu begleiten. Tja, das war alles ganz lustig - bis zur Brautentführung: eine normale Entführung durfte es nicht sein. Nein, es mußte etwas Ausgefallenes werden, so war es ausgemacht. Plötzlich Schüsse! Gut zehn maskierte, mit Gewehren und Pistolen bewaffnete, Gestalten stürmten das Lokal und forderten die Anwesenden auf, die Hände hochzunehmen. „Haltet euch ruhig, dann passiert niemandem etwas" forderte der Anführer die Gäste auf. Sie fesselten den Bräutigam an einen Stuhl, und zu guter Letzt, wurde er sogar noch geknebelt. Dann wurde die Braut über die Schulter geworfen und der ganze Haufen entfernte sich im Rückwärtsgang aus der Wirtschaft - natürlich Richtung Café Göbl. Inzwischen hatte man dem Bräutigam heimlich den Autoschlüssel gestohlen, um in seinem Wagen zwei Ballen Stroh, die vorher beim Bauern gekauft worden waren, sehr lose zu verstauen.

Für die Befreiung nahmen wir Ernst in unserem Auto mit, so daß das Schlimmste noch etwas verschoben wurde. Im Café Göbl wurde eifrig Sekt auf Kosten des Bräutigams bestellt. Als Ernst hereinkam, verschanzten sich alle hinter umgeworfenen Tischen, von wo aus sie Feuerwerkskörper und Luftschlangen auf den Frischvermählten warfen. Eigentlich war es eine sehr kindische Showeinlage, aber nach ein paar Minuten war der Spuk schon wieder zu Ende. Ernst durfte, auf Knien bettelnd, seine Frau bitten, doch wieder zu ihm zurückzukommen.

Das mit dem Stroh hätten wir besser bleibenlassen. Als Ernst sein Auto sah, brach er beim Anblick des von ihm sogenannten "Saustalls", in einen wahrhaft hysterischen Schreikrampf aus. Mit beiden Händen baggerte er das Stroh auf die Straße. Den Tränen nahe, wurde er von seiner Mutter beruhigt, die anschließend die Straße säuberte. Zur Versöhnung mußten wir das Hochzeitsgeschenk vorziehen. Wir baten die "Band" irgend etwas über Frankreich zu spielen. Ich durfte als der DD eine kurze Ansprache halten und dem Paar eine Hochzeitsreise nach Paris überreichen. Die Flugtickets galten für kommende Woche.

Das Hotel, und alles drumherum, war bereits reserviert und organisiert. Als besonderes Zuckerl wurde der Braut, für die Hochzeitsnacht, ein heißes Negligé überreicht. Viele kleine Vorführungen, wie der kunstvoll ausgeführte Männerstrip von Werner, der jedoch bei der Unterhose aufhörte, ließen den Tag zu einer besonderen Erinnerung werden, vor allem für das Brautpaar.

* * *

Es stimmte doch! Die Qualifikation von Hardy und Heidi zu Direktberatern, wurde von Ingrid und Peter, wegen ihrer eigenen möglichen Smaragdqualifikation, so sehr gefördert. Mit unserer Rubinehrung im September, hatten sie ihre drei Linien, die sich jeweils sechs Monate im Geschäftsjahr mit mindestens 15.000 DM Umsatz qualifizieren mußten, zusammen - gerade noch auf den letzten Drücker. Bei Ingrids Bruder war die sechsmonatige Qualifikation klar. Aus dieser Organisation war inzwischen sogar ein weiterer DD entstanden. Bei den Oberberger´s schien dies eigentlich unmöglich. Die Gruppe stagnierte, ein Wachstum war schon seit längerer Zeit nicht mehr sichtbar. Aber da gab es noch eine Erstlinie von Ingrid und Peter. Ein "abgesoffener" DD-Anwärter. Einer, der die drei Monate nicht durchhielt. Irgendwie aber hatten sie es doch geschafft, den Umsatz so zu verteilen, daß sich drei Linien, es mußten ja nicht dieselben sein, mit je 6 x 15.000 DM qualifizierten. „Dafür haben einige viel Geld bezahlt", dachte ich mir, bei ihrer Ehrung. Aber unser Rubin war ja auch geschoben, warum sollten sie nicht ihrem Smaragd ein wenig nachhelfen? Einen angenehmen Nebeneffekt hatte die Qualifikation für uns: Die DD's aus erster Linie wurden mit den frisch Geehrten vom Lieferanten zu einem Smaragdessen in das bekannte Restaurant Mövenpick eingeladen.

Ein eigener Raum wurde da reserviert. Zum Empfang ein Aperitif oder ein Glas Sekt, anschließend Essen à la Card. „Ich werde mit etwas Lachs beginnen...," einige schlossen sich meinem Vorschlag an. Die Preise, so der Vertreter des Lieferanten, sollten uns nicht interessieren. Bei den Preisen, der etwas zu klein geratenen Portionen, die wir serviert bekamen, war ich aber doch ein wenig verunsichert. Das würde schon eine ordentliche Rechnung geben, wenn wir hier fertig sind.

Das Essen, egal was wir bestellten, schmeckte sehr gut. Die Krönung stellte der Nachtisch, für jeden ein Eis, das laut Speisekarte für zwei Personen gedacht war, dar. Ein riesiger Becher, der von keinem bezwungen wurde. Ein schöner Abend, den wir uns selbst wohl niemals geleistet hätten.

Einige Tage darauf waren wir wieder beim Essen. Diesmal mit unserer Organisation. Schon seit ein paar Monaten stand der Termin zum Räuberessen im Kurgarten fest. Ein ganz anderes Extrem, vor allem, weil man zum Essen nur ein Messer bekam. Auch ein kulinarisches Erlebnis, aber eben ganz anderer Art. Das Lokal war uns inzwischen von den vielen Essen, mit den Sponsorsiegern der Woche, bestens bekannt. Der Wirt begrüßte uns schon persönlich. Eines Tages hatten wir auch mit ihm einen Sponsortermin. Recht geschickt begründete er aber dann seine Absage mit der wenigen Freizeit, die er lieber mit dem Motorrad verbringen wollte. Höflich bedankte er sich bei uns für unser Interesse an ihm. Wir hatten es wenigstens versucht, wenngleich wir niemals glaubten, ihn mit dem Argument Geld sponsern zu können.

Im Oktober war es dann auch für Silvia und Albert so weit. Sie hatten ihre 15.000 DM Umsatz erreicht und konnten eigentlich ganz beruhigt in die DD-Anwärterschaft gehen. Zum ersten Mal durften wir diese hohe Auszeichnung verleihen. Stolz steckten wir, vor über 500 Schulungsteilnehmern, den beiden ihre silberne Nadel ans Jackett.

Im selben Monat lud die Familie Zwekow die Direktberater des Schulungszentrums zu einem Sondertreffen nach der Schulung ein. Eine große Weihnachtsaktion war geplant. Jeder DD sollte Kartons mit Produkten nach einer vorgegebenen Liste zusammenpacken, die dann auf einer großen Veranstaltung in Wolfratshausen an die Berater verkauft würden. Je mehr Kartons wir zusammenstellten, desto mehr Umsatz würden wir dort auch machen, versprach uns Herr Zwekow. Auch die Maier-Mehringer's kommen persönlich zu der Veranstaltung und halten eine Rede.

Mit dieser Verkaufsidee war ich ganz und gar nicht einverstanden. „Da steckt etwas dahinter", dachte ich mir. „Wenn wir die Kartons zusammenstellen, dann haben wir die Ware ja bereits beim Lieferanten gekauft und bezahlt." Nein, das gefiel mir nicht. Falls wir die Ware nicht verkaufen könnten, blieben wir darauf sitzen. Und unsere Berater? Was machen sie damit? Sie waren doch alle bereits bis obenhin zugepackt mit Ware. Eine Weihnachtsaktion mit den Kunden könnte jeder selber organisieren. Dafür bräuchte doch keiner die MM's oder den Zwekow. Auch bei Ingrid und Peter kamen die Zweifel. Doch der Höhepunkt war noch nicht erreicht: meine Frau und ich sollten Sprecher auf diesem Treffen werden. Man bat uns, uns eine passende Rede zu überlegen, sie dann den Zwekow´s zur Zensur vorzulegen und in Wolfratshausen, vor den MM's, unsere Solidarität zu dieserAktion zu bekunden. Wir sagten erstmal einfach zu. Was sollte das? Was steckte dahinter?

Das Geheimnis lüftete sich nach einem Gespräch mit Hermann, dem Sponsor von Ingird und Peter, direkte Erstlinie der Zwekow´s, und inzwischen selbst Smaragdberater: "Die Diamantreise!" Für die Teilnahme an der Reise, zu der sich alle Diamanten qualifizieren konnten, mußte ein entsprechender Umsatz erzielt werden. „Für die Reise fehlt den Zwekow´s noch einiges an Umsatz. Deshalb kommen auch die MM's!" Von wegen Motivation, Weihnachtsaktion... Ich empfand es als unfair, reine Ausbeuterei. Weil sich die beiden in den sonnigen Süden legen wollten, sollten wir unser Geld locker machen. Nein, da machten wir nicht mit. Unsere Rede hätten wir gerne abgesagt, doch befürchteten wir Nachteile, wenn wir das Unternehmen offensichtlich boykottierten. Wir würden reden, aber nicht, was man uns diktiert! Es blieb bei der Zusage und wir besprachen wenig später das Thema und recht oberflächlich den Inhalt.

Was wurde denn hier gespielt? War denn wirklich jeder nur auf Umsatz aus? Wurde von allen Seiten nur an den eigenen Profit gedacht? Wo blieb die, von überall her gepredigte Freundschaft, das Miteinander? Hatte nicht Frau Maier-Mehringer selbst von diesem einzigartigen Geschäft geredet? Dieses, so völlig andere Geschäft, in dem es nicht um den harten Kampf in der sonst so unbarmherzigen Geschäftswelt ginge? Wollten wir nicht den Weg gemeinsam gehen?

Ich habe lange gebraucht, bis ich das Vertrauen in meine Sponsorlinie verlor. Zu lange! So weit in der Tiefe waren wir nur die Umsatzmacher der Großen. Eigentlich völlig logisch und durchaus verständlich. War ich etwa zu naiv? Die Trennung, wenigstens ein Abnabeln in Teilbereichen, wäre bestimmt wünschenswert. Obsteig verursachte uns und den Beratern enorme Kosten. Der psychologische Druck, daran teilzunehmen, war, durch die ständige Mundpropaganda und den persönlichen Zwang durch die eigene Direktberaterlinie, extrem hoch. Würden wir den Beratern zur Zurückhaltung bei der Bettenbestellung raten, kämen sofort Ingrid und Peter auf uns zu. Die Zwekow´s würden eingeschaltet und uns in letzter Konsequenz den Zugang zum Schulungszentrum verwehren. Das würde für uns "hellblau" heißen.

"Hellblaue", und somit Ausgestoßene, wollten wir nicht sein. Noch nicht! Würde unsere Organisation gut fünf mal so groß werden, wie sie jetzt war, könnten wir unsere Direktberater zusammenhalten - dann wäre eine Trennung möglich. Vorerst brauchten wir noch das Flair des Schulungszentrums. Als Vorbilder mußten immer noch die Erfolgreichen herhalten. Die Neugier der Neuen würde sie bald nach Eching und Obsteig führen - das negative Gewäsch, daß sie dort über uns zu hören bekämen, würde bestimmt nicht zu unserem Vorteil sein. Es war noch zu früh, doch sollten wir neue Wegen beschreiten, langsam und vorsichtig.

Das erste Zeichen sollte unser Seminar in Golling werden. Es mußte gut und billiger als Obsteig sein. Die mächtigen Worte der MM's sollten an Kraft verlieren. Unseren Beratern mußte ein realistischer Weg, weg von den Schulden, hin zum Diamanten, aufgezeigt werden. Keine Großveranstaltung, nur im kleinen Kreis, sozusagen "unter uns" wollten wir das ausmachen. Mir gingen Themen wie "Erst die Arbeit, dann die Belohnung" oder "Verkaufen bringt Umsatz" durch den Kopf.

"Verkaufen bringt Umsatz", ein Thema, das bereits ein bißchen abseits des, von oben vorgegebenen, Weges lag. Dort hieß es sponsern. Meine Meinung war, daß der Verkauf den ersten Erfolg bringt. Ein neu Gesponserter würde gleich zu Anfang sehen, daß dieses Geschäft funktioniert. Für hundert Mark Ware verkaufen - bringt dreißig Mark Gewinn! Verkaufen Hundert in der Organisation jeden Monat für hundert Mark, sind dies 10.000 Mark Umsatz, zuzüglich dessen, was jeder an Eigenverbrauch hat. Dies gäbe eine gute DD-Anwärterschaft, ohne daß nur ein Stück davon auf Lager liegenbliebe. So wie es die Neuen sähen, so würden sie es weitergeben. Wo nebenbei echtes Geld verdient wird, da ist auch Erfolg. Wo jeden Monat der Umsatz wächst, da ist auch Zufriedenheit.

Für den Verkauf bot der Lieferant zusätzliche Erfolgsnadeln an. Auch kleine Erfolgstafeln, für Berater mit größeren persönlichen Verkäufen, konnten vom DD bezogen werden, jedoch waren diese bei der großen Organisation verpönt und somit in Vergessenheit geraten. Auf unserem Seminar wollten wir die Nadeln wieder auferstehen lassen. Jeder der 3, 6, 9 oder 12 Monate ununterbrochen mindestens 3 % Umsatz erlangt hatte, würde eine neue Nadel als Zeichen seiner Beständigkeit erhalten. Das "Offene Haus" sollte uns in Zukunft für diese Ehrungen dienen, denn in Eching vergab man diese Auszeichnungen nicht. Gleichzeitig stünde vor den Beratern ein kleines, neues Ziel. Nicht die so weit entfernte 15 % Nadel mit 6.000 DM Umsatz, sondern die kleine, nicht so teure 3-Monatsnadel. Bis zum ersten eigenen Seminar war noch ein wenig Zeit. Diese Gedanken mußten erst noch genauer ausgearbeitet, unsere angehenden DD's und Führungskräfte ausreichend informiert und dahingehend motiviert werden.

Zunächst aber lag noch einmal ein Obsteig Herbstseminar vor uns. Das zweite in diesem Halbjahr. Einhundert Anmeldungen hatten wir an Ingrid und Peter weitergegeben. Bestimmt würden Vereinzelte wieder kurz vor dem Seminar abspringen, bei denen der Scheck platzte, oder sie hatten sich angemeldet und hörten inzwischen wieder auf. Ja, so etwas gab es auch. Es kam sogar vor, daß Betten bezahlt wurden, aber niemand von den Zimmern Gebrauch machte. Irgendwann später erhielten wir einen Anruf oder einen Brief, in dem wir aufgefordert wurden, die bereits entrichteten Kosten für das Seminar zurückzuerstatten. Das erschien uns alles schon ganz normal. Das mußte wohl so sein. Es wäre auch garnicht so schlimm gewesen, wenn wir als DD´s nicht für die Gelder hätten geradestehen müssen.

* * *

Als DD organisierten wir rechtzeitig vor Ankunft der Organisation die Bettenverteilung. Bei der Gelegenheit legten wir in jedes Zimmer eine Begrüßungskarte mit ein paar persönlichen Zeilen an das entsprechende Beraterpaar. Dazu eine kleine Aufmerksamkeit, wie ein Unterteller mit dem Motiv des Tyrolhotels, einen handbemalten Stein oder eine kleine witzige Porzellanfigur. Immer etwas, das nicht unbedingt kitschig wirkte und trotzdem preiswert war. An diesem Morgen, dem Tag unserer Anreise, hielten wir in Fürstenfeldbruck noch schnell bei einem großen Kaufhaus, um eben auch für diesen Durchgang eine Kleinigkeit zu besorgen. Aber es wurde immer schwieriger, etwas Passendes zu finden. Eine Blume oder ein Piccolo? Das würde zu teuer werden. Etwas unentschlossen standen wir zwischen den Regalen. Meine Frau war es schließlich, die eine kleine längliche Pappschachtel fand und begeistert zu mir herüberrief: „Wie wäre es damit?" „Sternchenwerfer?" Ich überlegte einen kurzen Augenblick. „Wau, das ist eine Superidee! Wieviele Schachteln brauchen wir?" „60 mindestens", meinte sie mit strahlenden Augen. In Gedanken sah ich bereits unsere Organisation im glitzernden Licht der Wunderkerzen auf den Stühlen stehen. In Obsteig angekommen, wollten wir Ingrid und

Peter noch nichts von unserer Idee erzählen, vielleicht würden sie uns auslachen oder uns, wegen einer möglichen Brand- oder Unfallgefahr, diesen Gag wieder ausreden wollen.

Auf die Begrüßungskarten schrieben wir noch schnell einen Zusatz an den Rand: „Vergiß' nicht, die Wunderkerzen am Begrüßungsabend mitzubringen!" Später häuften sich die Fragen der Berater, was sie denn mit den Stäbchen anfangen sollten. „Verteilt sie an Eure Nachbarn und zündet sie am Anfang an, wenn das Licht ausgeht und sich die Glitzerkugel dreht."

Die Halle füllte sich. Wir waren gespannt, ob sich unsere Idee zu einem Flop oder zu einer tollen Show entpuppen würde. Um 20 Uhr verdunkelte sich das Licht. Mit den Klängen von Mike Oldfields "Arrival" begann sich die riesige Glitzerkugel, die von mehreren lichtstarken Strahlern angeleuchtet wurde, unter dem Hallendach zu drehen. Rundherum bewegten sich die weißen Lichtpunkte, verbreiteten eine erwartungsvolle Stimmung. Zur selben Zeit entzündeten sich hunderte von Wunderkerzen, in der ganzen Halle. Überall glitzerte und funkelte es. Mit der Musik bewegten sich die vielen kleinen Lichtblitzer in der Dunkelheit. Ein Schauspiel, das ich noch niemals vorher gesehen hatte. Wie erstarrt blickte ich in die Menge, fühlte, wie es mich tief berührte. „Das ist ja fantastisch!" hörte ich die Maier-Mehringer, die sich inzwischen am Rednerpult postierte, über das Hallenmikrofon sagen. Ihre Stimme klang freudig begeistert. Auch die Berater um uns herum kamen aus dem Staunen nicht heraus. Ein Meer von Lichtern als Ausdruck der Verbundenheit. So empfand ich es. Ich genoß jede Sekunde. Dieser Moment, diese wenigen Minuten, bleiben mir wohl immer in Erinnerung. Die MM´s verkauften wenig später ein Obsteig Video, auf dem diese Szene in Bild und Ton festgehalten war. In einem Peter Maffey-Konzert, das im Fernsehen übertragen wurde, konnte ich dieses Schauspiel ein paar Monate später, wenngleich nicht in diesem Ausmaß, noch einmal bewundern. Heute sind diese Sternchenwerfer keine Besonderheit mehr, zu schnell hat man sich daran gewöhnt. Doch damals in Obsteig hatte es viele der Anwesenden tief berührt.

Der Begrüßungsabend lief anschließend nach dem bekannten Ritual ab. Mit viel Musik wurden die Teilnehmer begrüßt, die Sprecher des Seminars vorgestellt und die neuen DD-Anwärter sowie alle höher Qualifizierten geehrt. Anschließend wurde der Oberkellner vorgestellt und auch die Hotelinhaber durften ein paar Worte sprechen. Die ganze Zeremonie der Begrüßung zog sich gut zwei Stunden hin. Am Ende stand ein Pulk von Menschen auf der riesigen Bühne und in der Mitte, am Rednerpult, Dr. Maier-Mehringer. Er beendete diesen Abend wie immer mit einem Trinkspruch aus dem Lied von Reinhard Mey:

Auf den guten Wind, der uns hergeweht,
Freunde laßt uns trinken.
Wohin der Wetterhahn auch dreht,
bis wir vornüber sinken.

Auf die schöne kurze Zeit,
zu nehmen und zu geben,
den Augenblick der Ewigkeit,
den wir auf Erden leben.

Drauf daß ich Euch im Weltenlabyrinth
unverdrossen wohlauf wiederfind.
Auf daß wir nocheinmal davongekommen sind,
Freunde, wollen wir trinken.

Auf die schöne kurze Zeit,
zu nehmen und zu geben,
den Augenblick der Ewigkeit,
den wir auf Erden leben.

Hardy und Heidi pflegten inzwischen wieder regelmäßigen Kontakt mit uns. Sie hielten ab und zu eine Rede auf dem "Offenen Haus", die jedoch, aufgrund ihrer sichtlich sehr geschrumpften Beraterzahl, mehr oder weniger, unglaubwürdig ins Leere ging. Standardmotivation nannte ich es einmal in Gegenwart meiner Frau. Vom nagelneuen 12-Zylinder Jaguar, den sie eines Tages besitzen werden, bis hin zu Tips für den erfolgreichen Geschäftsaufbau, war alles drin. Zu den Führungskräftetreffen der ersten Reihe wurden sie dennoch nicht eingeladen. Sie nutzten den Kontakt zu uns, um ihre in Unmengen eingekauften Aufbauhilfen wieder loszuwerden. Für 1.140 Mark nahmen wir ihnen zahlreiche Unterlagen ab, um ihnen wenigstens ein bißchen aus der Patsche zu helfen.

Zum Jahresende fuhren wir, auf Einladung des Lieferanten, zum Leadership-Treffen nach Frankfurt. Dort wurden wir für zwei Tage im Canadian Pacific Hotel im 33. Stock untergebracht. Mit Sicherheit das beste Hotel, in welchem ich bis heute geschlafen habe. Hier fehlte es an nichts: vom Farbfernseher über die Bar bis zur Klimaanlage und einem herrlichen Blick über die Stadt. Für den Abend war eigens für die etwa 100, in den letzten Monaten qualifizierten Direktberater, eine Band engagiert worden. Essen vom Feinsten wurde serviert, sogar die anschließenden Zigaretten wurden nicht vergessen. Eine kurze Begrüßungsrede durch einen Vertreter des Lieferanten rundete den offiziellen Teil des Abends ab. Wir zogen es, zusammen mit der Familie Oberberger, vor, das Hotel ein wenig zu erforschen. Am Aufzug fragte uns der Liftboy wohin wir denn möchten. „Gibt es hier auch eine Diskothek?" fragte Herr Oberberger. „Natürlich," eine kurze Handbewegung forderte uns auf, in den Aufzug einzutreten. Eine kurze Fahrt und wir hielten im ersten Stock. Die Tür ging auf und laute Musik kam uns entgegen. Ich traute meinen Augen nicht. Wir standen mitten in einer Disco! Zigtausend kleine Lämpchen über die Decke auf dunklem Hintergrund verteilt, gaben uns das Gefühl, unter einem Sternenhimmel zu stehen. Die an den Wänden schräg aufgehängten Spiegel ließen uns den vermeintlichen Horizont erkennen. In der Mitte eine bunt beleuchtete Tanzfläche, auf der sich zahlreiche Paare den Klängen der Musik hingaben. Überall Pflanzen, die im zuckenden Licht der Stroposkoplampen immer wieder aufblitzten. „Wouuh, es fehlt nur noch das Meer..." Ein aufmerksamer Herr stand plötzlich vor uns: „Guten Abend, sie suchen Plätze für vier Personen?" Wir nickten und folgten sogleich seiner Handbewegung, die in ein gemütliches Eck der Disco wies. Na gut, die Preise waren zwar happig, doch diesen Abend wollten wir genießen. War es doch der erste wirkliche Atemzug, in jener phantastischen Zukunft, die vor uns lag. Zum ersten Mal greifbar nahe. „Solche Hotels, ein solches Leben, gibt es auf der ganzen Welt. Wo wir auch hinkommen, wir brauchen nur das nötige Kleingeld." Meine Frau lächelte, während ich ihr ins Ohr flüsterte: „Du wirst sehen, wir schaffen es bis ganz, ganz oben." An diesem Abend schöpften wir eine ganze Menge Kraft. Kraft und auch Lust, noch mehr zu tun. Man muß es erlebt haben, das ganze Drumherum. Ein solches Hotel ist nicht für jedermann. So etwas leistet sich ein "Normaler" nicht, es sei denn zu besonderen Anlässen, und selbst da würde er wohl knausern, sich zwei Etagen tiefer einquartieren, dafür eine Woche länger bleiben.

Die Tage dort vergingen zu schnell. Schon standen wir wieder in unserer Zweizimmerwohnung. Wie trostlos und öde es hier doch war. Vielleicht habe ich dieses Erlebnis überbewertet, doch ich glaube, ich habe erfahren, wie klein so viele Menschen sind, wie bescheiden sie leben. Es gibt doch Menschen, die so viel reicher sind, Menschen, die sich diese Welt einfach leisten. Wenn das, was wir gesehen haben, wenig war, was mag es dann noch alles geben? Ich war fasziniert.

* * *

In meiner Arbeit war ich inzwischen zum Kelleraufräumen strafversetzt worden. Seit einer Woche hängte ich dort Keilriemen auf und montierte Regale. Ein unerträglicher Gedanke: morgen muß ich wieder dort hin. Aber nicht mehr lange! Sobald es irgendwie geht, werde ich kündigen. Und es verging knapp eine Woche. Eines Morgens hatte ich, wie so häufig, wieder verschlafen. Über eine Stunde lag ich zu lange im Bett. Ich bat meine Frau, in der Firma anzurufen, und mich krankzumelden. „Sag, ich hätte starke Magenschmerzen und ginge zum Arzt." Gut war mir wirklich nicht, aber das lag eher an der zu kurzen Nacht. Der Arzt schrieb mich zwei Wochen krank, ich muß hundeelend ausgesehen haben. Zwei Wochen meine Ruhe, ich war erleichtert. So konnte ich wenigstens am Morgen ausschlafen. Das Ausschlafen dauerte dann regelmäßig bis etwa elf Uhr. Waltraud kümmerte sich morgens um unseren Kleinen, legte sich dann wieder hin, und machte gegen Mittag das Frühstück. Zu diesem Zeitpunkt wußte ich noch nicht, daß ich in Zukunft nicht mehr in diese Firma gehen würde.

Termine hatten wir jede Menge. Das von uns eingeführte "Offene Haus" zog große Kreise und fand viele Nachahmer. Immer wieder wurden wir von Beratern anderer Organisationen gebeten, doch einmal ihr "Offenes Haus" zu besuchen und ein paar Worte zu sprechen. Gerne folgten wir jeder Einladung. Wir fühlten uns wohl, umringt von vielen Beratern, im Mittelpunkt der vielen offenen Ohren und Augen. Selbst Ingrid und Peter waren von diesen Treffen und dem inhaltlichen Ablauf angetan. In ihrer Organisation bildeten sich bald dieselben Einrichtungen. Zu meinem Geburtstag im Dezember, erhielt ich eine riesige Glückwunschkarte von unseren Beratern - wenn ich mich nicht verzählt habe, waren es 117 Unterschriften - und einen Gutschein über 1.000 DM von einem Bekleidungsgeschäft.

Das Geld hätten wir besser gebrauchen können, zu sehr war unser Konto schon wieder überzogen. Doch konnte es auch nicht schaden, einen oder zwei neue Anzüge zu kaufen. Bestimmt waren die bescheidenen Variationen, die ich mit meinen wenigen Sakkos und Hosen hatte, inzwischen aufgefallen. War es etwa eine Anspielung? Wie dem auch sei, ich kaufte mir von dem Geld zwei Anzüge, davon einer ein echter Edelzwirn von Boss, der typische Manager-Nadelstreif in dunkelblau.

Im November erreichten auch Irene und Werner, sowie Daniela und Sigi, die 15.000 DM Grenze und wurden damit neue DD-Anwärter. Irene und Werner hatten mit ihrer Qualifikation keine Probleme. Hinter ihnen stand eine große aktive Gruppe, und damit die nötige Sicherheit, dieses Volumen drei Monate durchzuhalten. Silvia und Albert mußten daher nur noch 6.000 Mark Restvolumen zu ihrer eigenen Qualifikation aufbringen. Hans, der Sponsor von Irene und Werner, fühlte sich ziemlich mies. Immer überall dabei, immer mitreden aber selbst nur ein einziges Mal richtig gesponsert. Er brauchte nun auch nur 6.000 Mark Restvolumen, um sich als DD zu qualifizieren, aber da führte gar kein Weg hin. Nicht anders erging es Fips und Karin, den Sponsoren von Daniela und Sigi. Auch hier entwickelte sich keine zweite Linie. Daniela und Sigi packten die Hürde mit Ach und Krach. Mit einer Verkaufsaktion, kurz vor Ende des Monats, erreichten sie die 15.000 DM. Das würde bestimmt nicht leicht werden, aber irgendwie würden wir sie durch die Qualifikation bringen. Die Serie, daß sich nur jede zweite Linie zum DD qualifizierte, ging somit weiter. Andy und Manuela hatten vor zwei Jahren damit angefangen. Sie waren unsere Sponsoren und hatten die Qualifikation zum DD immer noch nicht geschafft. Die einzige Ausnahme in der Kette bildeten Silvia und Albert. Sie waren eine Erstlinie eines DD's und selbst Anwärter geworden.

Es bahnte sich eine Krise an, von der wir im Moment der Freude, um die neuen Qualifikationen, noch nichts bemerkten. Fips zog sich, bald nach der Qualifikation von Daniela und Sigi, aus dem Geschäft zurück. Karin trennte sich von ihm und kam bald wieder mit einem neuen Freund auf uns zu. Da aber Fips seinen Antrag nicht stornierte, mußte sie, wollte sie das Geschäft mit ihrem neuen Freund betreiben, auch neu beginnen. So sponserten wir eine neue erste Linie. Für uns war dies natürlich optimal. Karin jedoch verlor dadurch ihren ersten eigenen DD und die Chance, sich mit nur 6.000 DM Restvolumen, zum DD zu qualifizieren. Wir erklärten ihr das auch, aber mit Fips sah sie keine Möglichkeit das Geschäft weiter aufzubauen. Alle Sponsoren eines DD's hatten jedoch einen Vorteil gegenüber einem neuen Berater: Sie erhielten auf ihr Restvolumen ebenfalls 21 % Bonus, da aus ihrer Linie ja mehr als 15.000 DM Umsatz floß.

Für uns bedeuteten zwei DD Linien immerhin einen Bonus von je 3 % auf deren Umsatz, die sogenannte "Rente" abzüglich der 3 % "Rente" auf 15.000 DM Umsatz, die Ingrid und Peter auf unsere DD-Linie erhielten. Dafür verdienten wir nichts mehr am Bonus unserer DD's. 21 % war, laut Marketingplan der höchste Bonus, den aber erhielt jeder, der sich mit 15.000 Mark qualifizierte. Also mußte der Bonus voll an die beiden Linien weiterbezahlt werden. Als Ersatz dafür zahlte uns der Lieferant diese "Rente".

Das Thema Bonus bereitete uns schon seit einiger Zeit Probleme. Zum einen wurden die Bonusabrechnungen, für solch große Gruppen, unwahrscheinlich kompliziert, zum anderen schoben wir die Abrechnungen, mangels Zahlungsfähigkeit, immer wieder hinaus. Viele Sonderaktionen, Warenrückgaben, Nachlieferungen, Fehllieferungen und damit Umtausch, mußten in den Abrechnungen berücksichtigt werden. Zudem kamen bei der Bonusabrechnung zahlreiche Rechenfehler in den Bestellungen auf, die entweder zu Nachforderungen oder zu Überzahlungen führten. Eine ordentliche EDV-Anlage, die solche Dinge automatisch berücksichtigen würde, wäre bestimmt gerechtfertigt gewesen.

Wir überschlugen kurz unseren monatlichen Gewinn und, das kann sich jeder ausrechnen, kamen zu einem wenig motivierenden Ergebnis. Nicht einmal 1.000 Mark verdienten wir in dieser Zeit. Mir kam dies schon etwas wenig vor, verglichen mit den vielen Menschen, die inzwischen zu unserer Gruppe gehörten. Immerhin entwickelten sich bereits vier DD Organisationen, Heidi und Hardy mitgerechnet, aus unserer Linie. Vielleicht ging es ab jetzt viel schneller, jetzt, nachdem der Grundstock sich festigte. Ändern würde sich nun einiges. Die DD's waren für ihre Gruppen selbst zuständig, der Bonus wurde vom Lieferanten direkt mit den DD's abgerechnet und wir dadurch erheblich entlastet.

Den Zwekow´s mußten für ihre Diamantreise immer noch jede Menge Punkte gefehlt haben. Ende Dezember starteten sie einen Umsatzwettbewerb. Als Anreiz wurde als erster Preis eine Woche Urlaub in Tunesien ausgeschrieben, als zweiter Preis, ein Besuch in Bäumendorf, bei den Kronenbotschaftern Maier-Mehringer, weiter je ein Einkaufsgutschein über 300 DM für den 3. und 4. Platz, einlösbar in einem Bekleidungsgeschäft und als 5. Preis, sozusagen der Trostpreis, ein Besuch bei den Zwekow´s mit der eigenen Organisation. „Das kann uns ja nicht schaden," besprach ich die Aktion mit meiner Frau. „Echter Umsatz ist ja wünschenswert, diesen Wettbewerb werden wir voll und ganz unterstützen!" In der Organisation schlug der zweite Preis, ein Besuch bei den MM's, ganz besonders ein. Fünf Autos hatten sie in ihrem Fuhrpark, davon einer ein dunkelblauer Rolls Royce, wenn auch nicht das neueste und teuerste Modell. Amerikanische Autos sollten darunter sein und auch ein Jeep. Das Haus, es sollte einem kleinen Palast gleichen, mit haufenweise Telefonen, Alarmanlagen und allem technischen Firlefanz. Tunesien wurde als Preis der 2. Klasse gehandelt, ein Besuch bei den Zwekow´s interessierte niemanden.

* * *

Den Jahreswechsel verbrachten wir mit den Führungskräften der Organisation von Ingrid und Peter. Dazu gehörten inzwischen auch Silvia und Albert, wie auch Daniela und Sigi. Die Familie Oberberger hatte dieses Treffen in ihrem Haus organisiert. Unter einem Vorbau wurde auf einem riesigen Grill ein Spanferkel gebraten, dazu Faßbier, jede Menge Salate und leckere Kleinigkeiten angeboten. Der Grill spendete an diesem kalten Winterabend ausreichend Wärme. Wer immer noch fror, dem wurde beim Tanzen zu lauter Musik bald warm. Zu meinem Ärgernis hatte ich mir schon vorher eine ordentliche Grippe zugezogen, sodaß ich den Abend nicht richtig genießen konnte, fast keinen Hunger hatte und nur wenig von dem kalten Bier trank. Zu Mitternacht begossen wir das neue Jahr mit Sekt. Feuerwerkskörper erhellten die Nacht. Gleich im Anschluß sahen sich viele nach einer geeigneten Schlafstelle um. Ehe ich mich versah, waren die meisten in irgendwelchen Ecken verschwunden. Meine Frau hatte ich schon eine ganze Weile nicht mehr gesehen.

Mit Daniela verbrachte ich den Großteil des Abends. Zusammen entschlossen wir uns, einen Schlafplatz zu suchen. Das Haus kannten wir nicht und so torkelten wir im Dunkeln die Treppe hinauf in den ersten Stock. Ich öffnete eine Tür, drückte auf den Lichtschalter. „Alles besetzt!" meinte Daniela. Nicht nur die Betten, sogar auf dem Fußboden war kein freier Platz mehr auszumachen. Hinter mir stand auf einmal Herr Oberberger mit Wolldecken unter dem Arm: „Wenn Ihr Decken braucht, hier sind noch zwei." Gerne nahm ich sie an. „Sucht Euch irgendwo einen Platz, unten im Wohnzimmer ist auch noch etwas frei." „Wir werden schon irgendwo unterkommen," bedankte ich mich. Daniela öffnete die nächste Tür, doch dies war das Bad. Es ist bestimmt zu unbequem, in einer Badewanne zu schlafen, also nächster Versuch. Auch aus diesem Zimmer war bereits ein Schnarchen zu hören. Wir schlossen die Tür, ohne Licht gemacht zu haben. „Ich lege mich in den Hausflur," flüsterte ich Daniela zu. Daniela nickte, nahm sich eine Decke und legte sich in die nächstgelegene Ecke. Ich breitete meine Decke aus, als Kissen benutzte ich mein Sakko. Reichlich unbequem, aber wenigsten ein Schlafplatz. Ich war müde und vor allem fror ich. Waltraud und Sigi würden uns hier schon finden. Eigentlich müßte jeder, der die Treppe im Dunkeln heraufkam, über uns fallen. Aber egal, in der Not tut es das schon für eine Nacht.

Daniela erzählte mir an diesem Abend viel von ihrer kaputten Freundschaft zu Sigi. Es kriselte, meinte sie, seit einigen Monaten würden sie nur noch so zusammenwohnen. Sie sprach von ihrer Angst DD zu werden. Das Reden vor so vielen Menschen mochte sie überhaupt nicht. Sie hatte Scheu davor, im Mittelpunkt zu stehen, und glaubte, daß das, was sie erzählte, eigentlich gar nicht stimmte. Sie hatte ja gar keine Sponsertermine gemacht, war eigentlich nur wegen Sigi dabei. Die Unstimmigkeit, die zwischen ihr und Sigi herrschte, rührte auch aus diesem Geschäft. Aber sie sei gerne mit uns und den vielen anderen Leuten zusammen, nur Sponsern und dieses Geschäft aufbauen, das könne sie nicht. Ich versuchte, ihr ein bißchen Mut zu machen. Sie war ein sehr sympathisches Mädchen, nie ein falsches Wort, immer etwas zurückhaltend, etwas schüchtern und solange ich sie kannte, sah ich sie fast immer lachend. Beim Tanzen legte sie den Kopf auf meine Schulter. Sie suchte den Kontakt. Ich glaube, sie wollte sich einfach nur einmal aussprechen, auch ein wenig ausweinen. Schnell war ich danach auf dem harten Fußboden eingeschlafen. Ich merkte nicht mehr, wie sich Waltraud in der Nacht unter meine Decke schlich.

Der Kaffee zum Frühstück tat gut. Schnell zerstreuten sich die anderen Berater in alle Richtungen. Einige waren gleich nach dem Aufstehen mit dem Auto weggefahren, ich hatte sie gar nicht mehr zu Gesicht bekommen. Andere halfen beim Aufräumen und spülten das Geschirr. Silvia und Albert sah ich noch kurz, auch Daniela und Sigi verabschiedeten sich recht schnell. Mit meinem dicken Kopf war ich froh, bald zu Hause zu sein. Auf dem Heimweg erzählte ich Waltraud von Danielas Sorgen. Sie berichtete mir, daß sie von Sigi, mit dem sie den Großteil des Abends verbracht hatte, dieselben "Klagen" zu hören bekam. Daniela sei die große Bremse in diesem Geschäft und wolle nicht DD werden. Die Beziehung hatte einen ganz schönen Knacks, bis gestern hatten wir das noch nicht einmal geahnt.

* * *

Das Dezembervolumen von Daniela und Sigi spiegelte ihre Probleme wieder. Gerade einmal 3.500 DM Umsatz brachten sie zusammen. In diesem Monat hatten sie dennoch Glück. Da Silvia und Albert in ihrem letzten Qualifikationsmonat immer noch über uns bestellten, konnten wir den gesamten überschüssigen Umsatz auf Daniela und Sigi überschreiben, ohne daß es jemand merken würde. Knapp über 21.000 DM meldeten wir dem Lieferanten für Silvia und Albert, damit qualifizierten sie sich, sowie Irene und Werner. Von ihrem überschüssigen Umsatz, und dem unserer Restgruppe, kam gerade so viel zusammen, daß es für Daniela und Sigi reichte. Der zweite Monat war überstanden.

Silvia und Albert waren wohlverdient zu Direktberatern ernannt worden. Ein sicheres Volumen, über drei Monate hinweg, würde ihnen auch auf ihrem weiteren Weg keine Probleme bereiten. Sie standen auf drei wachsenden Beinen, dazu kamen einige, zwar kleine, Beratergruppen, die aber regelmäßig Umsatz machten.

Am besten ging es Irene und Werner. Eine Schar, gemischt aus älteren und sehr jungen Beratern, hochmotiviert, baute zielstrebig ihr Geschäft auf. Bis nach Frankfurt reichte ihre Gruppe, wenngleich dort das Geschäft noch ein wenig stockte.

Zwekow´s Wettbewerb wurde ein riesiger Erfolg. Wir freuten uns, nicht weil die Zwekow´s sich für eine Diamantreise qualifiziert hatten, sondern weil der erste Preis an unsere Organisation ging. Ein Paar aus der Gruppe von Irene und Werner gewann die Reise nach Tunesien. Auch ein 300 Mark Gutschein für Bekleidung, wurde von einer Beraterin aus unserer Organisation gewonnen. Des weiteren fielen zwei kleine Sachpreise auf unsere Gruppe. Es war aber gar nicht so sehr verwunderlich. In der Zwekow Organisation, und somit auch auf dem Schulungszentrum, gehörten wir, mit gut 150 ständig anwesenden Beratern, zu einer der größten Organisationen. Nur, ein bißchen Glück brauchten die Gewinner trotzdem.

Das neue Jahr ging mit vielen Zahlungen los. Silvia und Albert forderten einen Bonusvorschuß von wenigstens 5.000 DM, um die Abrechnungen für den Oktober erstellen zu können. Für

September mußte der Bonus um 1.134,62 DM korrigiert werden, was für uns eine unerwartete Nachzahlung bedeutete. Für das Obsteigseminar im März wollten Ingrid und Peter einen Scheck über 25.000 DM, der aber erst 14 Tage vor Seminarbeginn eingelöst werden sollte. Gleichzeitig stand unser erstes eigenes Seminar vor der Tür. Ende des Monats wollten wir nach Golling in Österreich. Die Pensionsinhaber forderten uns auf, eine Anzahlung von etwa 2.000 DM zu überweisen. Dieses Golling, ein eigenes Seminar wie Obsteig, wurde von unseren DD's, und denen darüber, nicht gerne gesehen. Deshalb zogen wir es vor, etwas zurückhaltender darüber zu reden. Wir deuteten es zwar an, spielten es jedoch gleichzeitig zu einem mehr privaten Treffen, einer Art gemeinsamem Wochenende, herunter. Tatsache war aber, daß dieses Seminar bis ins Detail ausgetüftelt wurde. Mit vorbereiteten Themen und einem kompletten Zeitablauf.

Ein Alleinunterhalter, ein Zauberer, der schon im Österreichischen Fernsehen aufgetreten war, wurde engagiert, der Auftritt einer Band für den Begrüßungsabend, und auch das Essen bis ins Detail besprochen.

Für den letzten Seminartag stellte ich mit Werner und Hans einen Diasatz zusammen. Ein Diasatz mit 100 Bildern, die eine Handlung erzählten, untermalt mit Liedern aus den Schulungszentren und kleinen Geschichten, zusammengeschnitten aus den Vorträgen der Obsteigkassetten. Die Geschichte begann mit "Otto Normalverbraucher", der jeden Morgen von seinem Wekker geweckt wird, dann eilig ins Bad huscht, sich die Zahnbürste durchs Gebiß jagt, schnell einen Kaffee hineinschüttet, sich dann eilig ins kalte Auto setzt, das wieder einmal nicht anspringt, anschließend bei naßkaltem Wetter zur S-Bahn hetzt, weil sein Arbeitgeber ihn ruft. Dieser Durchschnittsbürger "Fritz" wurde in zwei verschiedenen Geschichten gesponsert. Die erste Geschichte zeigte, wie man es nicht macht. Der Sponsertermin wird vereinbart und Fritz erscheint auch, aber alleine. In Hausschuhen und einem T-Shirt mit der Aufschrift "Atomkraft? Nein Danke!" wurde der Interessent ins Wohnzimmer geführt, im Hintergrund die Tagesschau. „Will'st n' Bier?" Daraufhin werden die Kreise gemalt. „Also, schau mal her Fritz. Du wirst es nicht glauben, ich habe es auch nicht geglaubt, aber wir handeln hier mit Seife! Wir haben auch Kochtöpfe, Bratpfannen, Waschmehl und allerlei solche Sachen. Nun nehmen wir mal an, Du machst da mit und verkaufst diese Sachen. Nehmen wir weiter an, Du machst im Monat 300 Mark Umsatz, ich weiß, soviel macht kein Mensch, aber es ist ja nur ein Beispiel. Wenn wir da 100 Mark reinschreiben, geht das genauso, Du brauchst dann bloß viel länger. Nehmen wir zweitens an, Du findest noch so jemanden wie Dich, der das auch macht, ich weiß, so einfach ist das nicht, aber wenn Du lange genug aushältst, wirst Du bestimmt jemanden finden..." Auf das Beispiel wie ein Sponserversuch bestimmt mißlingt, folgte ein erfolgreiches Gespräch: Schon der Telefonanruf, die Einladung zu einem Sponsergespräch verläuft ganz anders. Fritz liegt wieder im Bett, als das Telefon klingelt. Eine begeisterte Stimme ruft ins Telefon: „Friiiitz, morgen Abend mußt Du unbedingt mit Deiner Frau vorbeikommen! Ich habe die Chance Deines Lebens, es geht um Leben und Tod!" Fritz kommt mit seiner Frau und wird von einem ordentlich gekleideten Paar empfangen. Kein Alkohol und keine Tagesschau im Hintergrund. Auch das Gespräch nimmt einen anderen Verlauf: „...schau mal her Fritz, wenn Du 500 Mark packst, schaffen es die anderen auch, die sind doch auch nicht blöder als Du. Zähl mal zusammen: 6 x 500 Mark plus Deine 500 Mark sind schon 3.500 Mark, sind wir schon bei 9 %." Die Begeisterung zieht sich durch alle weiteren Einkommen, bis hin zum Kronenbotschafter, wo es dann heißt: „... komm Fritz, hier ist der Antrag, links unten, fest aufdrücken - fünf Durchschläge!" Fritz und seine Frau unterschreiben und der Diasatz führt die beiden durch ihre Träume. Schöne Häuser, teure Autos und faszinierende Fotos von schönen Stränden. Ihre Organisation wächst und sie werden bald Direktberater.

Ein mitreißender Diasatz war uns da gelungen, der mit dem Lied der schwedischen Erfolgsgruppe Abba "The way old friends do" endete.

Das Seminar verlief besser, als wir erwartet hatten. 60 Teilnehmer schlossen hier einen gemeinsamen Bund. Zusammen wollten wir nach oben - bis nächstes Jahr würden wir alle Diamantanwärter sein. Jeder Sprecher gab sein Bestes. Nur Albert hatte erhebliche Probleme. Eine chaotische Rede: Ein Durcheinander mit ständigem Stocken, zwischendurch völlige Aussetzer, vermittelten nur seine Nervosität.

Am zweiten Tag wurde eine dreistündige Mittagspause eingeplant, die wir für einen gemeinsamen Besuch im Schwimmbad nutzten. Unsere Ankunft dort, löste ein wenig Panik bei den Gästen aus. 60 Leute standen um das kleine Becken herum. Der Bademeister legte auf unseren Wunsch eine Obsteig-Musikkassette ein und sorgte somit für die notwendige Stimmung. Bald hatten alle anderen Gäste das Bad verlassen und wir waren unter uns. Am Abend stand eine Schlittenfahrt auf dem Programm. Der gemietete Omnibus fuhr uns zu dem nahegelegenen Sessellift, der extra für uns noch einmal den Betrieb aufnahm. Die Wirtin der Pension Sonnleiten, in der wir zu Gast waren, hatte in der Ortschaft 30 Schlitten zusammengeliehen. Mit Fackeln in der Hand fuhren wir, in manchmal flottem Tempo, den Berg wieder hinunter. Eine tolle Gaudi!

* * *

Sollte die Rechnung wirklich aufgehen? Waren wir auf dem richtigen Weg? Viele Zeichen sprachen dafür. Inzwischen waren schon viele Berater gekommen und wieder gegangen. Entscheidend aber waren die, die blieben. Die Berater, die so waren wie wir: ehrgeizig, durchhaltend und extrem hartnäckig. Die kleinen Erfolgsgierigen, die nur mal schnell im Mittelpunkt stehen wollten, waren kurzfristig ganz gut. Sie erhöhten momentan unseren Umsatz, brachten dem einen oder anderen mal schnell eine Erfolgsnadel ein. Heidi und Hardy zählten zu dieser Kategorie der Eintagsfliegen. Im neuen Geschäftsjahr hatten sie sich bisher nicht wieder mit einem DD Volumen qualifiziert. Daher wurden sie wie jeder andere kleine Berater geführt. Ihre Anstrengungen waren auch nicht mehr allzu groß. Sicher, wir sahen sie auf vielen Treffen, doch bis auf einen kleinen festen Kern von drei Beraterschaften, stand es schlecht um die beiden. Schade, auf unserem Weg zur Perle könnten sie uns jetzt sehr nützlich sein. Daniela und Sigi wackelten ebenfalls ernsthaft. Mit etwas Anstrengung betrug ihr momentan erreichbares Gruppenvolumen höchstens 6.000 DM, also 15 %. Nur bei Irene und Werner lief es unglaublich gut. Sie hatten in ihrer Gruppe durchwegs gute und sympathische Leute, die, bis auf wenige Ausnahmen, voll zur Sache gingen.

Bei Silvia und Albert sorgten ein paar kleinere Organisationen für dauerhaften Umsatz, darunter eine erfolgsversprechende Linie, das Ehepaar Bernd und Gabi, das auf dem besten Weg war, bald die 15 % zu erreichen.

Jetzt im Frühjahr, deutete alles auf eine schnell wachsende DD-Organisation Sonnabend hin. Jeder, der unser Gruppenwachstum verfolgte, mußte meinen, daß wir bald in die Diamantqualifikation gehen würden. Überall hieß es "DD-Organisation Sonnabend". Bis zu dem Zeitpunkt, an dem sich unsere DD's Silvia und Albert, wie auch Daniela und Sigi, durchqualifizierten. Mit diesen Qualifikationen sollte sich schlagartig vieles ändern.

* * *

Zu dieser Zeit arbeiteten die Führungskräfte eng und gut zusammen. Wir entwickelten ein neues Programm zur Terminvereinbarung. TAT, das bedeutete: Teamwork am Telefon. Jede Woche fand bei einem Direktberater ein solches TAT statt. Dieses Treffen war ein reines Terminabsprachetreffen. Wir hatten schon lange erkannt, daß viele Berater zwar von Terminen redeten, jedoch keine Erfolge vorweisen konnten. Um ganz sicher zu gehen, um diejenigen, die immer nur redeten, anzuspornen, endlich wieder Termine zu machen, richteten wir dieses TAT ein. Auf dem "Offenen Haus" wurden die Termine bekanntgegeben. Jeder konnte sich anmelden. Der Teilnahmepreis betrug 5 DM für die entstehenden Telefonkosten. Diejenigen, die ein solches Treffen besuchen wollten, wurden gebeten, nach dem "Offenen Haus" noch ein wenig zu bleiben, um Namen für dieses TAT zu finden. Namen von Freunden und Bekannten, Schulfreunden und Arbeitskollegen, die sie auf diesen Treffen anrufen würden, während alle anderen zuhörten. Die Namensfindung erfolgte nach einer altbewährten Methode: Ich gab den Anwesenden Stichworte, und jeder sollte den Namen der Person, die ihm dazu einfiel, aufschreiben. Niemand sollte mogeln müssen, deshalb würden wir im Anschluß gemeinsam wieder die Namen von der Liste streichen, die man nicht, oder noch nicht, auf einen Termin bringen wollte.

Immerhin entstand so bei jedem Teilnehmer eine Liste mit wenigstens fünf Namen. Die erste Aufgabe bestand nun darin, die Telefonnummern festzustellen. Dazu hatte jeder drei Tage Zeit. Wurde zu einem Namen die Telefonnummer nicht gefunden, so war er durch einen anderen auf der Liste zu ersetzen. Als nächstes mußte zu jedem Namen ein positiver Grund für den Anruf gefunden werden. Irgendein Ereignis, ein Ausspruch wie „Ich würde gerne einmal..." waren da ein idealer Aufhänger.

Die TAT's schlugen unerwartet gut ein. Der Ablauf war einfach: das Telefon stand in der Mitte des Tisches. Der erste von sechs Teilnehmern wurde ausgelost. Die Lauthöreinrichtung wurde zugeschaltet, dann ging es los. Mindestens fünf mal klingeln lassen, meldete sich bis dahin niemand, wurde der Hörer weitergereicht und der Nächste war dran. Mit jedem Telefonat, mit jedem Termin der vereinbart wurde, heizte sich die Stimmung auf. Jeder wollte jetzt einen Termin ausmachen. Es machte Spaß, die Scheu vor dem Anruf war schnell abgelegt.

Egal wer am anderen Ende des Telefons war, er mußte dazu gebracht werden, zu einem Termin zu kommen. Für die Terminabsprache wurden maximal drei Minuten angesetzt. War dann noch kein Termin zustandegekommen, mußte das Gespräch beendet werden, und sei es mit dem Satz „Ich hab' jetzt leider keine Zeit mehr. Wenn Du nichts dagegen hast, rufe ich Dich gerne nächste Woche noch einmal an, dann haben wir etwas mehr Zeit zum Reden." Es klappte hervorragend. Diese neue Einrichtung sprach sich schnell in anderen Organisationen herum. Bei uns wurden fortan regelmäßig gut besuchte TAT's abgehalten.

* * *

Eine weitere neue Idee wurde ausgearbeitet, eine große Produktvorführung für Endverbraucher. Dazu mieteten wir den Nebenraum des Wienerwalds in Neuaubing an. Dort stand uns für einen Sonntagnachmittag ein großer Saal mit einer Bühne zur Verfügung. Jeder Berater, der an dieser Aktion teilnehmen wollte, mußte vorab einen Unkostenbeitrag von 20 DM bezahlen. Dafür erhielt er 2.000 gedruckte Flugblätter, die er an Haushalte und Bekannte verteilen konnte. Mehrere Preise wurden ausgesetzt. Als Hauptpreis gab es ein Kochgeschirr unseres Lieferanten, im Wert von über 1.000 DM, zu gewinnen. Um an der Verlosung teilnehmen zu können, wurden während der Veranstaltung Lose verkauft, das Stück zu einer Mark. In Regional- und Tageszeitungen wurde unser Flugblatt, wenige Tage vor der Veranstaltung, veröffentlicht. Als es dann endlich soweit war, erlebten wir alle eine große Enttäuschung. Trotz des großen Aufwands, fanden sich höchstens 50 Zuschauer in der Gaststätte ein. Einige Berater machten sich sofort ans Werk und sprachen Passanten auf der Straße an. Andere telefonierten mit Bekannten und Verwandten und baten sie, doch auf diese Veranstaltung zu kommen. Etwas frustriert, aber tapfer, stieg Werner auf die Bühne und begrüßte die Anwesenden, die vielleicht ein Viertel des Saales füllten. Anschließend folgte eine gut inszenierte Kochvorführung, die von den Damen bis ins Detail ausgearbeitet wurde, untermalt mit Musik und einem Diasatz über unseren Lieferanten. Aus gesetzlichen Gründen wiesen wir darauf hin, daß an diesem Tag keine Bestellungen angenommen werden durften, sondern sich die Interessenten an die, auf die Einladungen gestempelte Adresse wenden müßten, um unsere Produkte kaufen zu können.

Irgendwann fragte mich ein älterer Herr, wer denn das da oben auf der Bühne sei. Ich gab ihm den Namen von Werner, fragte ihn nicht weiter und hoffte nur, daß dieser Herr an unseren Produkten Gefallen gefunden hatte. Klar, Interessenten ausspannen gibt es nicht, das war Ehrensache. Einige Berater konnten es nicht lassen, sie nahmen trotzdem Bestellungen auf. Sogar ein Interessent für das Kochgeschirr hatte sich gemeldet. Unterm Strich entpuppte sich das ganze aber als ein Flop. Außer Spesen nichts gewesen. Dafür erhielt Werner etwa eine Woche später ein Schreiben eines Abmahnvereins, wegen einer nicht genehmigten Lotterie, sowie einer nicht angemeldeten Verkaufssonderveranstaltung. Ein Verstoß gegen das Wettbewerbsgesetz. 1.500 DM sollte er binnen weniger Tage bezahlen und eine Unterlassungserklärung unterschreiben. Was tun? Widerspruch einlegen? „Wir reden zuerst mit dem Rechtsanwalt der MM's" schlug ich Werner vor. Der stellte fest, daß dieser Verein im Recht war, und auch wenn er es nicht wäre, würde es für uns schwer sein, dies zu beweisen. Also zahlen! „Wir werden auf dem "Offenen Haus" sammeln, den Rest müssen eben die DD's aufbringen." Etwas anderes fiel mir nicht ein. Die Berater, die uns gutgläubig gefolgt waren, konnten wir doch nicht zur Verantwortung ziehen. Die konnten doch erst recht nichts dafür. 150 Mark blieben an uns hängen. So gesehen, waren wir noch einmal glimpflich davon gekommen. Das Kochgeschirr, sowie ein paar einzelne Produkte, wurden wirklich verkauft. Unser verlostes Kochgeschirr ging, gegen unsere ursprüngliche Vereinbarung, an einen Berater. Kurz entschlossen durften nämlich auf der Veranstaltung auch unsere Berater Lose kaufen, da diese unter den sonstigen Anwesenden so gut wie gar nicht an den Mann gebracht werden konnten. Wir wurden um die Erfahrung reicher, daß wir für solche Veranstaltungen einfach noch ein wenig zu unerfahren waren.

Ein paar Tage später besuchte uns eine Erstlinie von Silvia und Albert. Sie waren mit der Betreuung und dem Ton ihrer Sponsoren ganz und gar nicht zufrieden. Entweder sie könnten direkt bei uns neu anfangen, oder sie würden dieses Geschäft ganz aufhören, lautete ihre Alternative. Es war verlockend. Eine neue Erstlinie, die noch dazu ohne irgendein Sponsergespräch, ohne irgendeine Überzeugungsarbeit, bei uns anfangen wollte. Aber Silvia und Albert so zu umgehen, das konnten wir nicht machen. Ich erklärte den beiden, daß der Lieferant für solche Fälle eine Sperre von sechs Monaten vorsieht, und sie somit frühestens in einem halben Jahr einen neuen Antrag stellen könnten. Außerdem würde ich gerne erst einmal mit Silvia und Albert reden. Vielleicht ergab sich irgendein Weg, mit dem allen geholfen werde konnte. Sie waren sogar bereit mit ihren DD's in unserem Beisein zu reden. Eine offene Aussprache, die aber nichts an ihrem Vorhaben ändern würde, aber wenn wir das so wünschten, an ihnen sollte es nicht liegen.

Silvia und Albert stellten unser stärkstes Bein dar. Nicht, daß es den beiden besser ging als uns. Nein, sie hatten, genau wie wir, eine sehr starke Linie durch ihren Geschäftspartner Hans, der wiederum Irene und Werner sponserte. Neben Hans sponserten sie zwar noch ein paar weitere Erstlinien, doch diese wollten noch nicht so richtig wachsen. Von Anfang an standen sie in unserem Schatten. Mit ihrer DD-Qualifikation erhofften sie sich bestimmt etwas mehr Freiheit. Wer würde als aktiver Geschäftsmann nicht gern die Zügel selbst in die Hand nehmen, eigene Treffen veranstalten und Ideen verwirklichen. Nachdem sich Irene und Werner, nur kurze Zeit nach ihnen, qualifiziert hatten, blieb ihnen die Führung einer großen Organisation weiterhin verwehrt. Meiner Meinung nach, war dies auch gut so. Sie besaßen keine Führungsqualitäten. Es fehlte ihnen das Gespür für Menschen. Als meine Sponsoren konnte ich sie mir nie und nimmer vorstellen. Albert war ständig bemüht, alles richtig zu machen, dadurch wirkte er verkrampft und unselbständig. Oft hektisch und übereifrig, verursachte er, nicht selten, ein riesiges Chaos bei den Warenbestellungen oder bei der Lieferung. Wenn er eine Rede hielt, kam sie nicht von Herzen, sondern ich spürte, er hatte sie auswendiggelernt. Verlor er einmal den Faden, verhedderte er sich in ein unzusammenhängendes, von langen Pausen unterbrochenes Durcheinander. Schon hundertmal hatte ich ihn gebeten, er solle beim Händegeben nicht wie ein Schraubstock zupacken, es half nichts. Bei der nächsten Hand, die er erwischte, sah ich wieder ein schmerzverzerrtes Gesicht.

Silvia war da schon wacher. In ihrer Beraterlaufbahn konnte ich einen Wandel an ihr beobachten. Sie war wohl die treibende Kraft bei den beiden. Im Gegenteil zu Albert strahlte sie Persönlichkeit aus. Es waren ihre eigenen Worte, ihre eigene Überzeugung, die sich in ihren Reden widerspiegelte und es war bestimmt auch sie, die Anerkennung und Erfolg forderte. Noch ließen sie sich von uns führen, doch es würde die Zeit kommen, in der sie sich den Platz an der Spitze ihrer Organisation erzwingen würden, und Silvia wollte ihn um jeden Preis. Ich hoffte, daß es noch einige Zeit dauern würde, wenigstens bis die Organisation groß genug war und sich die Gruppen sowieso trennen müßten, da eine zentrale Betreuung gar nicht mehr möglich wäre. Den Autoritätsverlust, den die beiden, durch meine Führungsstellung, in der Gesamtorganisation erlitten, versuchten sie häufig mit zu strengen Worten, zu wenig Verständnis und überzogenem Auftreten wettzumachen. Bei dem Paar, das nun bei ihnen aufhören wollte, kam das ganz und garnicht an.

* * *

Für das Obsteig Seminar buchten wir diesmal nur 30 Betten. Unsere Rechnung mit Golling ging auf. Nur Neue und deren Sponsoren meldeten sich für dieses Obsteigseminar an. Es dauerte nicht lange, bis mich Peter zu sich holte, um nach dem Grund der, für unsere Gruppe etwas zu klein geratenen Anmeldung zu fragen. Vielleicht hatte er dann anschließend mit ein paar Beratern von uns gesprochen, sie in die Zange genommen, so wie er es häufig mit mir zu tun pflegte, oder die zwölf Nachmeldungen aus der Organisation kamen wirklich aus freien Stücken. Auf jeden Fall erhielten meine Frau und ich insgesamt 42 Anmeldungen.

Irgendwann wurden wir in dieser Zeit angesprochen, ob wir nicht einmal ein Fußballspiel gegen die Organisation unseres DD's planen möchten. Für solche Ideen hatten wir immer ein offenes Ohr. Peter hatte nichts dagegen einzuwenden, solche sportlichen Aktionen würden sicher auch zum besseren Zusammengehörigkeitsgefühl beitragen. Der Termin wurde festgelegt und in Fürstenfeldbruck ein Sportplatz reserviert. Zwei Trainings sollten vor dem Spiel absolviert werden. Ein sportlich engagierter Berater wurde zum Trainer ernannt. In den folgenden zwei Wochen stand das Thema Fußball im Mittelpunkt.

Doch schon der erste Trainingsabend wurde kurzerhand wieder abgeblasen. In unserer Wohnung hatten sich bereits ein paar Spieler unserer Mannschaft eingefunden, als ein Anruf alle Pläne durchkreuzte. Die Familie Zwekow bat uns, in Gerlinden eine Gastsprecherschulung, für den dort ausgefallenen Dozenten, zu halten. Ich war während des Telefonats hin- und hergerissen. Wir als Gastsprecher in Gerlinden? Ich bat um kurze Bedenkzeit, ich wollte mich erst mit meiner Frau besprechen. Kaum hatte ich den Hörer aufgelegt und meiner Frau von der Schulung erzählt, herrschte erst einmal absolute Ruhe. Könnten wir das überhaupt in so kurzer Zeit vorbereiten? Wir hatten noch zweieinhalb Stunden. Meine Frau meinte, wir würden das schaffen, die anderen Anwesenden im Wohnzimmer pflichteten ihr lauthals bei. Das konnte doch nicht wahr sein! Inzwischen hatten wir schon einige Schulungen hinter uns, doch die Gastsprecherschulung, die Schulung, die wir so gerne einmal halten wollten, hatte sich bis heute nicht ergeben, und jetzt bekamen wir gerade mal etwas mehr als zwei Stunden Zeit für die Vorbereitung. „Ja, wir werden sie halten. Diese Schulung werden wir doch aus dem Ärmel schütteln, oder?" Wir gaben den Zwekow´s Bescheid und riefen noch schnell einige andere Berater an, die sich eigentlich auf Fußball eingestellt hatten. „Wir fahren bei Albert mit, dann können wir die Schulung noch ein wenig durchsprechen", meinte Waltraud. Ich war einverstanden, nickte beiläufig, insgeheim schon mit unserer Rede beschäftigt. Natürlich, so war es bisher immer, folgte uns ein Beraterpulk. Einige zogen sich zu Hause noch schnell um, für andere war der Weg zu weit. Sie entschlossen sich kurzerhand im Fußballdreß zur Schulung mitzukommen. Ein letzter Anruf bei Peter, um ihm die Neuigkeit mitzuteilen. Der fiel aus allen Wolken. „Ihr habt eine Gastsprecherschulung?" Diese Schulung wollte Peter auch so gerne einmal halten. Jetzt waren wir vor ihm dran. Das motivierte uns unwahrscheinlich. Wir hatten mit unseren DD's gleichgezogen. Nur die Nadel fehlte uns noch.

Als wir um Viertel vor acht in Gerlinden ankamen, waren schon etwa 400 Berater dort versammelt. Der Schulungsleiter begrüßte uns ganz herzlich und wünschte uns alles Gute. Die Ehrungen, die Produktvorführung und die zahlreichen weiteren Ansagen nahm ich gar nicht richtig wahr. Ich war zu vertieft in unser Thema. Jetzt konnten wir richtig loslegen, eine richtige Motivationsschulung aus dem Herzen, wie wir gesponsert wurden und unser Geschäft aufbauten, welch schöne Erlebnisse wir bereits hatten und auf welche Dinge wir uns noch freuen würden. Der MC verlas unseren geschäftlichen Lebenslauf, wann wir gesponsert wurden, Anwärter und DD machten und daß wir inzwischen Rubinberater seien. Als nächstes großes Ziel gaben wir die Diamantanwärterschaft noch für dieses Jahr an. Als es dann hieß: „Begrüßen sie mit donnerndem Applaus das Rubindirektberaterpaar Waltraud und Uwe Sonnabend..." erhielten wir einen ordentlichen Applaus. Unsere Begleitergruppe schrie und klatschte, was das Zeug hielt. Laute Hey, Hey, Hey-Rufe kamen aus ihrer Ecke. Aufgeregt, und urplötzlich ohne Konzept, ging ich hinter meiner Frau auf die

Bühne. Ich hatte alles vergessen, wie ich anfangen, wie ich unsere Geschichte einleiten wollte. „Jetzt ist der Faden weg," flüstere ich meiner Frau zu. „Begrüße sie erst einmal und fang mit Deinem Arbeitskollegen Andy an," gab sie mir als Stichwort. „Mir wird schon was einfallen!" Ein paar Minuten zuvor war noch so ziemlich alles klar, auf dem Weg zur Bühne war plötzlich alles weg. Gott sei Dank, in der Zwischenzeit waren wir schon zu kleinen Profis geworden. Das "Offene Haus" forderte oft spontanes Reden, und bis jetzt war uns noch immer etwas eingefallen.

„Einen schönen guten Abend hier in Gerlinden. Wir freuen uns ganz besonders, hier vor Ihnen einmal reden zu dürfen. Ganz besonders zu dieser zehnten Schulung "Gastsprecher". Wissen Sie, mit dieser Schulung hat es etwas Besonderes auf sich. Unser Sponsor, er ist schon ein paar Jahre länger als wir im Geschäft, inzwischen auch schon Smaragd, hoffte, speziell diese Gastsprecherschulung als Thema zu bekommen. Bis heute ist es ihm noch nicht gelungen. Nun sind wir ihm endlich einen kleinen Schritt voraus, wenn auch nur auf Schulungsbasis. Mit der Nadel, das dauert noch ein wenig, aber die kommt ganz bestimmt auch noch. Vielleicht hört es sich für Sie so an, als ob mir das Reden von einer Bühne herab leicht fällt. Ich kann Sie beruhigen, mir geht es wie vielen von Ihnen. Ich bin genauso nervös, so aufgeregt, wie Sie es wären, würden Sie zwei Stunden vor Schulungsbeginn mitgeteilt bekommen, daß Sie eine solche Schulung halten dürften. Vor eineinhalb Jahren wollte ich mich noch nicht einmal sponsern lassen, wenn ich irgendwann von einer Bühne reden müßte, soviel Angst hatte ich, einmal hier oben zu stehen. Sie sehen, was daraus geworden ist. Überhaupt wollte ich dieses Geschäft gar nicht beginnen, ich spinn' doch nicht und verkauf' Seife! Daß wir mit diesem Geschäft nur annähernd 15.000 Mark Umsatz machen könnten, war für mich schier undenkbar..." Eine kurze Pause, „...Sie sehen, was daraus geworden ist." Ich erhielt einen kleinen Applaus.

„Ich glaube, so wie mir geht es vielen von Ihnen. Sprecher sein? Auf gar keinen Fall. DD werden? Vielleicht schaffe ich es irgendwann einmal. Ich weiß, wie das ist. Wir saßen vor nicht allzu langer Zeit bei einem Sponsergespräch. Und, Sie können mir glauben, ich bin sehr einfallsreich und skeptisch, mir sind genau die gleichen Dinge eingefallen wie Ihnen. Das läuft sich tot, Schneeballsystem, ich kenne niemanden, der das macht, die Produkte sind zu teuer und und und... Für unseren Sponsor, einen Arbeitskollegen, war dies bestimmt kein leichtes Gespräch. Aber ich hatte Glück. Es steht heute neben mir, meine Frau." Wieder kurzer Beifall. Meine Frau grinste mich an. „Sie wollte dieses Geschäft unbedingt machen. Ein paar Mark könne sie bestimmt damit nebenbei verdienen. Das wird Ihnen aber meine Frau erzählen." Ich gab das Mikrophon an Waltraud weiter. Sie war im Moment ein wenig überrascht. Zum einen hielt ich mich nicht an unser eilig zusammengeschriebenes Konzept, zum anderen war sie im Moment gar nicht darauf vorbereitet. Trotzdem reagierte sie absolut professionell. Als wenn es so in unserem Konzept stand, begrüßte sie die Zuhörer und setzte nahtlos in die Rede ein. Sie erzählte von unseren Anfängen, unseren ersten Verkäufen, und wie wir dann ihren Bruder sponserten.

Recht witzig, und interessant zum Zuhören, vermittelte sie die Geschichte von dem kleinen Beraterpaar Sonnabend. Völlig selbstbewußt, ohne eine Spur von Nervosität. An einer passenden Stelle setzte sie ab und reichte mir das Mikrophon. „Früher wollte sie nie reden und heute hört sie nicht mehr auf." Unter anhaltendem Applaus, versuchte ich wieder den Anschluß zu finden. Und es lief wie am Schnürchen. Immer wieder wurde spontan das Mikro gewechselt und der andere setzte die Geschichte fort. Wir steigerten uns hinein. Die Menschen gingen spürbar mit. Während der Rede wurde laut gelacht, zwischendurch setzte Applaus ein. Teilweise standen die Menschen sogar auf, um uns stehend zuzuklatschen. Jetzt waren wir voll in Fahrt.

Wir hatten, zum ersten Mal, ein großes Publikum allein mit unseren Worten fest im Griff. Genau die richtige Zeit, um miteinander zu träumen. Ich brach unsere Geschichte bei unserer Rubinehrung ab und leitete an dieser Stelle die futuristische Seite ein. „In Ihnen steckt so vieles. Es ist Ihre Entscheidung. Sie alleine bestimmen, ob dieses Geschäft funktioniert oder nicht. Nicht Ihr Sponsor, nicht Ihr Direktberater. Wenn Sie heute noch zweifeln, wenn Sie meinen, die da oben haben es schön, die sind ja schon Rubin, die haben ja schon drei DD Linien, dann muß ich Sie schon fragen warum Sie nicht hier oben stehen. Ich kann es Ihnen sagen. Weil Sie nicht so viele Sponsergespräche geführt haben, wie wir. Weil Sie immer nur zweifeln und sich nicht an die Arbeit machen. Weil Sie meinen, wir und alle anderen reden für andere und nicht für Sie. Nein, wenn ich Ihnen das sage, dann meine ich Sie. Sie da unten. Jeden einzelnen von Ihnen. Fangen Sie einfach an. Schauen Sie nicht immer auf das Ergebnis. Fangen Sie jetzt an. Sie werden sehen, Ihre Erfolgsgeschichte wird nicht viel anders aussehen, wie die unsere. Fragen Sie sich nur wofür. Wenn Sie nicht wissen, wofür Sie arbeiten, dann hören Sie am besten gleich wieder auf. Wenn Sie aber sagen: Ich will, - ich will 5.000 Mark aus diesem Geschäft verdienen, oder: ich will nach Florida, nach Korfu, ich will die ganze Welt sehen. Oder Sie sagen sich: ich will noch mehr. Ich will 50.000, oder gar 100.000 Mark verdienen. Ich möchte nicht mehr jeden Morgen um 6 Uhr aufstehen müssen, weil mein Arbeitgeber mich ruft. Dann, wenn Sie wissen, wofür Sie arbeiten, dann wird es Ihnen leicht fallen. Sie werden nicht mehr nach jedem erfolglosen Sponsergespräch, in Tränen aufgelöst, ihren Kit zum Direktberater tragen, sondern Sie werden sagen: Prima, wieder einer weniger! Sie werden sich auf den nächsten Termin freuen, denn jeder Termin bringt Sie ein Stückchen näher an Ihr Ziel. Neinsager gehören einfach zum Geschäft. Die haben wir genauso wie Sie, nicht mehr und nicht weniger. Halten Sie an ihrem Ziel fest. Lassen Sie sich nicht kleinkriegen. Es sind Besserwisser und Neider, die es sich selbst nicht zutrauen Erfolg zu haben. Träumen Sie von Ihrem Ziel. Sie werden sehen, es ist bald wie eine Art verbotene Lust. Sie denken sich: Mann, bin ich unbescheiden, das steht mir doch garnicht zu, und schieben den Wunsch beiseite. Doch der Wunsch wird klebrig. Er verfolgt Sie. Ich könnte doch... Langsam wird aus Ihrem Wunsch ein Ziel. Erst wenn Sie wissen, was Sie wollen, warum Sie dieses Geschäft aufbauen sollten, erst dann werden Sie sich richtig an dieArbeit machen. Sie werden ihre Ohren vor allem Negativen verschließen, Sie werden sich ihre Kraft nicht aus den Knochen saugen lassen."

„Glauben Sie mir eines," fuhr ich fort, „wir waren nicht immer so. Wir sind in dieses Geschäft hineingewachsen, so wie Sie hineinwachsen werden. Wir waren oft hochmotiviert und dann wieder ganz unten. Aber wir haben nie aufgegeben. Dieses Geschäft ist erst zu Ende, wenn Sie ihren Kit abgeben. Dann lassen Sie eine Chance an sich vorbeiziehen, wie Sie sie im Leben wohl nicht mehr bekommen werden. Ich sage Ihnen, dieses Geschäft ist einfach zu billig, und darum nehmen es einige nicht ernst. Wenn Sie aber Ihr ganzes Kapital hineingesteckt hätten, dann würden Sie arbeiten wie ein Tier. Tag und Nacht würden Sie Ihr Kapital pflegen und an dessen Wachstum arbeiten. Lassen Sie diese Chance nicht an sich vorbeiziehen. Nehmen Sie diese einmalige Chance wahr. Investieren Sie zwei Jahre in dieses Geschäft. Zwei Jahre, damit Sie feststellen, ob Sie dieses Geschäft aufbauen können. Machen Sie aber nicht nach zwei Monaten schlapp, weil es nicht gleich so klappt. Vielleicht werden Sie sich denken: Wenn das so weitergeht, wenn ich zwei Jahre lang nicht sponsere, wenn meine Gesponserten dieselben Probleme haben, dann ist ja alles umsonst. Hören Sie auf damit. Setzen Sie sich einen Termin, geben Sie sich eine wirkliche Chance, und erst nachAblauf dieser Frist schauen Sie nach, was unterm Strich bleibt. Sie werden sehen, es hat sich gelohnt."

Meine Frau übernahm wieder das Mikrofon, baute das Ganze weiter aus. Wir waren schon über der Zeit, doch die Stimmung im Saal war einmalig. Ich gab meiner Frau, während einer Klatschpause, ein Zeichen zum Abschluß zu kommen. Mit warmherziger Stimme bedankte sie sich bei den Anwesenden für deren Aufmerksamkeit, und für die Begeisterung die hier herrschte. „Es hat uns wirklich Spaß gemacht, einmal hier unter Ihnen zu sein. Ich bin sicher, auf unserem Weg werden wir einige von Ihnen noch kennenlernen. Einige, die uns nicht glauben, die sagen, die spinnen doch da oben, werden wir vielleicht nie wiedersehen. Vielleicht werden die sagen: Ja, die Sonnabend's, die können das, aber das gilt doch nicht für mich, und sie werden bald aufhören. Vielleicht treffen Sie dann später einmal die Dame oder den Herren, die heute neben Ihnen sitzen, wieder. Und die- oder derjenige ist ein erfolgreicher Direktberater geworden. Dann können Sie dasselbe wieder sagen. Das können Sie das ganze Leben lang so machen, oder Sie können anfangen, jetzt und heute, an sich selbst zu glauben. Sie können heute anfangen, sich auf den Weg zu machen, auf einen langen und manchmal steinigen Weg nach oben. Dann werden Sie es sein, der eines Tages hier oben steht und sagt: Die Sonnabend's, ich weiß es noch ganz genau, die Sonnabend's hatten recht. Die einzige Hürde auf meinem Weg zum Erfolg war immer nur ich selbst. Vielen Dank."

Schlagartig setzte ein Applaus ein, wie er sonst nur in Obsteig üblich war. Stehend klatschten, schrien und pfiffen die vielen Menschen. Wir waren noch nicht einmal die Treppe von der Bühne hinuntergestiegen, da empfingen uns schon Dutzende von Menschen, um uns die Hand zu schütteln und zu gratulieren. Fremde klopften uns auf die Schulter, und meiner Frau wurde vom Schulungsleiter ein Blumenstrauß überreicht. Vor Freude trieb es ihr die Tränen in die Augen. Der ganze Druck ließ plötzlich nach. Ich fühlte mich erleichtert, spürte, daß diese Rede zu einer unserer größten in unserer Geschichte gehören würde. Unsere mitangereisten Berater empfingen uns herzlich. Hansi drückte mich mit wässrigenAugen und flüsterte nur leise „Uwe, es war einfach phantastisch...". Meine Frau wurde von so vielen Menschen umringt, daß ich sie eine ganze Zeit nicht mehr zu Gesicht bekam. Sie hatte heute abend ein Glanzstück abgeliefert. Spontan und emotional hatte sie Worte gefunden, die tief unter die Haut gingen. Sie präsentierte uns als ein einfaches Beraterpaar, so wie sich so viele andere hier fühlten, das dieses Geschäft aus dem Herzen heraus aufbaute.

Spät am Abend, wir saßen noch völlig fassungslos zu Hause im Wohnzimmer, rief uns die Familie Zwekow an. Sie hatten von dieser "Wahnsinnsschulung", wie sie sie nannten, gehört und wollten uns gratulieren. Wir genossen unseren Erfolg und blieben noch lange auf. Zu gern würde ich sie mir noch einmal anhören. Schade, daß wir sie nicht auf Band mitgeschnitten hatten. Sicher aber war: Dieser Tag wird uns lange in Erinnerung bleiben.

Heute, so viele Jahre danach, ist es nicht mehr so aufregend. Solche Reden halten wir heute nicht mehr. Ob ich es überhaupt noch könnte? Sicher nicht für dieses Geschäft. Bestimmt waren sie zu ihrem Zeitpunkt richtig. Zu dieser Zeit war es meine innerste Überzeugung. Oder wurde ich so programmiert? Hatten wir uns letztendlich selbst programmiert? Vielleicht wollten wir uns einfach programmieren lassen, weil wir fest daran glaubten, sehr erfolgreich zu werden. Weil wir, um jeden Preis, erfolgreich werden wollten.

* * *

GELDSORGEN

Bald holte die Wirklichkeit uns ein. Sicher, wir hatten sehr große, persönliche Erfolge. Aber finanziell sah die Sache ganz anders aus. Seit Monaten schon hinkten wir den Bonuszahlungen hinterher. Immer wieder zahlten wir nur pauschale Abschläge auf den Bonus. Die Menge an Lieferscheinen wurde nur noch stichprobenweise überprüft, Nachlieferungen und Rückgaben auf Zettel notiert, die irgendwo landeten. Die Übersicht war uns schon lange abhanden gekommen. An allen Ekken wurde gefordert und reklamiert.

Einige Berater nutzten die Bonussituation aus und zahlten entweder gar nicht weiter, oder kürzten und strichen, wo es nur irgend ging. So kamen uns die verschiedensten Dinge zu Ohren. Selbst unter den DD's ging es plötzlich hart zur Sache. Sigi wollte den Bonus für die Ware, die Werner bei ihm bestellte, damit er sich zum DD qualifizieren konnte, nicht weiterbezahlen, besser gesagt, nicht in der richtigen Höhe. Da wir ihm ja Punkte zur Qualifikation lediglich überschrieben, die Ware von ihm aber weder bestellt noch bezahlt wurde, erhielt Sigi von uns natürlich keinen 21_% Bonus.

Irene und Werner erreichten in jenem Monat aber 21 %, somit hätten sie auf die gesamte, also auch für die bei Sigi bestellte Ware, 21 % bekommen. Dieser meinte aber, daß Werner in diesem Fall eben keine 21 % zustehen würden, da er sie ja selbst auch nicht bekam. Der Ausgeschmierte blieb Werner, der eigentlich nur helfen wollte, ja, er stellte dafür sogar eine Menge Euroschecks aus, und bekam im nachhinein auch noch Ärger mit seiner Bank. Wir sahen uns, aufgrund unserer eigenen Situation, auch nicht in der Lage irgendwelche Differenzen zu übernehmen. Sigi hockte nun auf einem Haufen Ware und Werner wartete auf sein Geld für die ausgestellten Schecks. Silvia und Albert wollten sich überhaupt nicht am Weiterverkauf der Lagerware beteiligen.

Wir hatten größte Mühe über die Runden zu kommen und unsere Organisation aus finanzieller Sicht einigermaßen ruhig zu halten. Der Lieferant gab uns, aufgrund geplatzter Schecks, für die nächsten sechs Monate nur noch Ware gegen Bargeld. Inzwischen war ich beim Arbeitsamt, um mich arbeitslos zu melden. Acht Wochen Sperre wurden mir für die Kündigung in beiderseitigem Einvernehmen aufgebrummt. Nun wollten wir aus dieser Situation heraus wenigstens geplatzte Obsteigschecks einklagen. Immerhin waren da noch ein paar tausend Mark offen. Im Schreibwarengeschäft besorgten wir uns einen ganzen Packen Mahnbescheide. Für jeden Bescheid wurde eine Gebühr fällig, die wir im voraus zu entrichten hatten. Einige bezahlten nach kurzer Zeit, zwei ehemalige Berater legten Einspruch ein. Ein Gerichtstermin mußte abgewartet werden. Beim nächsten Obsteig, so überlegten wir, wollten wir das ganz anders machen. Alle, die 15 % oder mehr bereits erreicht hatten, sollten gleich in Obsteig einen Scheck für ihre komplette Organisation abgeben. Wir wollten in Zukunft nicht mehr mit jedem Berater einzeln um unser Geld streiten, sondern jeder, der eine etwas größere Organisation hatte, oder aufbauen wollte, sollte mit seinem Scheck für seine Berater verantwortlich gemacht werden.

Was war das nur für ein Geschäft? Wann sollte das richtige Geldverdienen losgehen? Wir hofften, und verdrängten unsere Situation. Genau zur rechten Zeit erhielten wir eine Steuerrückerstattung. Wieder ein kurzer Lichtblick, aber dann bekam ich von meinem früheren Arbeitgeber die Aufforderung über 3.000 Mark Weihnachtsgeld zurückzuzahlen. Wir drehten uns im Kreis. Was auf der einen Seite hereinkam, mußten wir auf der anderen Seite wieder in die offenen Löcher stopfen. Nur noch der billigste Apfel- oder Orangensaft wurde bei Treffen in unserem Wohnzimmer serviert. Davon kauften wir inzwischen kartonweise ein. Unser Gästebuch wurde innerhalb eines Jahres bis zur letzten Seite vollgeschrieben. Der Filzboden war mittlerweile gezeichnet von dunklen Flecken, die jedem den Weg von der Eingangstür zum Wohnzimmer zeigten.

Im April erhielten wir noch einmal eine Ehrung. Die schwarz-goldene Profit-Sharing-DD-Nadel. Sie wurde vom Lieferanten an all diejenigen Direktberater verliehen, die sich im laufenden Geschäftsjahr sechs Monate mit einem DD-Volumen qualifiziert hatten. Neben der Nadel und einem Zertifikat, qualifizierten wir uns damit auch für ein kleines Nebeneinkommen, das aber erst nach Ende des Geschäftsjahres berechnet und zur Auszahlung kommen würde.

Unser Fußballmatch gegen die Mannschaft von Ingrid und Peter konnten wir mit 5:4 für uns entscheiden. Durch das Training wurde es dieses Mal nicht ganz so schlimm mit meinem Muskelkater. Außerdem spielte ich die beiden Halbzeiten nicht durch, sondern ließ mich immer wieder ein- und auswechseln. Vielleicht haben wir deshalb auch gewonnen. Es gab immer noch viele solcher gemeinsamer Veranstaltungen. So auch dieses Jahr ein Grillfest bei Hans. Seine Eltern hatten bei Langwied, irgendwo in der Prärie, ein riesiges Grundstück mit einem alten Haus gekauft. Leider gab es außer der tollen Aussicht und einem angrenzenden Wald auch zwei Nachbarhäuser.

Diesen Nachbarn gefiel unsere Party ganz und gar nicht. Mit zwei großen Verstärkern und den dazugehörenden "fahrbaren Boxen", beide etwa 1,50 m hoch, veranstalteten wir eine Art "Open Air Konzert". Die tolle Gaudi wurde von der Funkstreife bald wieder beendet. Die beiden Beamten meinten sehr bestimmt, daß wir wohl einen Vogel hätten. Sollten wir noch einmal so aufdrehen, müßten sie die Anlage mitnehmen. In dieser kleinen, idyllisch gelegenen Häusergruppe, hatten wir ordentlich für Ärgernis gesorgt. Wir verhielten uns leiser und beschränkten uns am Abend darauf, zu der akustischen Gitarre am Lagerfeuer zu singen. Die Polizei kam auch nicht wieder, vielleicht hatte das eine oder andere, selbst angestimmte Lied, den Nachbarn doch besser gefallen.

* * *

Markus, unser Nachwuchs, wurde immer häufiger bei meiner Mutter untergebracht, um das Geld für das Kindermädchen zu sparen. Auch in Obsteig wollten wir uns diesmal zurückhalten. In der Kellerbar des Hotels ließen wir bei jedem Durchgang gute 250 Mark zurück. Da ich kurz vorher, ganz spontan, meine Arbeit kündigte, brauchte ich diesmal wenigstens keinen Urlaub mehr und keinen Arzt, der mich krankschrieb. Bei einem früheren Obsteigtermin lief es so ungünstig, daß meine Krankmeldung nach dem zweiten Obsteigtag auslief. Ich mußte zwischendrin extra nach München fahren und die Krankmeldung verlängern lassen. Dieses Mal "konnten mich alle mal..." Das hatte schon etwas Befreiendes für mich.

Wie vorher mit meiner Frau besprochen, luden wir alle 15 %er und höher Qualifizierten, der Reihe nach, zu einem persönlichen Gespräch in unser Zimmer. Jedem erklärten wir, daß wir in Zukunft nur noch gesammelte Anmeldungen annehmen würden. Das Seminar im Herbst könnten nur noch Personen besuchen, die auch die Zimmer rechtzeitig bestellt hatten. Und rechtzeitig, das hieße heute und jetzt!

Spät am Abend hielten wir auf diese Weise Schecks im Wert von über 160.000 Mark in der Hand. Alle ausgestellt zwischen 8.000 und 12.000 Mark. „Wenn wir die alle weiterbestellen, dann sind wir spätestens im Herbst restlos ruiniert," sagte meine Frau, als wir endlich allein waren. „Wir bestellen höchstens wieder 100 Betten," meinte ich. Ein so großes Risiko wollte ich auf gar keinen Fall eingehen. Bei einer solchen Summe hörte unser Glaube an unsere Organisation einfach auf. Wenn wir doch mehr Betten bräuchten, dann würden wir bestimmt irgendwo noch welche herbekommen. Uns waren in den letzten Durchgängen immer wieder Betten übriggeblieben, die zum größten Teil auch nicht bezahlt wurden, zum Teil erst nach einem schriftlichen Mahnbescheid. Hier in Obsteig sind alle zuversichtlich, jeder fest entschlossen, innerhalb drei Monaten Direktberater zu werden.

Ausgelöst durch meine Arbeitslosigkeit, ging ein neuer Trend durch die Organisation. Vermehrt warfen Berater ihren Job hin und wollten das, von uns gepriesene, schöne Leben mitgenießen. Auch Irene und Werner waren nun ganztags zuhause. Erst kündigte Irene, eine gelernte Krankenschwester, ihre Arbeit und kurz darauf, nach einer kleinen Auseinandersetzung mit seinem Chef, warf Werner das Handtuch. Silvia hatte inzwischen auch viel Zeit. Ihre Bürotätigkeit hatte sie von einem Tag auf den anderen niedergelegt. Selbst ganz frisch gesponserte Berater gesellten sich bald auf diese Art zu uns. Die neue Mode wurde Kurierfahren. Als selbständige Fahrer nahmen einige einen Job als Stadtkurier an. Man brauchte nur ein Auto und einen Führerschein. Damit war es möglich, vom Arbeitgeber unbeobachtet, zu jeder x-beliebigen Zeit anzufangen. Entsprechend fiel natürlich die Entlohnung aus. Vor allem für einen angehenden Manager und Millionär war es einfach zu wenig.

Ein weiteres Problem machte uns eine Beraterin aus der Tiefe. Sie forderte endlich ihren Bonus vom letzten Jahr, sowie eine Gutschrift über ein Obsteigbett. Gott sei Dank, für den entsprechenden Monat hatten wir bereits eine Bonusabrechnung erstellt und ausbezahlt. Ein Obsteigbett? Dafür hatten auch wir keine Gutschrift. Also sollte sie nur kommen. Zu Beginn des Gesprächs war ich sehr interessiert und hörte ihr aufmerksam zu. Sie beklagte sich, daß sie bisher noch keinen einzigen Bonus erhalten hatte, für zurückgeschickte Ware keine Gutschrift bekam und für ein Obsteigbett, das sie zurückgab, zwar ihr Scheck eingelöst, aber ebenfalls nichts vergütet wurde.

Ich zog die Bonusabrechnung der Linie Silvia und Albert hervor. Darauf war keine entsprechende Warenrücksendung vermerkt. „Die Bonusabrechnung ist weitergegeben worden, aber Deine Warengutschrift ist darin nicht enthalten", meinte ich freundlich. „Wem hast Du denn die Ware gegeben?" „Meinem Sponsor..." sagte sie, nun etwas zurückhaltend. „...aber ich habe gehört, daß Ihr ewig keinen Bonus weiterbezahlt, und das Geld, das anderen zusteht, nicht weitergebt." „Wer behauptet das?" fragte ich nun in scharfem Ton. „Das will ich nicht sagen, ich will keinen hinhängen." „Du siehst ja selber, daß die Bonusabrechnung erledigt ist. Hier ist die Unterschrift, daß der Scheck weitergegeben wurde." Was fehlte, war das Datum. Es war noch gar nicht lange her, daß die Abrechnung erstellt wurde. Aber das mußte ich ihr ja nicht sagen.

Daß Warenrücksendungen nicht bei uns ankamen, war garnicht so ungewöhnlich. Einige Berater machten wegen eines Produkts nicht viel Aufsehen, behielten es selbst oder gaben es gesammelt zurück. „Zum Thema Obsteigbetten kann ich Dir nur sagen, daß bestellte Betten nicht zurückerstattet werden." „Das kann aber nicht stimmen," meinte sie, „ich habe schon bei den Maier-Mehringer´s im Büro angerufen, die sagten, daß man sich die Betten bis 14 Tage nach dem Seminar erstatten lassen kann." „Das ist mir neu, ich werde mich natürlich erkundigen, aber viel Chancen gebe ich Dir nicht." Ich beendete das Gespräch, indem ich ihr riet, sich noch einmal mit ihrem Sponsor zusammenzusetzen, um zu klären, was es mit ihrem Bonus und der Warenrücksendung auf sich hat. Ich bemühte mich, den netten, verständnisvollen DD zu spielen, doch ich wußte genau, daß das Bonusproblem in der ganzen Organisation inzwischen zu massivem Ärger führte.

Nach diesem Gespräch zog ich alle Lieferscheine, Nachlieferungslisten und unsere eigenen Bestellungen beim Lieferanten hervor, um mir einmal ein Bild von unserer Situation zu machen. Viel zu wenig Zeit hatte ich mir in den vergangenen Monaten dafür genommen und war in dieser Hinsicht viel zu schlampig geworden. Jeder, der darauf abzielen würde, uns übers Ohr zu hauen, hätte leichtes Spiel gehabt. Bei Warenlieferungen las einer vor und der andere packte die Ware zusammen. Irrte sich jemand in den sehr engen Zeilen des Lieferscheines, oder gab eine falsche Stückzahl an, dann wurde entweder zuviel eingepackt oder wir vermerkten es als Nachlieferung. Auf eine genaue Prüfung wurde in der Regel verzichtet.

Meine Frau setzte sich zu mir und wir fingen an, stichprobenweise Lieferscheine und Bestellungen zu überprüfen. Es dauerte nicht lange, bis uns die ersten Unstimmigkeiten auffielen. Da standen 20 Teppichreiniger auf Nachlieferung, die wir, wenn wir unsere Bestellungen beim Lieferanten zusammenzählten, auch bestellt und geliefert bekamen. Wir fingen an, andere Lieferscheine auf Teppichreiniger zu prüfen. Zuerst addierten wir die Teppichreiniger von allen, bei uns bestellenden Beratern, zusammen und verglichen diese mit der beim Lieferanten bestellten Menge. „Aha, da haben wir schon einen Fehler, wenn wir weitersuchen, finden wir bestimmt noch mehr." Aber das wäre eine Aufgabe von Wochen gewesen. Auch wenn wir einige Differenzen finden würden, wer hatte die Ware am Ende bekommen? Es gab ja fast keine Möglichkeit, es jemandem nachzuweisen. Bei einem Bestellschein zählten wir die einzelnen Positionen noch einmal zusammen. Wieder eine Differenz von 150 Mark in der Endsumme. Wenigsten solche Additionsfehler ließen sich ganz klar nachweisen. Bei der nächsten Bonusabrechnung mußten wir das eben abziehen. Doch 150 Mark waren nur ein Tropfen auf den heißen Stein. So wie wir es im Moment überblickten, fehlten gut über 10.000 Mark in unserer Kasse. Die konnten wir aber auch selbst ausgegeben haben. Wir hatten den Überblick schon lange verloren, welches Geld gehörte uns und welches Geld stand noch an die Berater aus.

* * *

In unserem zweiten eigenen Seminar, Mitte des Jahres, platzte dann der Knoten. Meine Frau übernahm die häusliche Organisation dieses Treffens. Sie mietete für eine Woche eine Jugendherberge in Baierbach am Simsee. Da dieses Häuschen nur Platz für etwa 40 Personen bot, sollte das Seminar in zwei Durchgängen durchgeführt werden. Das erste von Samstag bis Montag und das zweite von Donnerstag bis Samstag. Dazwischen lag ein wenig Zeit für die Direktberater, um sich zwei schöne Tage zu machen. Alles rundherum wurde von den DD's organisiert. Eine Verstärkeranlage, zwei Diaprojektoren, die über ein Tonband abwechselnd gesteuert wurden, sowie eine Videoanlage, um die einzelnen Vorträge aufzuzeichnen. Ein Rednerpult, verziert mit einem glitzernden Diamanten und der Aufschrift "DD Organisation Sonnabend", stand vorne rechts in dem großen Aufenthaltsraum, der uns als Seminarraum dienen sollte.

Wieder wurden die Themen vorbereitet, nur nicht so intensiv und verbindlich wie in Golling, sondern freier, wenn auch zeitlich begrenzt. Ein paar Stichworte gaben wir jedem Sprecher vor, die wenigstens kurz mitbehandelt werden sollten. Auch die 15 und 18 %er erhielten die Möglichkeit 15 Minuten zu reden, um ihren Teil zu diesem Seminar beizutragen. Der Andrang war groß. Jeder dieser, mit blauen und grünen Erfolgsnadeln ausgezeichneten Beratern, wollte diese Chance wahrnehmen. Durch die Aufteilung der Gruppen auf zwei Termine mußten sie jedoch nur einmal in ihrem Durchgang reden. Das Haus war für unsere Zwecke wie geschaffen. Schon bei der ersten Besichtigung gefiel es uns so gut, daß wir selbst gerne ein solches Haus haben wollten. An einem Abend, noch vor dem Seminar, entstand, zusammen mit Hans, eine neue Idee: Unsere Organisation sollte eines Tages selbst ein ähnliches Haus besitzen. Ein gutes Thema für das Seminar. Wir zeichneten Pläne und ließen unseren Träumen und Vorstellungen, auf vielen Bögen Papier, ihren freien Lauf. Ein eigenes DD Zimmer - nein, ein ganzer DD Trakt sollte sich darin befinden. Mit Schwimmbad, Bar und vielen anderen Annehmlichkeiten. Was wir an mehreren Abenden zu Papier brachten, wurde am Ende ein zig-Millionenprojekt. Als Kronenbotschafter könnten wir das gemeinsam bestimmt finanzieren. Da stand auch schon das Thema dieses Seminars: "Gehen wir gemeinsam". Es wurde in mühevoller Kleinarbeit eine Diaserie produziert, beginnend mit einem Foto von zwei Händen, die sich festhalten, dazwischen, in großen Buchstaben, das Motto des Seminars. In der Vorarbeit steckte jede Menge Motivation. Viele neue Ideen wurden entwickelt, überarbeitet und zum Teil wieder verworfen. Noch in diesem Jahr sollte diese Organisation zu den größten in Deutschland gehören - so lautete unser Ziel.

Doch es war nicht unser aller Ziel. Genaugenommen nur das von meiner Frau und mir. Am ersten Seminarabend verließ schon nach der Begrüßung ein Teilnehmer, der aus Frankfurt angereist war, mit seiner Freundin das Seminar und fuhr wieder nach Hause. Am selben Abend hatte ich noch ein Gespräch mit zwei Beratern in der Küche. Sie kamen aus der Organisation von Silvia und Albert. Beide waren sehr negativ auf mich zu sprechen und redeten mich mit einem recht ungewöhnlich harten Ton an. Warum ich Silvia und Albert so in den Hintergrund drängen würde, die beiden hätten es nicht verdient, von mir so schlecht gemacht zu werden. Das traf mich hart. Schlimmer konnte ich gar nicht getroffen werden. „Es war gar nicht meine Absicht, die zwei irgendwie schlecht zu machen," wehrte ich mich, „ich weiß gar nicht, wie ihr das meint! Sie sind unsere stärkste Linie und wir sind voll und ganz mit den beiden zufrieden." Die zwei, mir nur flüchtig bekannten Männer, würgten das Gespräch schnell wieder ab und wendeten sich darauf ein paar anderen Besuchern zu. Etwas alleine gelassen saß ich da. Ich versuchte, noch einmal ein Gespräch zu beginnen, worauf sie erwiderten, sie hätten das nicht so gemeint, sie hätten das ja auch nur von anderen gehört.

Ich zog es vor hinaufzugehen. Im kleinen Aufenthaltsraum, gleich neben dem Zimmer von Waltraud und mir, saß Irene und rauchte eine Zigarette. Diesen Raum hatten wir extra für die DD's und für Einzelgespräche reserviert. Ich erzählte Irene von dem Vorfall. Sie kannte die zwei auch nur vom Sehen und ein paar Worten, die man so wechselt. „Komische Typen sind das," beruhigte sie mich, „ich würde das gar nicht so ernst nehmen."
„Ich muß das aber ernst nehmen. Irgendjemand schürt da ganz gewaltig gegen uns. Irgendetwas steckt doch da dahinter." Silvia und Albert hatten vielleicht Probleme mit unserer Vormachtstellung, doch sie selbst würden bestimmt nicht so etwas anzetteln. In ihrer Gruppe gab es das Beraterpaar Gabi und

Bernd, zwei 15 %er. Beide waren ihrem DD absolut treu. Sie wollten gerne ihren DD im Mittelpunkt sehen und natürlich selbst einmal ihre eigene Gruppe führen. Die Berater in der Küche kamen aus dieser Organisation. Vielleicht wurde im Untergrund schon fleißig gegen uns gearbeitet? Sollte unser Führungsstil zu einem Machtwechsel animieren? Ich wollte meiner Frau noch nichts davon sagen. Sie schläft bereits, dachte ich, und außerdem sollten wir das Seminar erst hinter uns bringen, ehe ich der Geschichte weiter nachgehen wollte. Sicherlich, die beiden Herren waren noch recht neu im Geschäft, sie würden deshalb auch nichts in der Organisation bewirken können. Doch deuteten sie auf einen gefährlichen Trend hin, der, wenn er sich fortsetzte, einen Zerfall der gesamten Organisation bedeuten könnte. Dieses Seminar stand unter dem Motto "Gehen wir gemeinsam". Für dieses Erlebnis war hier der denkbar schlechteste Ort.

Durch die Holzwände hatte meine Frau das Gespräch mitverfolgt. Sie sprach mich aber nicht darauf an. Am Abend, wir hatten eine lange Mittagspause eingerichtet, um an den See zum Baden zu gehen, war meine Frau als Sprecherin an der Reihe. Kühl und beherrscht versuchte sie das Beste aus der Situation zu machen. Aber es ging nicht lange gut. Sie erwähnte in ihrer Rede, zu meinem Erstaunen, daß sie dieses Gespräch am Vorabend mitgehört hatte und brach dabei in Schluchzen und bald darauf in Tränen aus. Sie redete von Vertrauensbruch und dem Zerfall der Organisation, konnte aber bald keinen klaren Satz mehr bilden, sodaß ich sie am Ende vom Rednerpult holte, mich bei den Zuhörenden entschuldigte, und den Seminartag beendete.

„Was ist bloß in Dich gefahren? Ich wußte schon, warum ich Dir nichts gesagt habe," fuhr ich sie energisch an. Es war eine peinliche Vorstellung, die sie da gegeben hatte. Das ganze Seminar stand plötzlich auf wackligen Beinen. Ich war froh, daß sie nicht noch mehr sagen konnte. So wurden Silvia und Albert, genauso wie Gabi und Bernd, im Moment nicht aufgrund einer vagen Vermutung in die Enge getrieben. An den folgenden Seminartagen wollte keine Stimmung mehr aufkommen. Sehr nüchtern und sachlich wurden die Themen präsentiert, obwohl jeder spürte, daß hier krampfhaft versucht wurde, irgendetwas zu verschweigen. Hansi sprach mich als einziger darauf an. Wer was gesagt haben soll, wollte er wissen. Ich mochte hier in Baierbach das Thema nicht weiter ausbreiten und bat ihn, erst einmal das Seminarende abzuwarten. Die beiden freien Tage zwischen den Seminaren konnten meine Frau und ich sowieso nicht nutzen, da wir drei Wochen vor unserem Seminarbeginn eine Karte von den MM's erhielten, auf der wir gebeten wurden eine Schulung, mit dem Thema Marketingplan, in Heilbronn abzuhalten. Eine gute Gelegenheit Waltrauds Vater, der in der Nähe wohnt, dorthin einzuladen, dachten wir, schrieben ihm einen kurzen Brief und hofften, ihn auf diesem Weg sponsern zu können.

Aus dem Sponsergespräch wurde nichts. Ihr Vater ist nicht gekommen. Den zweiten Durchgang in Baierbach schafften wir eher schlecht als recht und die Stimmung unter den DD's war auf dem Nullpunkt angelangt. Jeder spürte, daß irgendetwas nicht in Ordnung war. Doch es wurde nicht mehr darüber geredet, wenigstens nicht unter den DD's.

* * *

In Baierbach waren Heidi und Hardy nicht mehr dabei. Schon seit ein paar Monaten war es sehr ruhig um die beiden geworden. Zwar hofften wir, sie würden noch einmal richtig anpacken, doch eigentlich gaben wir ihnen keine Chance mehr. Ihr Comeback, der erneute Aufbau, war ihnen nicht geglückt. Zwei Besuche statteten sie uns noch ab. Den ersten mit der Bitte, doch für sie Ware im Wert von mehreren tausend Mark an den Lieferanten zurückzuschicken. Sie begründeten die Rücksendung damit, daß sie noch einmal ganz von vorne anfangen mochten, dazu wollten sie aber vorher allen alten Ballast abwerfen. Mit einem Berater aus ihrer Linie, den sie gut kannten und der sich sowieso entschlossen hatte, aufzuhören, vereinbarten sie, die Rücksendung über seinen Namen abzuwickeln. Da es sich um Lagerware handelte, mußte die Beendigung einer Beraterschaft vorliegen, um die Ware erstattet zu bekommen. Soweit wäre alles klar gewesen, bis auf einen Haken: Die Ware stammte noch aus ihrer DD Zeit. Das DD Volumen, und somit der Bonus, wurden damals über Ingrid und Peter abgerechnet. Da wir selbst noch nicht DD waren, verdienten wir daran keine Mark. Nun aber sollten wir die Ware über unser DD Konto zurückschicken. Dadurch würde unser Bestellvolumen in diesem Monat eben um den zurückgeschickten Warenwert verkürzt werden, was erhebliche Bonuseinbußen zur Folge hätte.

Sie erklärten sich sofort bereit, alle Abzüge und Nachteile, die uns durch diese Rücksendung entstehen würden, zu übernehmen. Unter dieser Bedingung waren wir einverstanden, doch hatten wir diese Vereinbarung nicht schriftlich festgehalten. Ein Versäumnis, das ein bitteres Nachspiel haben sollte. Wer konnte das ahnen? Hardy ist immerhin der Bruder meiner Frau.

Von der zurückgeschickten Ware wurde uns, wie erwartet, der anteilige Bonus abgezogen. Gleichzeitig sank unser Punktwert erheblich unter ein DD Volumen. Wir erhielten vom Lieferanten nicht mehr unsere 21 % auf die Restbestellung. Ich erstellte die Gutschrift und zog davon unsere Bonuseinbußen ab. Als die beiden bei ihrem letzten Besuch ihre Abrechnung sahen, wollten sie von unserer Vereinbarung nichts mehr wissen. Ich versuchte, ihnen unsere Situation zu erklären, daß wir an unsere Berater den Bonus weiterbezahlen müssten, obwohl wir ihn selbst nicht mehr bekommen haben, worauf Heidi meinte „das ist mir egal, ich will mein Geld, sonst gehe ich zum Rechtsanwalt!" Auf soviel Frechheit fiel mir nichts mehr ein. Kurzerhand öffnete ich die Wohnungstür und bat die beiden zu gehen.

In Baierbach spürten wir erstmals, daß innerhalb der Organisation irgendetwas in der Luft lag. Zwei Monate später war es dann soweit. Silvia, Albert und Sigi baten um einen Termin. Es sei sehr dringend, am besten noch heute Abend, und wir sollten Irene und Werner einladen. Wir waren gespannt, was da auf uns zukommen würde. „Daniela möchte sich aus der Sache heraushalten," entschuldigte Sigi ihr Fehlen. Ich ahnte nichts Gutes. „Wir trennen uns von Euch," wurde das Gespräch eingeleitet. „Wir haben beschlossen, unsere eigenen Wege zu gehen. Wir wollen kein "Offenes Haus", wie wir es bisher geführt haben, und keine eigenen Seminare mehr. Wir sind jetzt lange genug selbst DD und können das auch alleine machen". Von Silvia und Albert hatte ich so etwas irgendwann erwartet. Sie besaßen mittlerweile eine große Organisation und hatten bis jetzt noch keine richtige Gelegenheit bekommen, diese Gruppe selbst zu führen. Aber Sigi? Der stand doch auf so wackeligen Beinen, daß eine zu frühe Trennung für ihn das Ende bedeuten könnte.

Das Gespräch wurde sehr entschlossen und in recht frechem Ton geführt. Waltraud und ich saßen ganz ruhig und hörten zu. „Wir stehen immer nur in Eurem Schatten, Ihr trefft alle Entscheidungen. Wir wollen dieses Geschäft ohne Euren Druck aufbauen, so wie wir es für richtig halten." Ich wollte sie nicht gehen lassen, ohne ihnen eine Warnung mitzugeben: „Glaubt uns eines: Wir haben mit Heidi und Hardy eine schlimme Erfahrung gemacht, als sie sich unbedingt auf eigene Füße stellen wollten. Greift den Dingen nicht vor, laßt sie sich von selbst entwickeln. Überlegt Euch das noch einmal ganz genau. Diese Entscheidung könnte das Ende einer wirklich tollen Organisation werden." Sie erklärten, daß sie sich bereits entschieden hätten, und es dabei bleiben würde. Ihr Entschluß stand endgültig fest. Werner versuchte auf die drei einzureden: „Wißt Ihr überhaupt. was Ihr da macht? Ihr gefährdet die gesamte Organisation damit. Unser Zusammenhalt war unsere große Stärke. Ihr werdet sehen, wie es jetzt bergab geht." Silvia meinte, daß sie von Irene und Werner nichts anderes erwartet hatten, und sie deshalb vorher nicht informiert wurden. Sie verließen unsere Wohnung, mit dem Vorschlag, es ein paar Monate zu probieren. Wir könnten uns ja untereinander ab und zu treffen und wenn es wirklich schiefgehen sollte, es immer noch ändern.

Daß es so hart kommt, hätten wir nie geglaubt. Die Organisation war nun zerrissen, die Situation mußte neu überdacht werden. Für den nächsten Tag luden wir die wichtigsten Leute der Organisation von Silvia und Albert zu uns ein, um ihnen die neue Lage zu erläutern. Hansi entschied sich, bei uns zu bleiben und auch ein älteres Ehepaar wollte sich uns anschliessen. Bernd und Gabi sprachen sich für Silvia undAlbert aus und bestärkten diese zu ihrem Schritt. Von Daniela und Sigi hatten wir erst garniemanden eingeladen. Ihre Organisation war seit Baierbach merklich geschrumpft. Es gab keine großen Linien mehr, die von dieser Entscheidung betroffen gewesen wären. Die Trennung war langfristig geplant worden. In Baierbach fanden bereits erste Gespräche in dieser Richtung statt. Von diesem Seminar an, spürte ich die herannahende Krise. Aufgrund der Entwicklung in den vergangenen Wochen, empfand ich es geradezu als Dummheit, diese Tendenz durch eine Trennung weiter zu fördern und damit die Existenz der einzelnen Organisationen aufs Spiel zu setzen. Doch so einer Entscheidung standen wir machtlos gegenüber und konnten nur hoffen, daß alle Beteiligten recht bald zur Besinnung kämen, um dann wieder gemeinsam am selben Strick zu ziehen.

Es ist wie in der Politik, denke ich mir, einzelne Leute treffen Entscheidungen, denen sich andere beugen müssen. Nicht immer sind es Entscheidungen, die zum "Wohle des Volkes" getroffen werden, aber trotzdem muß man sie akzeptieren. Unsere Führungskräfte waren machthungrig geworden. Sie wollten sich nun selbstverwirklichen. Inzwischen gehörten schon über 3.000 Menschen durch einen Beraterantrag zu unserer Organisation, wenngleich nur ein kleiner Teil davon ständig aktiv war. Aufgrund dieser Zahl war es umso unverständlicher, sich auf solche Experimente einzulassen.

Bald darauf besuchte uns das Beraterpaar, das bei Silvia und Albert schon vor Baierbach aufhören wollte, noch einmal. Sie stellten uns vor die endgültige Entscheidung: Entweder sie hören auf oder sie werden von uns gesponsert. Sie lehnten es ab, mit ihren DD's weiterzuarbeiten. Ich erklärte ihnen, es gäbe nur einen Weg, um legal etwas zu ändern. Sie müßten zum Beispiel ihre Mutter sponsern und auf diesem Antrag weiterarbeiten. Inzwischen könnten sie ihr Geschäft stornieren. Anschließend würde der Antrag der Mutter um einen der beiden erweitert. Dann müßte die Mutter vom Antrag zurücktreten, um anschliessend den Antrag um den anderen Partner zu erweitern. Beide waren mit dieser Lösung einverstanden. Ich hatte trotzdem ein ungutes Gefühl. Ich rief Albert an und erzählte ihm von diesem Gespräch. Er hatte nichts dagegen. Sie könnten mit den beiden sowieso nichts anfangen, und bevor sie aufhören, sollten wir es eben so machen. Ich war erleichtert, obwohl ich es trotzdem nicht in Ordnung fand. Genausogut hätten die beiden mit uns zusammenarbeiten und trotzdem die Ware über ihre DD's bestellen können. Und sei es über eine eigene Lagervollmacht. Auf der anderen Seite hatten wir mit dieser Lösung eine Erstlinie mehr, und das war sicher kein Nachteil für uns.

Irene, Werner, meine Frau und ich beschlossen, die Restgruppe wieder auf ein einzelnes "Offenes Haus" zu laden. Irgendwie wollten wir retten, was zu retten war. Gut 60 Berater waren es immer noch, die den kleinen Saal füllten. Wir selbst hatten eigentlich nicht viel verloren. Unsere Erstlinien interessierte die Trennung recht wenig. Werners Organisation arbeitete genauso munter weiter wie bisher. Die Auswirkungen kamen erst später. Eine geplante Floßfahrt wurde storniert, Startertreffen und TAT's auf weiter auseinandergezogene Termine verlegt. Um uns aus dem Weg zu gehen, wechselten wir in das Schulungszentrum nach Karlsfeld. Mit Ingrid und Peter besprachen wir das ausführlich. Sie meinten, wir sollten denen eine Chance zur Selbständigkeit geben, so wie wir sie auch hatten. Die redeten sich leicht, es ging ja am Ende um unsere Organisation. Bald wurde durch den Bruch auch das Verhältnis zu unseren DD's stark beeinträchtigt. Silvia und Albert, aber auch Sigi, waren zunehmend um einen Kontakt zu Ingrid und Peter bemüht. Unsere DD's standen uns aber schon vorher nicht mehr so nahe, wie es früher einmal war. Mit unseren neuen Ideen, den vielen Dingen, die nicht ganz im Sinne der MM's waren, unserer häufigen Kritik an der Ausbeuterei durch die Oberen, vom Diamanten aufwärts bis zum Kronenbotschafter, hatten wir uns bei ihnen bestimmt nicht beliebter gemacht. Unsere Organisation war ihnen völlig aus der Hand geglitten.

Mit dem Bruch der Organisation wurde auch ein Schlußstrich unter ein geplantes gemeinsames Wochenende in Golling gezogen, zu dem alle 15 %er, und höher qualifizierte, aus der gesamten Organisation von Ingrid und Peter eingeladen werden sollten. Innerlich hatten wir einen schweren Knacks bekommen. Das Geschäft, so wie wir es vor Monaten noch sahen, existierte nicht mehr. Wir standen ziemlich alleine da. Auf eigenen Füßen zwar, aber ohne irgendwelche Ansprechpartner. Ohne seelische Unterstützung mußten wir mit dieser Situation fertigwerden. Wir machten erst einmal acht Tage Pause und taten überhaupt nichts. Keine Termine, keine Schulung, kein "Offenes Haus". Zum ersten Mal, seit Beginn dieses Geschäftes.

Silvia und Albert schickten alle Bonusreklamationen zu uns. Immer noch hatten wir die letzten beiden Monate ihrer Qualifikation nicht restlos abgeschlossen. So schickte uns das junge Mädchen, das seine Obsteigbetten zurückhaben wollte, einen Brief. Sie setzte uns darin einen letzten Zahlungstermin, ansonsten würde sie zu einem Rechtsanwalt gehen. Wir telefonierten daraufhin mit dem Büro der MM's. Dort lag noch eine weitere massive, schriftliche Reklamation eines anderen Beraters vor. Darin wurden wir beschuldigt, keinen Bonus weiterzuzahlen, und Obsteigbetten nicht zu erstatten. Das Büro erklärte sich kulanterweise bereit, in diesem Fall, die beiden Betten zurückzubezahlen. Wir brachten gleichzeitig vor, daß wir insgesamt noch gut 40 Betten offen hätten, die wir auch gerne erstattet bekommen würden. Die Dame wies uns darauf hin, daß Betten nur bis 14 Tage nach einem Obsteigdurchgang erstattet werden könnten. Das war aber seltsam, in Obsteig hatte man uns gesagt, es ginge nur bis 14 Tage vor Seminarbeginn. Sie schlug uns vor, die unbenutzten Karten in das Büro zu schicken, sie werde dann mit den MM's über eine Erstattung reden. Die Gutschrift für die zwei Betten kam dann auch prompt. Unsere eingesandten Karten, 40 Stück im Brief mit einem Wert von 10.000 Mark kamen angeblich nie bei ihnen an. Da half kein mehrmaliges Reklamieren. Schuld waren wir wieder einmal selbst, wir hatten die Karten nicht mit Rückschein verschickt. Das Einschreiben alleine verhalf uns nicht zu unserem Recht.

* * *

Natürlich schaffte es kein einziger, die bestellten Betten für den nächsten Obsteigdurchgang voll zu bringen. Sogar unsere 100, vorsichtig bestellten Betten, waren im Moment viel zu viel. Nach und nach baten uns die Berater, die Schecks nicht einzulösen. Sie seien nicht gedeckt, sie hätten niemanden, der mitfährt, was sie nun machen sollten? Für mich war es ein gutes Argument, noch ausstehenden Bonus zu rechtfertigen. Sorgt erst einmal dafür, daß die unbezahlten Betten aus euren Organisationen beglichen werden, dann können wir auch den Bonus bezahlen. Alle redeten sich leicht, forderten immer nur ihr Recht. Meinten die alle, wir könnten das einfach so wegstekken?

Irene und Werner kannten unsere Situation. Sie wußten, daß wir es die ganze Zeit über ehrlich meinten, daß wir einfach durch unseren Versuch, es allen recht zu machen, unter die Räder kamen. Die beiden machten uns niemals Vorwürfe, auch von Seiten der Organisation herrschte immer noch ein gutes Verhältnis zu uns.

Waltraud und ich waren bemüht, uns nichts anmerken zu lassen. Keiner sollte mitbekommen, wie es um uns stand. Von der Bank wurde uns gegen Ende des Jahres das Konto immer wieder zugedreht. Es war häufig ein Bangen, wird der Scheck eingelöst? Unser Dispokredit wurde regelmäßig bis an die Schmerzgrenze ausgereizt. An Bargeld kamen wir nur über kleine Bestellungen, die von den Beratern bar bezahlt wurden oder durch ein Bittgespräch bei der Bank. Es war fast immer meine Frau, die diesen unangenehmen Job erledigte. Sicherheitshalber eröffneten wir ein weiteres Konto, auf einer anderen Bank in Fürstenfeldbruck, um wenigstens im äußersten Notfall, über dieses Konto Schecks einzulösen und so an Bargeld zu gelangen. Manches Mal ging ich auch zu meinen Eltern. Doch auch da stießen wir zunehmend auf taube Ohren. Mehr als 50 Mark waren sie selten bereit herauszugeben. Aber wir brauchten das Geld, alleine schon für Markus. Es wurde immer schwieriger, mit dem minimalen Spielraum, alle laufenden Kosten zu tilgen. Was nicht unbedingt sofort bezahlt werden mußte wurde hinausgezogen, nicht selten bis zur Vollstreckungsandrohung.

Unseren Jahresabschluß beim Finanzamt hatten wir, trotz mehrmaliger Mahnung, immer noch nicht abgegeben. Wie sollten wir auch? Unser Steuerberater, und da waren wir ganz schön reingelegt worden, langte ganz ordentlich hin für die vierteljährliche Umsatzsteuererklärung und die jährliche Einnahmen-, Überschußabrechnung. Für das vergangene Jahr stand für den Abschluß noch eine Rechnung über 1.500 DM offen. Solange die nicht bezahlt war, wollte die Kanzlei auch alle anderen Arbeiten nicht erledigen.

Diese Kanzlei wurde allen Beratern von den MM's empfohlen. Ursprünglich hieß es, daß jeder Berater einen Mitgliedsbeitrag zahlen sollte, so um die 70 DM monatlich. Dafür würden dann unsere gesamten Steuerangelegenheiten erledigt werden. Als wir, und viele aus unserer Organisation, dann die erste Rechnung erhielten, fielen alle aus den Wolken. Fast niemand war unter 500 DM dabei. In den oberen Etagen wollte plötzlich keiner mehr irgend etwas von einem monatlichen Beitrag jemals gehört, geschweige denn gesagt haben. Das Finanzamt machte im Herbst kurzen Prozeß mit uns. Sie schätzten uns auf insgesamt 25.000 DM Steuernachzahlung ein. Zahlbar binnen 14 Tage. Nun mußten wir reagieren, ob wir wollten oder nicht. Zahlreiche Telefonate mit der Steuerberatungskanzlei und eine unterschriebene Abtretungserklärung, für die zu erwartende Steuerrückerstattung, machten es möglich, daß der Steuerberater unseren Jahresabschluß erledigte und ein Schreiben an das Finanzamt schickte, in dem er um die Aussetzung der Vollziehung bat. Alles zusammen kam zu spät. Eines Vormittags stand der Gerichtsvollzieher vor der Tür. Hemmungslos pfändete er, was er vorfand. Den Fernseher, den Videorecorder, die Stereoanlage, den Homecomputer, mit dem ich gerade die ersten Versuche machte, und viele andere kleinere Dinge. Überall gut sichtbar, vorne angebracht ein Pfandsiegel, der sogenannte Kuckuck.

Diese Gegenstände mußten schnellstmöglich aus dem Blickfeld verschwinden. Also schafften wir alles, was einen Kuckuck hatte, beiseite. Wie peinlich und unglaubwürdig mußten wir sonst vor den Beratern oder einem Neuen scheinen, wenn wir von einem Geschäft mit Millionenbeträgen schwärmten, auf der anderen Seite aber die halbe Wohnung gepfändet war?

Es dauerte nur eine knappe Woche, und wir erhielten bereits den Bescheid, daß die Pfändung aufgehoben sei und wir die Pfandsiegel wieder entfernen dürften.

* * *

Wir erhielten schon wieder eine Karte von den MM's. Wir sollten in Dachau die Schulung Sponsorpotential übernehmen. Wir fuhren dort hin, fanden auch den Schulungsort, doch weit und breit war niemand zu sehen, von dem wir glaubten, daß er eine Schulung besuchen wolle. Wir fragten an der Theke und der Wirt erklärte uns, daß wir uns wohl täuschen würden, hier wäre heute keine Schulung. Wir zeigten ihm die Karte, worauf er meinte, daß sich dadurch auch nichts an der Tatsache ändere, er müsste es wissen, wenn heute eine Schulung stattfände. Ein Anruf bei den Zwekow´s bestätigte, daß wir uns umsonst vorbereitet hatten. Es gab an diesem Tag keine Schulung mehr, man hatte nur vergessen uns Bescheid zu sagen.

Überhaupt war in letzter Zeit vieles so anders geworden. Alle waren so zurückhaltend, die Schulungsdurchgänge durchwegs nicht mehr so gut besucht wie früher, und die Stimmung nicht mehr so, wie sie einmal war. Wir schoben es auf unsere Probleme mit unserer eigenen Organisation. Die Umgebung im neuen Schulungszentrum war uns noch sehr fremd. Viele neue Gesichter, andere Direktberater, einfach alles drumherum hatte sich in den vergangenen Monaten geändert. Bis auf die Produkte war nichts mehr so wie am Anfang.

Ich dachte zurück und sehnte mich oft nach der alten Zeit. Zeiten als Andy uns zu unserer 3 %-Nadel gratulierte. An meine Arbeitskollegen, besonders an Theo, was mag er wohl heute machen? Nicht einmal verabschiedet hatte ich mich von ihm. Irgendwann in dieser Zeit hatten Andy und Manuela sich noch einmal aufgerafft und eine Beraterin gesponsert. Es dürfte schon ein Jahr her sein, seit ich Andy zum letzten Mal gesehen hatte. Von Peter erfuhr ich, daß die beiden inzwischen aufgehört haben. Sie hatten es in einem Monat sogar geschafft, sich zum DD-Anwärter zu qualifizieren, wie, das weiß ich nicht. Es mußte der Monat gewesen sein, in dem wir einmal ganz knapp unter 15.000 DM Umsatz lagen. Hatten sie damals den Rest zusammengebracht?

Es war auch egal. Sollen sie meinetwegen DD-Anwärter geworden sein. So besonders ist das nicht. Mit dieser Nadel fängt der schwere Weg erst an. So einfach wie es sich im Marketingplan anhört, darf man sich das alles nicht vorstellen. Ich hatte nun viel Zeit. Doch was nützte sie mir? Ohne Geld war sie recht wertlos. Das bißchen Geld vom Arbeitsamt reichte gerade für das Notwendigste. Meine Frau nahm, gegen meinen Willen, eine Arbeit als Kassiererin in einem Kaufhaus an. Vorerst nur halbtags, aber es brachte ein paar Mark ein. Die Zahlungen vom Arbeitsamt würden für sie bald eingestellt werden, so blieb uns eigentlich gar nichts anderes übrig, als irgendwo wieder Arbeit anzunehmen. Auch ich mußte mich bald ernsthaft danach umsehen. Oft saß ich bei Irene und Werner zum Kaffee und wir unterhielten uns über viele kleine Geschichten aus der Beraterschaft. Es waren schöne Vormittage. Zwischendurch schaute der eine oder andere Berater herein, manchmal saßen wir bis zum späten Abend. Sigi ließ sich wieder öfter bei uns sehen. Seine Gruppe war auf einen kläglichen Haufen zusammengeschrumpft.

Die paar Leute wollten Daniela und Sigi wohl nicht auch noch verlieren. Sie saßen wieder auf unserem "Offenen Haus" im Café Göbl, manchmal besuchten sie uns auch zuhause. Silvia und Albert arbeiteten eng mit Ingrid und Peter zusammen, der Kontakt zu uns blieb weiter abgebrochen. Die beiden hatten schwere Zeiten hinter sich. Im Frühjahr wollte Silvia ihren Mann verlassen, ihre Ehe befand sich in dieser Zeit in einer schweren Krise. Mit Sicherheit hatte ich dabei eine Mitschuld. Albert hatte ich nie als eine Führungskraft akzeptiert und das ließ ich ihn wohl des öfteren auch spüren. Seine Art war zwar freundlich, doch fast kindlich naiv. Ich wurde das Gefühl nicht los, daß er meist gar nicht verstand, was um ihn herum überhaupt passierte.

Ich brachte eine kleine Zeitschrift "Treffpunkt Café Göbl" heraus. Die erste Auflage hatte 80 Hefte. Es waren alle Neugesponserten, alle 3 %er und alle Planungen unserer Organisation in diesem Heft enthalten. Kopiert wurde es von einem Berater aus unserer Gruppe. Es sollten insgesamt nur drei Ausgaben werden. Ein kostenloser Obsteigdurchgang, finanziert von den MM's für alle Direktberater ihrer Organisation, sorgte im November für gewaltigen Ärger. Auf diesem Treffen, es waren über 500 DD's anwesend, wollten die MM's eine Reise nach Amerika, zu dem Werk des Lieferanten organisieren. Zigtausende Berater sollten im drei Tage Rhythmus ununterbrochen dorthin fliegen, um für 2 Tage den Hauptsitz, das Mutterwerk, zu besichtigen. Bezahlen mußte jeder Berater selbst. Wer nicht soviel Bargeld hatte, der konnte sich diesen Flug über eine bereits vorbereitete Finanzierung, bei einer Bank, die von den MM's ausgewählt wurde, ermöglichen. Die Anträge lagen schon bereit.

In allen Schulungszentren mußte von nun an für die Reise geworben werden. Zusätzlich wurde das Lied "I like to be in Amerika" bei Schulungsbeginn eingespielt. Jeder Berater sollte sich die Reise über Bonus und Kundenverkäufe nach einem aufgestellten Plan finanzieren können. Aber was, wenn er diesen Plan nicht einhalten konnte? Tja, wie er das Geld am Ende aufbringen würde, war dann doch seine Sache. Nein, da machten wir nicht mehr mit. Klipp und klar erklärten wir der Organisation, wie wir zu dieser Sache standen. Unsere Gruppe war fest entschlossen diese Reise zu boykottieren. Auch Ingrid und Peter zeigten sich nicht bereit, jemanden für diese Schulden zu motivieren.

Im Dezember unterschrieb ich einen Vertrag als Raumgestalter. Die Arbeit auf freiberuflicher Basis sollte mir die Möglichkeit geben, bei freier Zeiteinteilung, ordentlich Geld zu verdienen. Ich bezahlte 200 DM Kaution für eine Menge Unterlagen, die ich benötigte, um Kunden zu beraten. Das hatte aber schnell wieder ein Ende. Obwohl mir beim ersten Gespräch versichert wurde, ich müßte nicht von Tür zu Tür gehen und Leute vom Kauf irgendwelcher Dinge überzeugen, meinte der selbstsichere Herr auf einmal, daß ich doch erst einmal Kunden bräuchte, die ich dann beraten könnte. Also sollte ich von Baustelle zu Baustelle gehen, um Interessenten zu gewinnen. Beim Gespräch selbst würde er mir dann helfen. Ich schrieb ihm daraufhin einen Brief, worin ich die Kaution wieder zurückforderte. Es dauerte zwar ein paar Monate, aber ich bekam mein Geld, abzüglich einer Bearbeitungsgebühr, dann doch zurückerstattet. Anschließend stellte ich mich bei einer kleinen Firma in Grafrath vor. Ein Zwei-Mann-Betrieb, Vater und Sohn.

Dort sollte ich Spritzgußteile fertigen. Auf Anhieb gefiel es mir in diesem kleinen Familienbetrieb sehr gut. Ich nahm das Angebot an und unterschrieb einen Arbeitsvertrag, um am 2. Januar dort anzufangen.

* * *

AUFWACHEN!

Unser Lieferant lud, wie jedes Jahr, zu einem großen Führungskräftetreffen in München, Hotel "Vier Jahreszeiten", ein. Dieses Jahr meldeten auch wir uns, für einen Unkostenbeitrag von 25 DM, an, und die waren es wirklich wert. Bei Kerzenschein, einem sogenannten "Candle Light Dinner", ließen wir uns die vielen Gänge des Menüs schmecken. Die vornehme Umgebung und der erstklassige Service erinnerten uns an Frankfurt. Selbst einen kleinen Tropfen Soße, der dem Kellner auf den Tellerrand tropfte, entfernte der Herr im weißen Jakkett, der die Speisen servierte, mit einem Tuch. Immer nur ganz kleine Portionen, dafür aber himmlische Köstlichkeiten, wurden ohne Unterbrechung serviert. Wir waren inzwischen schon in vielen guten Lokalen und Restaurants gewesen, doch hier hatten wir, ohne den geringsten Zweifel, das Gefühl, zu den oberen Zehntausend zu gehören. So gut wir bei Mövenpick oder Käfer schon gespeist hatten, das hier war etwas Besonderes. Ein krönender Abschluß nach zweieinhalb Jahren Geschäft und nach fast vier Jahren Ehe mit Waltraud.

Hier sollte die Geschichte am besten stehenbleiben. Ich wünschte mir, ich könnte die Zeit zurückdrehen, wieder in meine Firma gehen, meinen Meisterbrief machen, und zu den vielen Biedermännern gehören.

Am darauffolgenden Abend platzte die Seifenblase. Diese Seifenblase wollte mich, noch Stunden zuvor, zum Kronenbotschafter hinauftragen. An diesem Abend, kurz vor Weihnachten, verabschiedete sich meine Frau, um zwei Flaschen Cola zu besorgen. Ein Weg, der keine 20 Minuten dauert. Eine halbe Stunde später spürte ich, daß irgend etwas nicht in Ordnung war. Um Mitternacht kam sie zurück. Sie hatte an ihrem Arbeitsplatz, vor ein paar Tagen, einen Mann, Ende 30, kennengelernt. Er war selbständig, hatte einen gutgehenden Friseurladen in Fürstenfeldbruck und damit auch ausreichend Geld. Geld, das uns so fehlte. Wegen dieses Mannes wollte sie mich nun verlassen.

Die Nachricht traf mich wie ein Schlag ins Gesicht. Es schien mir völlig unmöglich, es konnte gar nicht wahr sein. Doch Waltraud blieb hart, sie hatte vor zu gehen. Jetzt machte ich einen Fehler nach dem anderen. Bis weit nach Mitternacht redete ich auf sie ein. „Wir haben auch ein Kind, vergißt du das ganz? Und was wird aus unserem Geschäft? Soll die ganze Mühe umsonst gewesen sein? Wird jetzt alles zusammenbrechen?" Sie versprach mir, wohl unter meinem massiven Druck, den anderen Mann wenigsten 14 Tage nicht zu sehen. Ab dem nächsten Tag hatte sie sowieso Urlaub eingereicht. Ich rief am nächsten Morgen bei meinen Eltern an. Ich wußte, sie wollten über Weihnachten zu meiner Oma nach Niederbayern fahren, vielleicht konnten wir da mitfahren. Am 31. Dezember kehrten wir, nach vielen schlimmen und verweinten Tagen, wieder zurück. Zuhause wollte Waltraud zuerst einmal ein Bad nehmen. Ich beschloß, von dem wenigen Geld, das wir noch hatten, ein paar Lebensmittel einzukaufen. Als ich zurückkam, war ich mit Markus alleine.

Er hatte Fieber, vielleicht nahm sie ihn deswegen nicht mit. Hals über Kopf mußte sie wohl die Wohnung verlassen haben, denn im Badezimmer lagen noch ihre Halskette, die Armbanduhr und der Ehering. Ich ahnte, daß sie nicht zurückkommen würde. Zwei Tage später ging ich zum Rechtsanwalt, reichte die Scheidung ein und beantragte das Sorgerecht für Markus.

Meine Arbeitsstelle in Grafrath trat ich nicht an, sondern entschloß mich spontan, mit Kurierfahrten mein Geld zu verdienen. Markus konnte ich, Gott sei Dank, sehr schnell in einer Kinderkrippe unterbringen. Meine Mutter versorgte in dieser Zeit den Kleinen. Bis auf ganz wenige, fast unvermeidliche Kontakte, sollte ich nun lange Zeit nichts mehr von Waltraud hören. Die Organisation krachte daraufhin zusammen wie ein Kartenhaus. Irene und Werner hielten sich noch ungefähr sechs Wochen mit einer kleinen Beraterschar von etwa 30 Personen. Drei Monate später saß nur noch ein Pärchen in der Schulung in

Karlsfeld, die ich aus Neugier wieder einmal besuchte. Einfach, um zu sehen, was daraus geworden war.

Im Briefkasten häuften sich die Mahnbescheide und Vollstreckungsandrohungen. Ich mußte nun irgendwie durch das Chaos hindurch, und versuchen, die Suppe alleine auszulöffeln. Es folgten zwei wichtige Termine, denen sich meine Frau auf keinen Fall entziehen durfte. Zum einen mit der Sparkasse in Neuaubing und zum anderen ein Termin bei den Sponsoren von Ingrid und Peter. Dieses Smaragdberaterpaar wurde von allen Beteiligten als neutral angesehen, und daher als geeignet, um einen Vergleich für offenstehende Warenlieferungen und Bonusse auszuhandeln. Der Termin sollte bald stattfinden, da sonst Silvia, Albert und auch Sigi einen Mahnbescheid erlassen würden und die Angelegenheit über den teuren Gerichtsweg entschieden werden müßte. Im Vorfeld standen bereits Gespräche mit dem Bezirksleiter und Außendienstbetreuer des Herstellers an. Dieser lehnte jedoch jede Einmischung in die Angelegenheit ab. Er selbst könne nur versuchen beide Seiten zu beschwichtigen und helfen, einen für alle Parteien tragbaren Mittelweg zu finden.

Für das Treffen bei den Smaragdberatern hatte ich mich besser denn je vorbereitet. Was von den beiden Linien gefordert wurde, ging über das Maß des Erträglichen hinaus. Ich fand eine Vielzahl von Rechenfehlern. So wurden zum Beispiel auf einem Lieferschein knapp über 1.000 Mark zu wenig berechnet und bezahlt. An viele Vorgänge, die alle bis zur DD Qualifikation der beiden Linien zurücklagen, konnte ich mich nur recht lückenhaft, teilweise überhaupt nicht mehr erinnern. Hatte derjenige die Ware nachgeliefert bekommen oder nicht? Wurde hier ein doppelter Punktwert aufgrund einer Aktion gegeben, oder war einfach ein Rechenfehler unterlaufen? Tausende von Zahlen, seitenlange Bonusabrechnungen, viele handgeschriebene Zettel, Notizen - wer sollte da noch durchblicken?

Die Forderungen waren für mich gigantisch: Silvia und Albert wollten über 15.000 Mark. Sigi blieb mit seiner Forderung von 4.399 Mark doch erheblich darunter. Mit Irenes und Werners Hilfe gelang es mir wenigstens Silvia und Albert abzuwimmeln. Wir erstellten gemeinsam eine Bonusabrechnung, sowie eine Liste der nachgelieferten Waren. Irene und Werner unterschrieben mir daraufhin eine Erklärung, daß sie ihren Bonus über insgesamt 14.939 DM vollständig erhalten hatten. Mit dieser Erklärung waren Silvia und Albert natürlich auch von Bonuszahlungen an diese Linie befreit. Nachdem ich alle Vorschußzahlungen zusammenzählte und die pro forma geleisteten Bonusse an Werner hinzurechnete, ergab sich eine Überzahlung von 2.800 DM. Dieses Geld müßten Silvia und Albert eigentlich an mich zurückzahlen. Die beiden hatten jedoch genausowenig Geld wie ich. 2.800 Mark waren von ihnen unmöglich aufzubringen. Von ihren Nachbarn, auch Berater der Organisation, hatte ich erfahren, daß sie ihre Miete schon seit einiger Zeit nicht mehr bezahlen konnten und bereits die Kündigung erhalten hatten. Beide verließen kurz darauf das Treffen ohne sich zu verabschieden. Ich bat sie, das Geld doch an Irene und Werner zu bezahlen, weil da auch noch andere Gelder ausstehen würden, was sie wohl im Laufe der Zeit einfach vergessen hatten.

Nichts vergessen hatte Sigi. Obwohl ich genau wußte, daß er uns hinterging, hatte ich nichts dagegen unternommen. Meine Frau einigte sich mit mir, die Schulden an Sigi alleine zu begleichen. Wenn sie zahlte, konnte es mir ja egal sein. Nur die Summe schien mir viel zu hoch. So viel Umsatz hatte er gar nicht gemacht, daß etwa 4.000 Mark an Forderungen entstehen konnten. Im Mittelpunkt seiner Rechnung stand eine große Schmuckbestellung. Ich wußte jedoch, denn ich hatte es vor einiger Zeit selbst gesehen, daß er einen sehr großen Vorrat an Schmuckstücken zuhause hatte. Leicht über 100 Pakete mit Schmuck, alle noch originalverpackt, lagen dort in einem Karton verstaut. Von einigen Schmuckstücken besaß er gar drei oder vier Stück. Ich nannte ihn einen Betrüger, als er bestritt ein Schmucklager zu haben. Am Ende blieb eine Summe von 3.427 Mark stehen. Desweiteren bestritt Sigi, von mir einen Bonusvorschuß über 1.500 DM per Scheck kurz nach seiner Qualifikation erhalten zu haben. Diesen Scheck habe er nie bekommen und somit auch nie eingelöst. Ich war mir meiner Sache aber ganz sicher, im Scheckheft stand auch noch der Zusatz "Vorschuß". Hermann, der zur Schlichtung anwesende Smaragdberater, bot sich als Zeuge an. Sollte der Scheck wirklich von Sigi eingelöst worden sein, so mußte dieser Betrag von der Schuld abgezogen werden.

Unser Profit-Sharing-Scheck konnte jeden Tag eintreffen. Ingrid und Peter, aber auch andere Direktberater, hatten ihn gerade erhalten. Ich erklärte mich bereit, diesen Scheck an Sigi weiterzuleiten, sobald ich ihn bekam, um ihn dann mit der Schuld zu verrechnen. Wie hoch der Betrag genau sein würde wußte niemand. Die mit ihm ausgehandelte Summe wurde in Monatsraten aufgeteilt, die meine Frau abbezahlen wollte. Ingrid sah mich vorwurfsvoll an, als sei ich alleine an der ganzen Misere schuld.

Peter redete fast kein Wort mit mir. Nur Hermann hatte Verständnis und bat mich für einen Moment in ein Nebenzimmer. „So ist es bei vielen Organisationen, ihr seid da kein Einzelfall. Wir sind zwar Smaragd, aber glaubst Du wir machen hier das große Geld? Es sind nicht einmal 2.000 Mark, die wir aus diesem Geschäft verdienen. Häufig ist es erheblich weniger." Hermann, der Sponsor von Ingrid und Peter sagte mir ziemlich nüchtern, daß sein Haus und der große Mercedes mit Sicherheit nicht aus dem Geschäft finanziert wurden. Der Bonus, den sie erhielten, wurde vollständig wieder für das Geschäft verbraucht. Ein heilsamer Schock, ein wenig beruhigend.

Hermanns Frau tippte inzwischen auf der Schreibmaschine eine Schuldanerkennung, die meine Frau, Sigi, Daniela und ich unterschrieben. Danach löste sich die Runde schnell auf. Ich fuhr nach Hause und fand im Briefkasten unseren Profit-Sharing-

Scheck über 465,89 DM vor. Wie vereinbart, informierte ich Sigi telefonisch und er kam auch gleich am selben Nachmittag, unterschrieb mir eine Empfangsbestätigung und ließ den Scheck auf seinem Konto gutschreiben.

Auch Irene und Werner wollten in den nächsten Tagen eine schriftliche Schuldanerkennung von uns. Aber sie zeigten sich kulant: Bezahlen bräuchten wir erst, wenn wir dazu wieder einigermaßen in der Lage wären. Das Pärchen, das von Silvia und Albert zu uns herüber gewechselt hatte, meldete ebenfalls eine Forderung über fast 2.000 DM an, völlig zu Recht. Sie hatten noch im Dezember sehr viel Modeschmuck bestellt, der großteils vom Hersteller nicht geliefert werden konnte. Bezahlt hatten sie bei der Bestellung in bar. Zusammen mit dem noch nicht bezahlten Bonus erreichte die Forderung eine nicht unbeachtliche Summe. Auch hier erklärte sich meine Frau bereit, sich mit den Betroffenen in Verbindung zu setzen und die Angelegenheit zu erledigen. Trotz der Schulden blieb dieses Paar weiter mit mir in Verbindung. Hatte er Nachtschicht, so besuchte sie mich, um für mich und Markus zu kochen. Auch tagsüber traf ich sie, doch eines war unausgesprochen klar: Anrühren würde ich sie nicht, sie hatte ja einen Freund und das sollte so bleiben. Ich war dankbar für diese Hilfe. Erst später, als die beiden sich trennten, wurde mir klar, was da eigentlich vorgegangen war. Sie suchte einen neuen Freund, und ich nahm die ganze Zeit über keine Notiz davon. Zu diesem Zeitpunkt wußte ich selbst nicht wo mir der Kopf stand. Ich hatte ein kleines Kind zu versorgen, keine Mark in der Tasche, jede Menge Schulden und eine Scheidung vor mir.

Doch dieses Geschäft hatte mich immer noch in seinen Fängen. Waltraud unterschrieb eine Verzichtserklärung, damit bekam ich freie Bahn, um wieder aufzubauen. Als erstes mußte ich jedoch Geld verdienen. Werner gründete schon ein paar Monate zuvor, zusammen mit einem Geschäftspartner, einen Kurierfahrerservice. Er vermietete für ein Münchner Kurierunternehmen an deren Fahrer Autos und Funkgeräte. Eine ganz praktische Sache für Leute, die völlig abgebrannt, aber im Besitz eines Führerscheins waren. Ein eigenes Auto besaß ich ja. Also ließ ich mir ein Funkgerät einbauen und war ab sofort als Wagen 54 unterwegs.

Verdient habe ich in dem folgenden Jahr fast nichts. Mein BMW 525 Automatik verbrauchte gut 18 Liter Super verbleit. Das Benzin, die Funkgerätmiete und die Kosten für die Auftragsvermittlung verschlangen den Großteil des Verdienstes. Mir blieb nichts anderes übrig als mir immer wieder, mal 50, mal 100 Mark von meinen Eltern zu leihen. Eine feste, regelmässige Arbeit konnte ich alleine wegen des zu erwarteten Sorgerechtsstreits für Markus nicht annehmen. Da meine Frau durch die finanzielle Absicherung ihres Freundes die besseren Karten hatte, wollte ich dem Jugendamt nicht das Argument bieten, weniger Zeit für das Kind zu haben. Das ging soweit, daß ich mit einer jungen Frau, etwa ein dreiviertel Jahr später, eine gemeinsame Drei-Zimmer-Wohnung bezog, um ein eigenes Kinderzimmer für Markus vorweisen zu können.

Die bestehende Situation wurde von vielen Seiten erbarmungslos ausgenutzt. Heidi und Hardy erließen einen Mahnbescheid über fast 1.000 Mark für die Warenrücksendung, die wir für sie erledigt hatten. Daß beide recht eigennützig sind, war uns in den vergangenen Jahren nicht verborgen geblieben, daß sie aber so weit gingen und unsere Situation kaltschnäuzig ausnutzten, hätte ich nie für möglich gehalten. Ich schrieb Waltraud einen Brief, in dem ich ihr mitteilte, daß ich gegen den Mahnbescheid Einspruch einlegen würde. Daraufhin rief sie mich an, um mir kurz zu erklären, daß sie sich um die Sache mit ihrem Bruder kümmern würde. Viel konnte sie nicht erreichen. Einige Zeit später besuchte sie der Gerichtsvollzieher und wollte den geforderten Betrag pfänden. Sie bezahlte. Mir war es im Grunde egal, ich staunte nur über die Kälte von Heidi und Hardy. So tief würde ich nicht sinken wollen, daß ich mich zu solch einem Schritt meinen Geschwistern gegenüber hinreissen lassen könnte. Ich hatte einen Trost: Mit der Scheidung gehörte ich einer solchen Verwandtschaft nicht mehr an.

* * *

Der nächste schwere Schlag kam von der Sparkasse. Dort bestand immer noch unser Geschäftskonto, das mit 10.000 DM und ein Privatkonto, das mit gut 5.000 DM überzogen war. Ein Heirats- und ein Kinderdarlehen über insgesamt 12.500 DM, sowie ein Kredit von 13.000 Mark standen zudem zur Abzahlung an. Zählte ich die Gelder für Irene und Werner, Daniela und Sigi, sowie die vielen kleinen offenen Rechnungen dazu, so waren das noch einmal gut über 20.000 Mark, insgesamt etwa 60.000 Mark Schulden. Dabei hatte ich die momentanen Forderungen des Finanzamtes noch gar nicht mitgerechnet. Die konnten wir aber durch die Abgabe ordentlicher Steuererklärungen abwenden.

Die Sparkasse bot uns nicht viele Möglichkeiten an. Klar, durch unsere Schulden stellte man uns Bedingungen und wir mußten akzeptieren, was immer uns vorgeschlagen wurde. Jeder von uns nahm einen Festkredit über 9.000 Mark auf. Dazu je 6.000 Mark Dispokredit. Anders würde das nicht gehen, wurde uns vom Zweigstellenleiter erklärt. Die Zinsen für einen Dispokredit lagen zu der Zeit sehr hoch, für uns ein schlechtes Geschäft. Ich bat den Filialleiter uns diesen eingeräumten Dispokredit schriftlich für die Dauer der Ratenzahlungen zuzusichern. Mit meiner Frau konnte ich im Anschluß nicht über unsere Schulden und den Vorschlag der Bank sprechen. Sie hatte es eilig. In Wirklichkeit wollte sie mir nur aus dem Weg gehen. Die Sparkasse hatte mich mit diesem Dispokredit in der Hand. Grundsätzlich wird ein Dispo nur bei regelmäßigen Umsätzen eingeräumt und ist jederzeit von der Bank kündbar. Finanziell hatte uns die Sparkasse voll im Griff - ihr Wille geschehe. Wir waren für sie nur zwei Hampelmänner, die ab sofort nach ihrer Pfeife tanzen mußten. Meine einzige Chance sah ich in einer schriftlichen Zusage für einen dauerhaften Dispo. Ein paar Tage später lagen dann die Verträge vor. Der Zusatz für einen fest eingeräumten Dispokredit fehlte. Ich bat den Zweigstellenleiter dies doch bitte nachzuholen, worauf er, zu meiner Verwunderung, den Kreditvertrag handschriftlich ergänzte. Es lief zwar nicht alles so, wie ich mir das vorstellte, dennoch meinte ich, wenigstens einen Teilerfolg erzielt zu haben. Nun konnte ich die Bank wechseln und lediglich die monatlichen Raten überweisen.

Zwei Schufameldungen hatte uns diese ganze Misere in den vergangenen Jahren eingebracht. Schuld war natürlich unser mangelndes Einkommen. Und trotzdem empfand ich die Handlungsweise der Bank als unnötig hart. Die Bank kannte unsere Adresse, unsere Telefonnummer. Hätte sie uns nicht vorher anrufen können, bevor sie einen Scheck platzen ließ? Dazu war sie eben nicht verpflichtet. Die andere Frage war, ob sich durch einen Anruf an der Deckung unseres Kontos etwas geändert hätte. Im ersten Fall, als die Bank zwei Schecks an den Lieferanten nicht einlöste, hatte sie vorschnell gehandelt, davon war ich überzeugt. Zum Zeitpunkt der Einlösung waren bereits Schecks zur Gutschrift bei der Bank eingereicht. Leider geht das Abbuchen immer etwas schneller als das Gutschreiben. Dadurch überschneiden sich die Buchungen um ein bis zwei Tage. Im zweiten Fall lag die Schuld bei uns. Hier dauerte es ein paar Tage länger, bis die Schecks zur Kontodeckung vorgelegt wurden. Aber auch hier wäre ein Anruf angebracht gewesen. Wie gesagt, die Bank ist dazu nicht verpflichtet, und wer Geld ausgibt, welches er noch nicht besitzt, ist immer der Schuldige.

Darüber habe ich mich auch gar nicht so sehr geärgert. Vielmehr störte mich die Abhängigkeit durch den Dispokredit. Was würde passieren, wenn ich die Bank wechselte? Nun gut, der Filialleiter wußte Bescheid, momentan hatte ich kein festes Einkommen. Das Geld, das ich vereinzelt noch da und dort bekam, wurde in bar bezahlt und wenn es ein Scheck oder eine Überweisung war, dann leitete ich das Geld über das Konto der Volksbank in Fürstenfeldbruck. Später eröffnete ich bei der Hypo Bank in München ein Gehaltskonto und hatte bis heute keinen

Grund zur Kritik. Eine wichtige Erfahrung war mir aber geblieben: „Bei der Bank gibt es keine Freunde!"

Zu meiner Frau brach nach dem Gespräch bei der Sparkasse der Kontakt fast ganz ab. Wir schickten uns gegenseitig nur Mahnungen und Zahlungsaufforderungen. Jedes eigentlich notwendige Gespräch, wurde über die Rechtsanwälte geführt. Das Jugendamt forderte für die Sorgerechtsklärung ein Gutachten eines Psychologen und organisierte deshalb irgendwann einen gemeinsamen Termin mit Waltraud, Markus und mir. Im Ganzen gesehen waren diese Institutionen für mich keine Hilfe bei meinen Problemen. Ich vermied allerdings auch den Kontakt mit dem Jugendamt, aus Angst, mir könnten Äußerungen negativ ausgelegt und das Kind dann zu meiner Frau gegeben werden.

Irene und Werner wurden meine größte Stütze. Ich war gerne bei ihnen, dort konnte ich mich aussprechen und meine Probleme loswerden. Inzwischen waren sie selbst eine kleine Familie geworden. Auch sie hatten einen Sohn bekommen. Wie immer sie es geschafft haben, finanziell nicht unterzugehen, die beiden haben viel investiert, viel verloren und haben sich dennoch immer über Wasser gehalten. Bald zogen sie sich aus dem Geschäft zurück, pachteten mit Hilfe von Werners Vater eine Tankstelle und fingen langsam wieder von vorne an. Hansi traf ich noch einige wenige Male bei Irene und Werner. Wir wechselten nur wenige Worte. Er hatte uns, kurze Zeit nach der grossen Trennung von Silvia und Albert, den Rücken gekehrt. Was immer danach passierte, es fand wohl eine große Hetzkampagne, ausgehend von Silvia und Albert, statt. Das ehemals gute Verhältnis zu Hans, die vielen Nächte, die wir einmal zusammen geträumt hatten, gehörten der Vergangenheit an. Es war mir ein wenig unverständlich, warum er unsere Freundschaft durch Dinge belastete, die ihm andere erzählten. In ihm hatte ich mich schwer getäuscht. Ich zählte ihn zu meinen Freunden, doch entpuppte er sich als ein Typ, der immer nur dorthin geht, wo er für sich selbst einen Vorteil erwartet. Bei Silvia und Albert konnte er glänzen, da die beiden versuchten, viele Leute um sich zu scharen und jedem nach dem Mund redeten. Der Buhmann war ausgemacht. Wir waren an allem Mißerfolg schuld und ich habe die Organisation kaputtgemacht.

Womöglich hatten sie recht. Obwohl ich zusammen mit meiner Frau der Organisation zu ihrer Größe und Einzigartigkeit verhalf und wir sie zu einer der bekanntesten und motiviertesten Gruppen machten, waren mir einige schwere Fehler unterlaufen. Doch das Ende dieser Gruppe wurde von Silvia, Albert und Sigi eingeleitet. Mit ihrem Weggang brachen ihre Linien zusammen. Langfristig hatten auch wir daran Schaden genommen. Unsere Restgruppe erlaubte keine Veranstaltungen mehr in den gewohnten Größenordnungen. Wir waren so mächtig und einflußreich geworden, daß sogar Menschen aus unserem engsten Kreis eifersüchtig wurden. Nicht aus geschäftlichen sondern aus persönlichen Motiven, trennten sie sich von uns. Jeder, der dieses Geschäft aufbaut, braucht persönliche Erfolgserlebnisse. Anfangs sind es nur 300 Mark Umsatz, dann ein erfolgreiches Sponsergespräch, später die eigene Gruppe, bis hin zu eigenen Entscheidungen und dem Gefühl, ganz besonders wichtig zu sein. Es sind ganz wesentliche Faktoren, die berücksichtigt werden müssen, weil die wichtigste Nebensache, eben das Geld verdienen, lange Zeit nicht erreicht wird. All die persönlichen Erfolge hatten meine Frau und ich jedoch selbst eingeheimst. Mit keiner Bonusabrechnung konnten wir sie weitergeben. Sicher gönnten wir jedem seinen Erfolg, ja wir wünschten ihn auch jedem, doch Platz an der Spitze der Organisation zu machen, dafür schien uns die Zeit noch nicht gekommen. Zu groß waren unsere eigenen Pläne, die nur mit einer großen Organisation zu verwirklichen waren.

Es hat niemandem mehr genutzt, wenn er im nachhinein feststellte, daß eben unsere Politik die Organisation zusammengehalten und diese auch in schlechten Zeiten eine Überlebenschance gehabt hätte. Bald nach der Trennung von meiner Frau zerbrach das Imperium der MM's. Auf den Schulungszentren wurde die Trennung der beiden Kronenbotschafter Meier-Mehringer und Schubert bekanntgegeben. Jeder DD stand vor der Entscheidung, in der Organisation MM zu bleiben, oder zu den Kronenbotschaftern Schubert überzuwechseln. An diesem Punkt angelangt, ging der große Ruck durch das gesamte deutsche Geschäft. Innerhalb kürzester Zeit lösten sich ganze Direktberatergruppen, bis hinauf zu den Diamantberaterorganisationen, fast vollständig auf. In der praktizierten Form hatte dieses System in Deutschland versagt. Als sicher geltende Beraterschaften wurden inaktiv, zogen sich zurück oder beendeten nach und nach ihr Geschäft.

Ich hatte es gefühlt. Schon lange vorher wollte ich mich von den MM's abnabeln. Was den Beratern, alleine über die Organisation, an Geld aus der Tasche gezogen wurde, war bald nicht mehr vertretbar. Jetzt schien die Schmerzgrenze erreicht zu sein. Die obersten Etagen entschieden über die Köpfe der kleinen Beraterorganisationen hinweg, neue Wege zu gehen. Ich selbst war zu diesem Zeitpunkt nicht mehr aktiv im Geschäft. Waltraud erzählte mir später, daß sie am Tag der Bekanntgabe der Trennung auf dem Schulungszentrum in Eching gewesen sei und dort nur wenig Hintergrundinformationen weitergegeben wurden.

* * *

Peter, einst einer der treuesten Anhänger der MM's, der jede Kritik an deren Führungsstil bereits im Keim erstickte, entpuppte sich als energischer Befürworter dieser Trennung. So blieb vielen DD's gar keine Entscheidungsmöglichkeit. Entweder sie zogen mit ihrem übergeordneten Sponsor mit, oder sie mussten sich trennen, was in dieser Situation ein unnötiges Risiko bedeuten würde. Wieder eine Entscheidung der Oberen, die unter massivem Druck nach unten weitergegeben wurde. Wer wollte schon seine Freunde und Geschäftspartner verlieren, mit denen er häufig schon seit vielen Jahren zusammen war? Wer traute sich zu, die Situation zu überblicken und ohne seine Linie den Weg nach oben alleine zu gehen? So entschieden sich viele, wenn sie nicht aufhörten, für ihre Sponsorlinie. Jene Linie, die ihnen noch vor kurzem für hunderte von Mark Kassettensätze, Videos, Aufbauhilfen und Obsteigbetten verkauft hatte. Die Linie, die den Druck und die Spielregeln der MM's weitergab. Die Druck auf jeden ausübte, der sich widersetzte. Wie oft hatte mich Peter in die Zange genommen, wenn ich nicht nach Obsteig mitfahren wollte oder Kritik an der Arbeitsweise anbrachte? Jetzt sollte alles anders werden. Jeder gab offen zu, Fehler gemacht zu haben. Doch wem nützte das jetzt noch?

Dachte in all den Jahren auch jemand von den Oberen an den kleinen Berater? Dachte jemand an das Schicksal der vielen tausend Menschen, die ihnen vertrauten, die sich aufopferten, ihrem Bekanntenkreis von der größten Chance ihres Lebens erzählten? Was war mit denen, die in Treu und Glauben die vielen Anweisungen beachteten, jedem Kassettensätze und Obsteigbetten verkauften und auf eine absolute Linientreue pochten? Standen sie nun nicht alle wie die letzten hörigen Trottel vor ihren Organisationen?

Nicht nur wir haben für die Illusionen der vergangenen Jahre die Rechnung präsentiert bekommen. Vielen, vielen anderen war es ähnlich ergangen. Sie hatten ihren Job hingeworfen, ihren Bekanntenkreis für diese Idee geopfert. Hatten auf die Worte ihres DD's, ihres Diamanten oder Kronenbotschafters gebaut, um nun mitansehen zu müssen, wie ihre Arbeit innerhalb von wenigen Wochen zu Grunde gerichtet wurde. Reihenweise schlossen Schulungszentren, lösten sich Organisationen auf. Das Ergebnis einer seit Jahren rücksichtslosen Organisationspolitik. Zu lange hatten sich die Großen an diesem Geschäft bereichert, die Berater bis zum Zusammenbruch gemolken. Ich ließ mich von ihnen anstecken, glaubte an diesen Traum und trug meinen Teil dazu bei, ihnen mit unserer Gruppe die Taschen zusätzlich zu füllen. Doch möchte ich nicht alle Schuld innerhalb unserer Organisation auf mich nehmen. Ich legte die

Weichen zum Widerstand schon vor viel längerer Zeit, doch verwirklichen konnte ich ihn nicht mehr. Zum einen trennten sich unsere eigenen DD's zu schnell von uns, zum anderen waren Ingrid und Peter schon lange keine Freunde meiner Ideen mehr gewesen. Ingrid warf mir einmal in einem Gespräch vor, ich würde mit unseren Leuten spielen. Sie wären alle nur meine Marionetten. Ich empfand es gerade anders herum. Die Beiden spielten selbst mit den Menschen. Weil sie diktatorisch Entscheidungen an ihre Gruppe weitergaben, weil sie mit Liebesentzug reagierten, als wir nicht so funktionierten, wie sie es gerne gesehen hätten, und mit dem Ausschluß aus der Organisation drohten, sollten wir nicht so mitziehen, wie es von ihnen gewünscht wurde. Das Spiel trieben sie noch weiter. Als Silvia und Albert zu ihnen kamen, nahmen sie die beiden auf und wandten sich, ohne vorher mit uns zu reden, von uns ab. Sie mischten sich in unsere Angelegenheiten und maßten sich das Amt des Richters an.

* * *

Als Kurierfahrer verdiente ich gerademal die Miete für die Wohnung. Im Sommer bot mir mein Onkel an, in seiner kleinen Baufirma zu arbeiten. Die Hilfe kam gerade zur rechten Zeit, da ich inzwischen alles Wertvolle aus der Wohnung zu Geld gemacht hatte und dringend mehr Geld brauchte. Meine Eltern sorgten zwar für das Essen für Markus und mich, mit Bargeld hielten sie sich aber sehr zurück. Auf der anderen Seite forderten sie den Großteil wieder, indem sie meine Filmausrüstung an sich nahmen oder mich zu Verkäufen von irgendwelchen Sachwerten veranlaßten, deren Erlös sie dann erhielten. Aber wenigsten waren sie als die letzte Auffangstelle kurz vor dem absoluten Untergang da. Sie rieten mir, doch zum Sozialamt zu gehen. Das Sozialamt empfand ich als eine Demütigung, die ich nicht auf mich nehmen wollte. Dazu war mein Stolz noch zu groß. Dies konnte für mich nur der allerletzte Schritt sein. Vorher aber, und dazu war ich ja in der Lage, würde ich mir einen normalen Job suchen.

Bei meinem Onkel verdiente ich innerhalb weniger Monate viel Geld. Manchmal 600 Mark, manchmal waren es sogar 1.000 Mark in der Woche, die ich so in der Tasche hatte. Dafür fuhr ich die Arbeiter und das Material zu den Baustellen, und ab und zu verputzte ich neu eingesetzte Fenster, die eine Firma kurz vorher montiert hatte. Natürlich, so sauber wie ein Profi brachte ich es nicht hin, doch die Ergebnisse wurden zusehends besser.

Kurz vor den Wintermonaten entschied ich mich dann doch, eine ganz normale Arbeit anzufangen. Auf jeden Fall wollte ich im Trockenen sein, und zuviel verdienen sollte ich auch nicht, um am Ende nicht noch für meine Frau Unterhalt zahlen zu müssen. Nein, lieber hätte ich gar nichts mehr getan. Ich bewarb mich als Arbeiter im öffentlichen Dienst, bekam 14 Tage später eine positive Nachricht und konnte dort sofort als Amtsbote für 1.550 Mark netto beginnen.

Nach über einem Jahr wurde das Urteil des Amtsgerichts auch vom Oberlandesgericht bestätigt. Markus mußte wieder zurück zu seiner Mutter. Obwohl das Kind seine Mutter in diesem Jahr fast nicht gesehen hatte, wurde es nun endgültig ihr zugesprochen. Es wurden zwar keine Gründe gefunden, die gegen mich und mein alleiniges Sorgerecht sprachen, doch entsprach es einfach der Regel, falls der Mutter nicht grobe Verfehlungen nachgewiesen werden konnten, ihr das Kind zuzusprechen. Ich mußte mich dieser Entscheidung beugen und nahm Abschied von ihm. Waltraud versicherte mir, daß ich ihn wenigstens alle 14 Tage sehen könne.

Mit diesem letzten Schritt schloß sich ein Kapitel in meinem Leben. Alles, was mir lieb und teuer war, wurde mir genommen. Es war einsam in der Wohnung und es war auch einsam in mir geworden. Draußen wurde es gerade Frühling, ich stand am Fenster und schaute in den Hof hinunter. Ich muß wieder Mut tanken, ein neues Leben beginnen. Ich darf mich nicht treiben lassen. So wie es Frühling wird, so wird es wieder Sommer, dann wieder Herbst und schon ist es wieder Winter. Genauso werden die Jahre vergehen, werde ich vergessen und ein anderes Leben leben. Es war ein Moment des Abschieds von der Vergangenheit. Wie ich dort am Fenster stand, dachte ich, daß mich in Zukunft nichts mehr erschüttern könnte. Egal was auch passieren würde. In der schwersten Zeit hatten mich viele meiner Freunde alleine gelassen, war auch meine Frau gegangen. Ich mache daraus niemandem einen Vorwurf. Die Geschäftsfreunde hatten selbst genug damit zu tun, ihre eigenen Organisationen zu retten. Meine Frau hatte mit ihrem Weggehen nur die Konsequenz aus einer unerträglichen und verfahrenen Situation gezogen. Einer Situation, die ich nicht in den Griff bekommen konnte und wenn, dann wäre es nun schon zu spät gewesen. Sie zwang mich aus meinen Träumen aufzuwachen, die Karten offen auf den Tisch zu legen und einen Schlußstrich zu ziehen - mit allen Konsequenzen. Vielleicht war dies der einzige Weg, um wieder auf die Füße fallen zu können. Nun da Markus nicht mehr bei mir war, gab es auch keinen Grund mehr, mit meiner derzeitigen Freundin zusammenzubleiben. Auch zu diesem Schritt war ich fest entschlossen. Ich mußte mit meinem Leben ins Reine kommen, einen neuen Sinn finden. Auf gar keinen Fall wollte ich mich weiterhin so treiben lassen.

Sie war nicht sonderlich überrascht über meinen Entschluß, wenngleich ich ihr anmerkte, daß es sie trotzdem traf. Wir einigten uns, daß jeder auf Wohnungssuche gehen sollte, und im Notfall der eine dem anderen bei der Miete helfen würde, sollte es nicht gleichzeitig mit dem Umzug klappen. Soweit kam es nicht. In meiner Arbeit lernte ich eine um vier Jahre ältere, verheiratete Frau kennen und meinte, es sei die große Liebe. Sie war nach wenigen Wochen entschlossen, sich von ihrem Mann zu trennen. Als meine Wohnungsgefährtin das erfuhr, kam es zu einem riesigen Krach, der damit endete, daß sie am nächstem Tag ihre Sachen packte und zu ihren Eltern zog. Für mich überstürzten sich die Ereignisse. Wenige Tage darauf zog meine Arbeitskollegin bei mir ein. Ich war zwar bemüht mein

Bestes zu geben, doch fehlte mir die innere Ruhe. Ich wußte nicht was ich wirklich wollte, war eigentlich noch gar nicht bereit mein Leben schon wieder zu teilen. Schon drei Monate später trennten wir uns wieder. Ich war hin- und hergerissen, doch mußte ich mir eingestehen, daß diese Bindung von beiden viel zu vorschnell eingegangen wurde. Schon wieder hatte ich Mist gebaut. Ein Vorwurf, der mir lange Zeit zu schaffen machte.

Ich bat meine Eltern mich doch für ein paar Monate bei ihnen wohnen zu lassen, wenigstens so lange, bis ich mich finanziell ein wenig erholt und ein günstiges Apartment gefunden hatte. Meine Mutter willigte ein und ich kündigte den Mietvertrag der für mich jetzt viel zu teuren Wohnung. Meine Eltern wohnten in einer Drei-Zimmer-Wohnung in Aubing. Früher, als noch alle Kinder zu Hause waren, fanden dort sechs Personen Platz. Nun wohnten nur noch meine Eltern und mein um 13 Jahre jüngerer Bruder dort. Für die drei reichte die Wohnung völlig aus. Früher war es schon arg eng. Ich wurde, als mein Bruder älter wurde, ins Wohnzimmer ausquartiert. Immer dann, wenn alle anderen nach dem Fernsehen ins Bett gingen, und das war häufig erst gegen Mitternacht, konnte ich mir mein Klappbett aus der Kammer holen und die Wohnzimmermöbel so verschieben, daß ich Platz hatte, um dort zu schlafen. Nun, da mein Bruder das kleine Zimmer für sich allein nutzte, dürfte es eigentlich keine Probleme geben, dachte ich. Zu zweit in einem Zimmer und das nur für ein paar Monate, das müßte eigentlich schon gehen. Lange würde ich bestimmt nicht bleiben, dazu gab es dort viel zu häufig Krach. Mein Vater ist noch von der Sorte, die immer recht hat und dies notfalls auch mit Gewalt durchsetzt. Ihm zu widersprechen war ständig Anlaß zu schlimmen Auseinandersetzungen. Nur bei meinem Bruder, dem Nachzügler, verhielt er sich völlig anders. Was mein Bruder wünschte ging in Erfüllung. Vielleicht wollte er bei ihm gutmachen, was er bei den anderen in den vielen Jahren falsch gemacht hatte. Alle Geschwister sind bei der ersten Gelegenheit von zu Hause ausgezogen. Keinen hatte es länger gehalten als nötig. Aber im Moment war ich in großer Not. Ich stand an der Grenze zwischen Aufgeben und Neuanfang. Vor mir eine endlose Leere, die ich wieder mit Leben füllen wollte.

Ich begann die Wohnung in Ordnung zu bringen. Alles, was ich nicht unbedingt benötigte, wanderte zuerst einmal in die Garage. Von dort aus würde beim Auszug alles auf dem Sperrmüll landen. Einen kleinen Schrank transportierte ich auf dem Dachgepäckträger meines Autos hinüber zu meinen Eltern. Darin sollte meine wenige Habe aufbewahrt werden, bis ich ein neues Zuhause gefunden hatte. Im Schlafzimmer lag nur noch eine Matratze, die mir für die letzten drei Wochen zum Schlafen ausreichte. Ein paar Möbel konnte ich über ein Zeitungsinserat verkaufen. Viel bekam ich nicht dafür, doch sparte ich mir die Arbeit, alles selbst die vier Stockwerke hinunterzutragen, um es auf den Müll zu werfen. Die Wohnung war fast vollständig geräumt, als es an der Tür klingelte. Es dauerte eine Weile, bis ein älterer Herr die vielen Stufen bis zur Wohnung heraufkam. Mit freundlicher Stimme stellte er sich als Gerichtsvollzieher vor, der bei mir etwas über 6.000 Mark pfänden sollte. Ach ja, da war ja noch der Mahnbescheid meiner ehemaligen Freundin, die im Streit aus der Wohnung ausgezogen war. Kurz nach ihrem Auszug hatte sie über einen Rechtsanwalt von mir Geld haben wollen. Gleichzeitig erstattete sie Anzeige wegen Körperverletzung gegen mich. Ich Trottel hatte den Mahnbescheid bei der Post nicht abgeholt, und seit dem Erhalt der Vollstreckungsankündigung war auch schon wieder zuviel Zeit vergangen, in der ich nichts unternahm. Schon wieder hatte ich einen Riesenmist am Hals, was sollte ich nur tun? Die Anzeige wegen Körperverletzung wurde bald darauf zurückgezogen. Der Hausmeister beobachtete meine Exfreundin, wie sie frühmorgens das Haus ohne eine Schramme verließ. Als sie zehn Minuten später zurückkam, hatte sie eine Platzwunde am Kopf. Wo immer sie sich die zuzog, von mir war sie gewiß nicht. Nein, zur Gewalt neige ich nicht. Aber sie war in Versuchung mir eins auszuwischen. Nicht auszudenken, was vielleicht geschehen wäre, wenn der Hausmeister seine Mieter nicht ständig beobachten würde. Manchmal ist ein neugieriger Hausmeister auch von Vorteil.

* * *

Der Gerichtsvollzieher bat mich, die Wohnung betreten zu dürfen. Da ich nichts zu pfänden in der Wohnung hatte, konnte ich ihn getrost hereinlassen. „Ziehen Sie um?" fragte er mich neugierig. „Wie kommen Sie denn darauf, bei mir ist es immer so leer!" Ich bin überzeugt, daß er mir das nicht abgenommen hat. Der gute Mann tat nur seine Pflicht, deswegen wird es ihm auch ziemlich gleichgültig gewesen sein was ich sagte. Er sah sich um und stellte kurzerhand fest, daß er keine pfändbare Habe vorfand. Ich unterschrieb das Protokoll und begleitete ihn zur Tür.

Gut zehn Minuten wartete ich noch, bis ich hinunter ging, um mit dem Auto wegzufahren. Ich hatte bereits den Schlüssel in der Hand und wollte ihn ins Türschloß stecken, als derselbe Herr wieder auf mich zukam und mich fragte, ob dies mein Auto sei. Erschrocken zog ich den Schlüssel zurück, schüttelte den Kopf und ging einen Schritt zur Seite. „Nein, das ist nicht mein Auto." Gerichtsvollzieher haben doch ein Herz. Er grinste, blieb kurz stehen und meinte: „Dann ist's schon gut, einen schönen Tag noch. Auf Wiedersehen." „Na, hoffentlich nicht", konnte ich gerade noch hervorbringen. Ich zog es vor, erst einmal eine Runde um den Block zu gehen, bis ich mich wieder zu meinem Auto traute, um nun endlich wegzufahren. Das Auto ist doch nichts mehr wert, dachte ich mir, aber es fährt noch, deswegen hat es für mich soviel Wert wie ein neues. Hätte ich ja gesagt, dann wäre mir der Wagen unterm Hintern weggepfändet worden.

Es half nichts, ich mußte zu einem Rechtsanwalt, um die Sache aus der Welt zu schaffen. Ich fuhr zu Irene und Werner, die einzigen, denen ich im Moment noch alles erzählen konnte. Helfen konnten sie mir sicher nicht, doch das wollte ich auch garnicht. Sie hatten schon so viel für mich getan. Sie steckten selbst in Schwierigkeiten, für die ich mich zudem mitverantwortlich fühlte.

Am nächsten Tag nahm ich mir telefonisch frei, um wenigstens die wichtigsten Dinge in Ordnung zu bringen. Zuerst rief ich bei der Hausverwaltung an, um noch für denselben Tag einen Besichtigungstermin für meine Wohnung zu vereinbaren. Die Hausverwaltung bestand aus einer einzigen, offensichtlich recht wohlhabenden, älteren Frau. Sie machte auf mich von Anfang an einen sehr menschlichen Eindruck. Gegen zehn Uhr erschien sie dann bei mir in der Wohnung. Ganz begeistert zeigte sie sich von den Renovierungsarbeiten, die ich in der Wohnung vorgenommen hatte. Das Bad und die Küche waren neu gefliest und in allen Zimmern waren neue Teppiche verlegt worden. Selbst die elektrische Verkabelung in Küche, Kammer, Bad und

Gang wurde von mir ordentlich unter Putz gelegt. Diese Arbeiten waren ein Teil des Vertrages, den wir beim Einzug aushandelten. Der Vermieter erstattet das Material und ich mache dafür die Arbeit. Das war auch ganz ordentlich über die Bühne gegangen. Jetzt war sie aber so von der Wohnung begeistert, daß sie mir die Erstattung der letzten Miete zusagte. Eine erfreuliche Nachricht. In einem ausführlichen Gespräch schilderte ich ihr die vergangenen Monate. Sie riet mir, doch zu einem ihr bekannten Rechtsanwalt zu gehen, er sei sehr gut, noch jung und engagiert. Gerne dürfe ich sie einmal besuchen, vielleicht auf eine Tasse Kaffee. Ich bedankte mich recht herzlich, freute mich, daß es doch noch Menschen gab, die mir Hilfe anboten.

Beim Rechtsanwalt wurde ich über meine derzeitigen Möglichkeiten aufgeklärt. „Es sieht nicht gut aus", meinte er. Sicher, bei einem Rechtsstreit vor Gericht würde meine Exfreundin wohl den kürzeren ziehen, doch momentan hatte sie einen vollstreckbaren Titel gegen mich in der Hand. „Ich werde dagegen Einspruch erheben, das heißt jedoch nicht, daß Sie in der Zwischenzeit nicht gepfändet werden können. Eine andere Möglichkeit ist die Sicherheitsleistung: Entweder Sie hinterlegen das Geld oder die Bank bürgt für Sie." Wo sollte ich eine Sicherheitsleistung hernehmen? 6.000 Mark! Keine Bank würde mir in meiner Situation noch Geld leihen. Ich bedankte mich und hoffte, daß ich mit möglichst wenig Schwierigkeiten aus dieser Situation herauskommen würde.

Am Nachmittag besuchte ich meine Mutter. Nichtsahnend schloß ich die Wohnungstür auf, um gleich darauf einen weiteren schweren Schicksalsschlag hinzunehmen. „Gut, daß Du vorbeischaust," meinte meine Mutter, „Du kannst hier nicht einziehen!" Ich war einen Moment sprachlos, brauchte kurze Zeit, um mich wiederzufinden. „Warum denn so plötzlich, in zwei Wochen muß ich die Wohnung geräumt haben?" Mir standen schon Tränen der Verzweiflung in den Augen. „Dein Bruder möchte nicht, daß Du in seinem Zimmer schläfst, und da haben Vater und ich entschieden, daß Du nicht einziehen kannst." „Das könnt ihr mir nicht antun, ich weiß nicht wo ich jetzt hin soll. Innerhalb zwei Wochen finde ich doch keine Wohnung in München..." Sie blieb hart. „Den Schrank kannst du wieder abbauen. Frag doch mal beim Sozialamt nach, vielleicht können die Dir helfen."

Beim Sozialamt? Das konnte ich nicht. Ich war doch kein Fall für die Sozialhilfe. War ich wirklich restlos am Ende? Gehörte ich nun zu den Menschen auf der Straße, zu den Obdachlosen? Wo würde das noch hinführen? Ich war völlig verzweifelt. Was sollte nur werden?

Die ganze Zeit über dachte ich, nicht noch tiefer fallen zu können. Ich meinte, ich wäre schon ganz unten angekommen. Aber es ging noch tiefer. Und immer, wenn ich glaubte, ganz unten zu sein, gab der Boden noch etwas nach und ich stürzte noch ein Stück weiter hinunter. Ich hatte alles verloren: Meine Familie, meine Eltern, meine Freunde, meinen Glauben, selbst eine Wohnung würde ich in zwei Wochen nicht mehr haben. Ich spürte nur noch eine endlose Leere, hatte das Gefühl, daß mir nun niemand mehr etwas antun könnte. Das wirkte ein wenig befreiend. Wo nichts ist, kann mir niemand etwas nehmen. Ich würde schon nicht gleich verhungern. Nach einer ganzen Zeit des Nachdenkens entschloß ich mich, zu meiner jüngeren Schwester zu fahren. Ich erzählte ihr von unseren Eltern, daß sie mich auf die Straße gesetzt hatten. Spontan bot sie mir an im Ernstfall für kurze Zeit bei ihr schlafen zu können. Sie wohnte allein in einem Apartment, wo es so eng war, daß diese Lösung nur für ein paar Tage akzeptabel sein konnte.Auch meine Schwester hatte schon ihre Erfahrungen mit unseren Eltern gemacht. Wenn es um den jüngeren Bruder geht, dann vergessen sie den Rest der Familie. Meine Schwester machte mir wieder etwas Mut. Wenigstens stand ich nun nicht sofort auf der Straße.

Am Abend konnte ich nicht einschlafen. Ich machte mir grosse Sorgen, wie es denn weitergehen sollte. Ich versuchte meine momentane Situation richtig einzuordnen. Welche Möglichkeiten hatte ich noch? Wieviel Geld konnte ich im Moment sofort verfügbar machen? Über einige Jahre hinweg hatte ich gelernt positiv zu denken. Jetzt fiel es mir schwer, aber ich war krampfhaft darum bemüht. Dann fiel ich wieder zurück. Tabletten? Von einem Haus herunterstürzen? Mir gingen wüste Gedanken durch den Kopf. Nein! So leicht bringt mich niemand klein! Ich werde kämpfen! Ich erinnerte mich an die Worte einer recht alten, aber weisen Arbeitskollegin: „Nur schlechte Zeiten gibt es nicht, nach den schlechten kommen auch wieder gute Zeiten!" Obwohl ich in meiner Arbeit nicht über meine Probleme sprach, hatte sie es mir angesehen. Daran baute ich mich auf. Sie hatte recht, ich werde da durchkommen, ganz alleine! Niemanden werde ich brauchen, jetzt geht es um mich und meine Zukunft. Ich fange ganz von vorne an, ganz bescheiden und nur für mich.

Ich kenne die guten Vorsätze, die man oft abends so hat. Da möchte man am nächsten Tag alles anders machen. Da ist man voller Mut und Kraft, hat tausend neue Ideen, wie man alles besser machen könnte. Am nächsten Morgen ist es die Wirklichkeit, die einen wieder einholt und alle Pläne zunichte macht. Alles, was man sich vorgenommen hatte, ist plötzlich nur Spinnerei, gar nicht realisierbar.

Diesmal überstand mein Entschluß den nächsten Morgen. Voller Energie telefonierte ich alle Wohnungsinserate durch, die ich glaubte irgendwie bezahlen zu können, fest entschlossen, den nächstbesten Mietvertrag zu unterschreiben, der mir vorgelegt würde. An diesem Tag mußte mich ein Sonnenstrahl in meiner ansonsten trübseligen Welt getroffen haben. Mein erster Anruf führte zur Besichtigung eines Apartments in Laim. Sicher, ein winziges, 15 qm kleines Loch mit Dusche und dahinterliegender Toilette. Ich erzählte dem Vermieter von meiner momentanen Situation, daß ich innerhalb von 14 Tagen eine Wohnung bräuchte, um nicht auf der Straße zu stehen. Ich erzählte von meinem Sohn, daß ich das Sorgerecht nicht bekommen hatte, der Situation mit meinen Eltern und von meiner finanziellen Misere. Vielleicht wurde er von meiner Ehrlichkeit beeindruckt, vielleicht spürte er meine Not und den Willen neu anzufangen. Auf jeden Fall sagte er mir die Wohnung zu und erklärte sich damit einverstanden, daß ich die beiden Monatsmieten Kaution später nachbezahle, sobald es mir möglich sein würde. Ich freute mich auf mein kleines, neues Heim. Mit diesem Zimmer würde ich ohne Belastung über die Runden kommen. Vielleicht, wenn ich ganz sparsam war, konnte ich mir sogar ein wenig Geld auf die Seite legen.

Als nächstes mußte der alte 525er BMW weg. Zum einen hatte er mit über 200.000 Kilometern schon erhebliche Startprobleme, zum anderen verbrauchte er viel zu viel Benzin. Ich fuhr ihn zum Schrottplatz, in der Hoffnung sogar noch 100 oder 150 Mark dafür zu bekommen. Vor der Einfahrt zur Schrotthandlung sprach mich ein Mann an. „Wollen sie das Auto verschrotten lassen?" Hat man das dem Auto wirklich schon angesehen? „Ja, wieso? Wollen sie es haben?" „Kommt darauf an, was sie noch haben wollen." Ich überlegte kurz: „Etwa 500 Mark." Er grinste, ging um das Auto herum und murmelte: „Alufelgen,Automatik..., sagen wir 400?" Das Geschäft war gemacht.

Er bot mir an, mich noch bis zur nächsten S-Bahnstation zu bringen, aber ich wollte nicht. Ich ging lieber zu Fuß. Das Wetter war herrlich. Die Sonne schien, als sei sie seit langer Zeit zum ersten Mal wieder aufgegangen und müßte eine ganze Menge nachholen. Ich hatte jetzt jede Menge Zeit. Warum also nicht zu Fuß gehen? Ich fühlte mich völlig befreit von all der Last der letzten Jahre. Niemandem, keinem Menschen auf der Welt, mußte ich nun Rechenschaft ablegen. Ob ich das Auto verkaufe, ob ich es verschrotte, ob ich früh oder spät nach Hause komme, all das ging niemanden etwas an. Und wenn es morgen früh wird, weil ich auf dem Weg in eine Kneipe gehe und die 400 Mark versaufe - selbst dann würde kein Mensch auch nur einen Ton zu mir sagen. Ich genoß jeden Schritt, setzte mich eine Zeitlang auf eine Bank und sah den Menschen zu. Sie hasteten und eilten. Termine, Geschäfte, Einkäufe. Ob sie es wirklich alle schön haben? Wie viele werden darunter sein, die gerne eine Weile mit mir tauschen würden, würden sie dieses Gefühl der Freiheit kennen.

Tage später kaufte ich Werner einen 128er Fiat ab, eines der Autos, die er den Kurierfahrern vermietet hatte. Es stand schon einige Zeit im Hof, hatte noch TÜV und kostete mich fast nichts im Unterhalt. Kurz nach dem Umzug erhielt ich einen Geldsegen. Die halbe Kaution und einen Monat Mietrückerstattung wurden meinem Konto gutgeschrieben. Seit langem verfügte ich endlich wieder über ein paar tausend Mark. Ich überwies sofort das Geld für die Kaution der neuen Wohnung. Einen Teil zahlte ich bei der Sparkasse ein, um ein wenig unter dem Dispolimit zu bleiben. Kurze Zeit später lernte ich eine junge Frau mit einem Kind kennen, das in etwa das Alter von Markus hatte. Mit ihr traf ich mich zwei bis dreimal in der Woche zum Squashspielen, manchmal sogar vor der Arbeit. Von 6 bis halb 7 Uhr Squash, dann Frühstück und anschließend in die Arbeit. Sie bot mir an, mit ihr zum Putzen zu gehen, um ein wenig Geld nebenbei zu verdienen. Das kam mir wie gerufen. Sie hatte den Schlüssel zu den Büros einer Versicherung bekommen, bei der sie selbst entscheiden konnte, wann sie ihre Arbeit machte. Ab 18 Uhr bis spätestens 7 Uhr morgens mußten die Räume gereinigt sein. So half ich ihr in den folgenden Monaten fast jeden Tag. Eine nähere Beziehung sollte es nicht werden. Dafür wollte ich meine neue Freiheit nicht aufgeben. Nein, das würde nur wieder in die Hose gehen. Zudem war sie sehr aktiv, viel mit ihrer Chefin in Discos und auf Veranstaltungen unterwegs, was ich mir auf Dauer auch finanziell nicht leisten konnte. Aber es war schön jemanden zu kennen, mit dem ich völlig unverbindlich meine Freizeit gestalten konnte.

Mein neues Leben sollte auch eine Zukunftsperspektive erhalten. Ich meldete mich für einen Technikerlehrgang in Maschinenbau an. Der Kurs war, bis auf ein paar Lernmittel, kostenlos. Nach zwei Jahren Abendschule könnte ich dann auch beruflich neu anfangen. Mit dem Beginn der Schule endete auch der Kontakt zu meiner Freizeitpartnerin. Ich konzentrierte mich voll und ganz auf den Unterricht. Jeden Abend kam ich erst gegen 22 Uhr nach Hause, aß noch etwas und legte mich bald schlafen. Jede freie Minute verbrachte ich mit Lernen. Die ersten Noten waren durchwegs überragend. Noch nie in meinem Leben hatte ich einen solchen Lernerfolg, noch nie nahm ich mir zum Lernen auch soviel Zeit.

Inzwischen hatte ich auch die Klage meiner ehemaligen Wohnungsgefährtin hinter mir. Zuvor besuchte ich den zuständigen Gerichtsvollzieher, um ihn zu bitten, weitere Pfändungsversuche doch bis zum Gerichtsurteil zu unterlassen. Der forderte mich daraufhin auf, meine Taschen auszuleeren, um eine Taschenpfändung durchzuführen. Da war nicht viel drinnen, auch meine Armbanduhr schien ihm nicht wertvoll genug. Vielleicht war es Absicht, ich weiß es nicht, aber er fragte mich nicht nach meiner Brieftasche. Darin hatte ich gerade mehrere hundert Mark, die ich Waltraud zur Begleichung einer dringenden Steuerberaterrechnung geben mußte. Mit dieser spontanen Pfändung hatte ich ja nicht gerechnet, sonst hätte ich das Geld nicht mitgenommen.

Das Urteil ging, wie von meinem Rechtsanwalt angekündigt, positiv für mich aus. Ihre Behauptung sie hätte die Miete alleine gezahlt, weil auf den Überweisungsträgern nur ihr Name eingetragen wurde, war dem Gericht nicht glaubhaft genug. Außerdem wollte sie Geld, das sie für meine Verpflegung ausgegeben hatte, wieder zurück. Das Gericht entschied, daß solche Kosten nicht geltend gemacht werden könnten und wies die Klage ab. Ein etwas schlechtes Gewissen hatte ich schon. Sie war auf der Suche nach einem festen Partner und meinte, ihn in mir gefunden zu haben. Sie redete vom Heiraten und ich habe ihr nie widersprochen. Wenn ich ihr vor dem Einzug in die Wohnung offen gesagt hätte, daß sie sich keine feste Bindung erwarten dürfe, dann wäre wohl nie ein gemeinsamer Mietvertrag zustandegekommen. Doch damals wollte ich unbedingt Markus behalten. Ich brauchte eine Wohnung und ausreichend Platz für das Kind. Warum habe ich nicht gleich die Konsequenzen gezogen, das Kind zu meiner Frau gebracht und mir ein kleines Zimmer gesucht? Ja warum?

Eine ganze Zeit bewegte ich mich in einer Grauzone. Ließ mich aushalten, benutzte die Freundschaft anderer, um mich über Wasser zu halten. Ist das entschuldbar? So wie mir, geht es bestimmt tausend anderen. Nur, die einen geben auf, lassen sich treiben, werden in den Sumpf gezogen, von dem aus es kein Zurück mehr gibt. Sie landen als Dauersozialfälle in der Versenkung. Und die anderen, dazu zähle ich mich, die fangen an, sich gegen ihr Schicksal zu wehren. Sie haben einen solchen Selbsterhaltungstrieb, daß sie immer wieder von vorne anfangen. Jede sich bietende Gelegenheit wird genutzt, um Boden unter die Füße zu bekommen. War es falsch? Manchmal glaube ich, es hat meiner Seele nicht gut getan. Manchmal sollte ich ein wenig mehr Vertrauen den anderen Menschen entgegenbringen. Manchmal sollte ich mehr Mitgefühl zeigen. Sie hat mich sehr geprägt, diese Zeit. Ich bin ernster und konsequenter geworden. Freundschaften begegne ich mit Skepsis, vertrauen möchte ich am liebsten niemandem. Ich glaube, daß mich nichts mehr erschüttern kann, ich weiß es nicht. Ich kann mich gut an Zeiten erinnern, in denen ich rhetorisch begabten Leuten große Achtung entgegenbrachte. Heute erwische ich mich immer wieder, daß ich gerade bei diesen Menschen die größten Vorbehalte habe.

Es sind nur wenige Momente in denen ich wirklich träumen möchte. Oft glaube ich, daß ich mich selbst zwinge, realistisch zu sein und deshalb auch die schönen Dinge sofort von der weniger rosigen Seite betrachte. Manchmal glaube ich, daß es schade ist, wenn ich mich nicht irgendwelchen Illusionen einfach hingeben kann. So zum Beispiel dem Thema Lottogewinn. Was können sich Menschen hier stundenlang vorstellen, wie es wohl wäre, wenn sie eine Million gewinnen würden. Die tollsten Dinge stellen sie sich vor. Selbstverständlich wäre dies schön, aber träumen? Träumen kann ich davon nicht - ist dies der Preis für die vergangenen Jahre?

* * *

In einem Schreiben an Ingrid und Peter forderte ich die Beiden auf, mir für die vergangenen Monate eine Bonusabrechnung zu erstellen. Immerhin, Silvia und Albert waren immer noch aktiv, und auch ich selbst bestellte manchmal noch ein paar Kleinigkeiten für mich oder meine Schwester. Was ich daraufhin von den beiden erhielt, ließ mich doch etwas staunen. Ein Scheck über 389,13 DM war der Bonusabrechnung für Dezember beigelegt. Aus der Abrechnung wurde ich nicht schlau. Zwei Warengutschriften waren da aufgeführt, die aber nicht von mir eingeschickt wurden. Vorsichtshalber zahlten sie den in diesem Monat, von Silvia und Albert erzielten 15 %-Bonus, gleich an die beiden aus, obwohl ich noch immer offiziell in der Linie geführt wurde. Klar, nach meiner Abrechnung schuldeten die zwei mir noch über 2.000 Mark. Wenn es damit erledigt ist, dann sollen sie machen, was sie wollen, dachte ich, gab den Scheck zur Bank und hielt die Angelegenheit für erledigt. Jahre später meldete sich bei uns ein Berater aus der Linie von Heidi und Hardy. Ihm fehlte immer noch Geld für eine Warenrücksendung. Nach seinen angestellten Recherchen müßte das Geld bei mir sein. Ich versicherte ihm, kein Geld oder eine Warenrücksendung von ihm erhalten zu haben. Ich war mir meiner Sache auch ganz sicher, bis sich bald darauf der Lieferant einschaltete. Ich suchte die alten Unterlagen heraus und stieß dabei auf diese, schon vergessene, Bonusabrechnung.

Der Berater forderte 638,35 DM zuzüglich Mehrwertsteuer. Die Abrechnung von Ingrid und Peter wies jedoch nur den Betrag von 341,34 zuzüglich Mehrwertsteuer aus. Wo waren denn die 300 Mark Differenz geblieben? Ich schickte eine Kopie der Abrechnung an den Lieferanten. Auch der wurde, wie er mir schriftlich mitteilte, aus der Abrechnung nicht schlau, forderte mich aber gleichzeitig auf, den erhaltenen Betrag an ihn zu überweisen. Das konnte wohl nicht wahr sein. Die Ware wurde bei einem DD eingekauft, von dem nur Ingrid und Peter profitierten. Mir aber stellten die Beiden den anteiligen 21 %-Bonus auf den Warenwert in Rechnung. Gleichzeitig umgingen sie mich bei der Bonusauszahlung, so daß ich keine Gelegenheit bekam, meine Forderungen, die ich an Silvia und Albert hatte, abzuziehen. Ich bekam vom Lieferanten eine letzte Aufforderung, den Betrag zurückzuzahlen, ansonsten würde er einen Mahnbescheid gegen mich erlassen.

Das wollte ich doch erst einmal sehen. Ich war nun bereit, die Angelegenheit notfalls gerichtlich durchzustreiten. Aber es kam anders. Auch Heidi und Hardy schuldeten mir nach meinen Berechnungen noch Geld. Ich schrieb ihnen einen Brief mit meinen Forderungen, in dem ich ihnen gleichzeitig die Warenrücksendung gutschrieb. Ich wies sicherheitshalber, um weiteren Streit zu vermeiden, darauf hin, daß ich für den restlichen Betrag von einem gerichtlichen Mahnbescheid absehen werde. Eine Kopie davon schickte ich dem Lieferanten, womit die Angelegenheit erledigt war. Ich habe nie wieder etwas von der Sache gehört. Angesichts der Tatsache, daß ich bei Bonuszahlungen und Warenrücksendungen umgangen wurde, blieb mir bei der Wahl der Mittel nicht viel Spielraum.

* * *

Auf ein Neues

Vielleicht ist meine Geschichte eine Erfahrung, wie sie viele Menschen auf die eine oder andere Weise in ihrem Leben machen. Vielleicht erleben sie sie nicht so dramatisch, aber es bleibt eine Erfahrung, die einen Menschen prägt. Ein solcher Lebensabschnitt kann für die weiteren Jahre viel mehr nützen, als die Situation im Moment erahnen läßt. Wer nie die Enttäuschung richtig erlebt hat, der kann den Erfolg nicht richtig genießen. Wer nie an seinem eigenen Erfolg mit aller Kraft gearbeitet hat, der kann den Erfolg anderer nicht schätzen. Ich habe heute große Achtung vor Menschen, die an ihrem Erfolg mit vertretbaren Mitteln arbeiten, gleichgültig ob sie sich für oder gegen meine Vorstellungen engagieren. Gleichzeitig empfinde ich große Abscheu vor Menschen, die nur mit den Fingern auf andere zeigen, weil die sich für Ziele einsetzen, die sich mit ihren eigenen nicht decken, sofern sie selbst überhaupt welche haben.

So gehörte auch viel Mut dazu, daß Waltraud und ich, ziemlich genau zwei Jahre nach unserer Trennung, wieder vor dem Standesamt standen. Ich mußte mich am Telefon von ihrem Bruder Hardy beschimpfen lassen, was für ein Mistkerl ich sei, seine Schwester wieder zu heiraten. Auch ihre Mutter, die seit vielen Jahren von Waltrauds Vater geschieden ist, brach einige Zeit darauf den Kontakt zu ihrer Tochter ab. Inzwischen sind wir es leid, uns mit dieser Art Verwandtschaft auseinanderzusetzen. Es ist uns zu müßig, eine solch intime Entscheidung, wie eine Ehe, auf so oberflächliche Weise, vor einer selbsternannten Jury diskutieren zu lassen, geschweige denn, sich einen Ehepartner entsprechend deren Vorstellungen zu wählen.

Waltraud trennte sich von ihrem Freund, kurz nachdem ich mein kleines Apartment bezogen hatte. Auch sie war in den Jahren viel herumgezogen, wohnte dazwischen bei ihrer Mutter und zog dann wieder mit jemand anderem zusammen. Geklappt hatte es nirgends so richtig. Auch bei ihr kam gerade die Zeit, in der sie sich entschloß, erst einmal alleine zu sein. Zum ersten Mal war es uns wieder möglich miteinander zu reden. Zum ersten Mal konnten wir beide völlig ungezwungen zusammensitzen und das Vergangene aufarbeiten. In der langen Zeit, die dazwischen lag, war sie nun jemand, der meine Probleme verstand, Anteil nahm und zuhörte. Es dauerte nur ein paar Wochen, bis wir wieder zueinanderfanden. Ohne Vorwürfe, ohne Schuldzuweisung, saßen wir zusammen und sprachen uns gegenseitig aus. Die Gemeinsamkeiten, die wir fanden, konnte uns in der vergangenen Zeit niemand ersetzen.

Genau zu diesem Zeitpunkt lernte Waltrauds Mutter einen Österreicher kennen, der in Australien lebte. Sie war fest entschlossen, ihm zu folgen und in das fremde Land zu ziehen. Dadurch wurde ihre Drei-Zimmer-Wohnung kurzfristig für uns frei. Für die Mutter die große Chance, schnell die Wohnung zu verlassen, ohne sie renovieren oder kündigen zu müssen. Für die kurze Zeit, die sie noch in Deutschland blieb, zog sie in mein Apartment. Das war seither auch der letzte Kontakt, den wir mit ihr hatten. Nach ihrer Hochzeit inAustralien haben wir nie wieder etwas von ihr gehört.

Die Wohnung befand sich in einem miserablen Zustand. Seit Jahren keine frische Farbe mehr an den Wänden, überall mehr Sperrmüll als brauchbare Möbel. Selbst die Teppiche lösten sich unter der dünnen Filzschicht schon zu Staub auf. Aber Hauptsache, wir hatten eine Wohnung. Zuerst räumten wir alles aus, was uns irgendwie entbehrlich schien. Dann wurde die Wohnung komplett neu gestrichen. Lange würden wir hier sowieso nicht bleiben können, da die Wohnung sozial gebunden war und wir, mit zwei Einkommen, bestimmt keinen Anspruch anmelden konnten.

Meine Technikerabendschule gab ich aufgrund der neuen Situation wieder auf. Ich entschloß mich, bei meinem Arbeitgeber die Beamtenlaufbahn einzuschlagen. Meine Ausbildung zum Flugzeugbauer wurde nicht als Realschulabschluß anerkannt und daher ermöglichte man mir erstmal nur die Laufbahn im einfachen Dienst. Aber irgend etwas mußte ich tun. So entschloß ich mich, als Wachtmeister anzufangen und mich so bald wie möglich für den Aufstieg in den mittleren Dienst zu qualifizieren. Waltraud begann als Sachbearbeiterin bei einem Parfümeriegroßhandel.

Inzwischen wieder verheiratet, nutzte auch sie mein Konto bei der Hypo Bank für alle eingehenden Gehaltszahlungen. Die Sparkasse machte ihr seit Jahren Probleme mit ihrem Konto. Immer wieder verweigerte der Geldautomat die Auszahlung, obwohl sie das vereinbarte Dispolimit nicht überzog. Jedesmal war der "Computer" schuld. Auch ich hatte mit meinem Konto bei der Sparkasse ständig Probleme. Mein Dispolimit wurde, entgegen der Vereinbarung, immer mehr gekürzt und ich erhielt ständig Mahnungen mit einer Gebühr von je zehn Mark und der Aufforderung das Konto wiederaufzufüllen. Über 100 Mark hatten sich so schon an Gebühren angesammelt.

Dazwischen gingen die Umsatzsteuerrückerstattungen aus unseren letzten Geschäftsjahren vom Finanzamt ein. Die Sparkasse vereinnahmte das eingegangene Geld und war nicht bereit, uns davon etwas auszuzahlen, obwohl wir den Dispo weit unterschritten. Da platzte mir der Kragen. Wir entschlossen uns, bei der Hypo Bank einen Kredit aufzunehmen und alle Schulden bei der Sparkasse zu begleichen. Endlich weg von diesen Tyrannen, von dieser Abhängigkeit, die uns immer wieder in neue Schwierigkeiten brachte. Die Hypo erledigte für uns die ganze Transaktion. Wir lösten alle Konten bei der Sparkasse auf, selbst die Sparbücher aus der Schulzeit gaben wir zurück, obwohl sich darauf nur ein paar Mark befanden. Zugleich schrieb ich dem Filialleiter einen Brief, in dem ich ihm drohte, alle Mahngebühren gerichtlich zurückzufordern, die mir in den letzten Jahren abgebucht wurden. Eine Abbuchung war dabei, die trug nicht einmal mehr einen Namen oder eine Unterschrift. Lediglich den Durchschlag des Überweisungsformulars hatte man mir zugeschickt auf dem "Mahngebühr 10,- DM" stand. Ganz eigenmächtig hatte sich diese Filiale an unserem Konto bedient.

So einfach war das. Auf mein Schreiben hin, wurden die reklamierten Gebühren unserem Konto wieder gutgeschrieben. Ein Einzahlungsbeleg, vom Filialleiter selbst unterschrieben, wurde dem letzten Kontoauszug beigefügt. Somit war die Angelegenheit "Sparkasse" für uns ein für allemal erledigt. Seither haben wir mit unserer Bank keine Probleme mehr, selbst in etwas schwierigeren Zeiten bot sie uns Hilfe an.

Wahrscheinlich liegt es einfach nur an dem entsprechenden Sachbearbeiter oder Filialleiter, ob er seine Bank als Partner des Kunden vertritt, oder ob er jede sich bietende Möglichkeit nutzt, um auf Kosten seiner Kunden, in den höheren Etagen zu glänzen.

Mit der Zusammenfassung der Schulden hatten wir nun endlich einen festen Ratenbetrag über eine Laufzeit von sechs Jahren, der durchaus erträglich war. Nachdem wir keinen Dispokredit mehr beanspruchten, konnte auch niemand mehr mit unserem verfügbaren Geld jonglieren. Was auf dem Konto stand, konnten wir auch ausgeben. Das war auch wichtig, denn noch war die ganze Misere nicht ausgestanden. Von der Scheidung und der Sorgerechtsklage standen Gerichts- und Anwaltskosten offen, Irene und Werner mußten abgefunden werden, wie auch Sigi, der unsere Situation noch einmal ausnutzte.

Die letzten beiden, mit meiner Frau vereinbarten Raten, waren noch nicht bezahlt, als ich Waltraud von dem Profit-Sharing Scheck über 465,89 Mark erzählte. Sie hatte diesen Scheck schon ganz vergessen und stoppte sofort die Zahlungen. Kurz darauf erschien Sigi bei uns. Erst wollte er sich garnicht mehr an den Scheck erinnern, dann gab er zu, ihn erhalten zu haben, jedoch hätte ich ihm den Scheck vor der schriftlichen Schuldanerkenntnis gegeben. Den offenen, noch ungeklärten Betrag über 1.500 Mark, den er als Bonusvorschuß von uns angeblich nie erhalten hatte, konnte ich ihm aufgrund einer, von der Bank angeforderten, Kopie des Schecks mit seiner Unterschrift beweisen. Er behauptete kurzerhand, daß es sich bei dem Betrag um rückerstattete Obsteigbetten handeln würde. Daß dem nicht so sein konnte, wußte ich ganz gewiß, da wir selbst niemals Obsteigbetten erstattet bekamen. Doch da war ja noch Hermann, der uns damals versprach, als Zeuge zur Verfügung zu stehen, sollte es sich herausstellen, daß Sigi diesen Scheck doch erhalten hatte. Meine Frau rief ihn an, und bat ihn, im Streitfall für uns auszusagen. Aber wie sollte es anders sein, vor Gericht wollte er sich nicht mehr daran erinnern können. Für ihn sei die Sache erledigt, es täte ihm leid, aber er wolle nichts mehr mit diesem Geschäft zu tun haben. Schöner Mist!

Doch den Scheckerhalt über 465,89 Mark hatte ich mir damals quittieren lassen, da kam er mir nicht aus. Aber Sigi wusste, wie wenig Chancen ich trotz seiner Unterschrift hatte. Auf der Quittung, wie auf derSchuldanerkennung fehlte die Uhrzeit. Damit ging der Richter davon aus, daß mit der Schuldanerkennung alle anderen Zahlungen und Forderungen berücksichtigt worden seien, einschließlich des quittierten Schecks, wie auch des Schecks über 1.500 Mark, wofür auch immer der ausgestellt wurde.

Mit dem Erhalt des Urteils ließ Sigis Rechtsanwalt auch gleich eine Vollstreckung einleiten. Wir überwiesen den geforderten Betrag auf das genannte Konto, unterließen es aber, auf den Zusatz „zzgl. Zinsen seit...", ohne Angabe eines Betrages, weiter einzugehen. Ein grober Fehler, wie sich später herausstellte. Sigis Rechtsanwalt leitete kurzerhand eine Lohnpfändung bei meinem Arbeitgeber ein. Aus den paar Mark wurde wegen der anfallenden Kosten gleich ein Betrag von über hundert Mark. Peinlich im öffentlichen Dienst. Ich habe das am selben Tag in Ordnung gebracht, das Geld bar bei dem Anwalt abgeliefert und mich anschließend bei der Rechtsanwaltskammer beschwert, immerhin hätte er mich vorher informieren können. Wie es der Zufall wollte, hatte Sigi genau jenen jungen Anwalt beauftragt, der mich bei meiner Streitsache gegen meine Mitbewohnerin vertrat. Als ob es in ganz München keinen anderen Anwalt gäbe.

* * *

Weitere, völlig unerwartete Sorgen, bereitete uns das Kirchensteueramt. Es forderte rückwirkend für fünf Jahre von meiner Frau Kirchensteuern, obwohl sie gar keiner Kirche angehörte. Diese Angelegenheit ist ein Thema für sich. Sie kam nur zu einer Zeit, in der wir jede Mark zum Abbau unserer Schulden benötigten. Gut tausend Mark wollte das Amt von ihr. Sollte sie nicht umgehend bezahlen, so würden sie das Geld zwangsweise eintreiben lassen. In einem Schreiben, ich war aus Enttäuschung über das sture Verhalten der Kirche nun ebenfalls ausgetreten, teilten sie uns mit, daß wir nicht mehr würdig seien, eine Ratenzahlung oder gar einen Teilerlaß zu bekommen. Entweder wir zahlten, oder sie würden pfänden. Da half kein Schreiben, kein Bitten und kein Flehen. Sie bestanden darauf.

Daraufhin ging meine Frau zu unserem zuständigen Standesamt, wo man ihr mitteilte, daß sie nicht austreten könne, da sie gar keiner Kirche angehöre. Was nun? Die vielen Schreiben, die anschließend mit dem Kirchensteueramt gewechselt wurden, halfen auch nicht weiter. Das Mißverständnis klärte sich erst nach dem Einschalten eines Rechtsanwalts auf: Ein Pfarrer meldete meine Frau in der evangelischen Kirche an, jener Pfarrer, mit dem wir Jahre zuvor ein Gespräch führten, um in einer anderen Kirche, am Wohnort meiner Eltern, getraut zu werden. Bei diesem Gespräch war auch meine Frau anwesend. Nur, der Kirche beitreten, das war nicht ihre Absicht.

Fünf Jahre nach diesem Gespräch tauchte von diesem Pfarrer ein Schreiben auf, aus dem hervorging, daß meine Frau der Kirche beigetreten war. Ohne ihre Unterschrift, ohne irgendeine Absichts- oder Willenserklärung, nur vom Pfarrer unterzeichnet. Wir mußten zahlen, wollten wir nicht eine weitere Pfändung riskieren. Seit dieser Zeit bin ich ein Gegner der Kirche. Nicht ein Gegner des Glaubens, sondern jener Vertretung, die der Herr auf Erden hat. Sie würde gut daran tun, sich menschlicher zu verhalten, wollte sie auch in Zukunft noch Schäflein um sich sammeln, die ihren Worten Glauben schenken.

Ein krasses Beispiel dafür, daß es auch anders geht, gab uns das so verrufene und gefürchtete Finanzamt. Es gewährte uns, nach Prüfung unserer finanziellen Situation, monatliche Raten von je 70 DM. Nach Jahren, als die Raten auf 150 DM erhöht werden sollten, genügte ein Schreiben, um die monatliche Belastung wieder zu senken. In dieser Beziehung lasse ich nichts auf das Finanzamt kommen. Es hatte seinen Teil dazu beigetragen unsere finanzielle Situation wieder in den Griff zu bekommen. Die Kirche aber, zeigte sich uns gegenüber gnadenlos. Die gefordete Zahlung war für uns, zu diesem Zeitpunkt, fast existenzbedrohend. Ein Grund, lieber aus der Kirche auszutreten, um mich damit unabhängig von der teilweise recht merkwürdigen Haltung der Kirchenoberen zu machen. Damit gibt es für mich eine Zahlungsverpflichtung weniger, was auch heißt, daß ich in schlechten Zeiten keine Zwangsvollstreckung durch die Kirche riskiere, sollte dieses Verhalten die Regel sein.

* * *

Daß wir heute ein Geschäft haben, ist inzwischen für uns nichts Ungewöhnliches mehr. Daß man auch bei schönem Wetter bis in die Nacht hinein arbeiten kann, ist vielen unbegreiflich. Für Waltraud und mich ist es selbstverständlich. Wir haben viele Menschen kennengelernt, die mit dem Strom schwimmen, die sich treiben lassen, phantasielos und ohne Selbstvertrauen sind. Menschen, die auf den Sozialstaat und ihre Arbeitgeber bauen, und dabei vergessen, daß die Überlebensfähigkeit eines Unternehmens auch von der Leistungsbereitschaft jedes einzelnen Mitarbeiters abhängt. Menschen, die meinen, was groß ist, ist auch sicher. Unser Direktvertriebsgeschäft war auch groß und ist in Deutschland bis auf die Grundmauern wieder zusammengebrochen. Für uns schien das einst auch unvorstellbar.

Arbeit und Freizeit gehören für uns zusammen. Wir haben inzwischen feste Vorstellungen von unserem Leben und sind bereit dafür die notwendige Leistung zu erbringen. Daß wir nichts geschenkt bekommen, ist uns klar.

Wer unter ungünstigen Voraussetzungen geboren wurde, der muß fest an seinem Leben arbeiten, um dies auszugleichen. Alles, was ein Mensch erreichen kann, ist eine Frage seines Ziels und seiner Leistungsbereitschaft. Ist das Ziel sehr hoch, so wird man vielleicht nicht bis ganz nach oben gelangen. Doch hält man lange genug daran fest und blickt erst recht spät zurück, dann wird man feststellen, daß man doch ein ganz schönes Stück davon erreicht hat. Einen Erfolg, den man ohne Eigeninitiative wohl nie erreicht hätte. Wir streben heute nicht mehr danach, reich zu werden. Wir wollen zufrieden sein. Zufrieden mit unserer Arbeit und zufrieden mit unserem Leben.

Wenn wir heute etwas verkaufen, so bezahlt der Kunde den Preis dafür. Er erhält für sein Geld die vereinbarte Leistung. Das nenne ich ein faires Geschäft. Reich sind wir nicht damit geworden. Doch stehen wir inzwischen auf festen Füßen. Immerhin bin ich schon seit Jahren nur noch halbtags als Beamter tätig, sozusagen als Lebensversicherung. Für Markus ist das ideal. Einer von uns beiden ist meistens in seiner Nähe. Das alleine ist schon ein Erfolg.

Die Schulden aus unserem früheren Geschäft sind inzwischen beglichen. Sechs Jahre Ratenzahlung haben wir hinter uns gebracht, die letzten Jahre dabei schon wieder zielstrebig an unserem heutigen Geschäft gearbeitet. Es wird nicht die letzte Station unseres beruflichen Lebens sein, doch es war ein guter Start in eine selbständige Zukunft.

* * *

Es waren schon viele Jahre vergangen, seit meine Frau und ich unsere Beraterschaft stornierten, als wir aus heiterem Himmel wieder einen Anruf von Ingrid und Peter erhielten. Natürlich versuchten sie, uns wieder für dieses Geschäft zu begeistern.

Ziemlich hartnäckig folgten daraufhin mehrere Anrufe. Bald besuchte uns Peter und lud uns bei der Gelegenheit zu sich in ihr neues Haus in Anzing ein, das sie vor kurzem angemietet hatten. Obwohl ich niemals wieder aktiv diesem Geschäft angehören wollte, war ich schon neugierig, was wohl aus diesem System geworden war. Gerade Ingrid und Peter wollten uns wieder für ein Geschäft begeistern, das mit den Worten Freundschaft, Vertrauen und Gemeinschaft Propaganda machte. Hatten uns doch genau die beiden in unserer schlimmsten Zeit im Stich gelassen. Als wir Hilfe brauchten, wollten sie nichts mehr von uns wissen.

Nicht einmal an Markus hatte Ingrid in der ganzen Zeit gedacht, obwohl sie sich nach seiner Geburt sofort bereit erklärte für ihn die Patenschaft zu übernehmen. Da kam nicht ein Gruß, nicht eine Frage, wie es ihm geht. Für die beiden zählte nur das Geschäft. Sie wollten keine Freundschaften, sie suchten Geschäftspartner. Nur wer ihnen Geld bringt zählt zu ihrem Kreis. Genau von denen sollten wir uns wieder sponsern lassen? Wie naiv die zwei doch sind. Jetzt, wo sie davon ausgehen konnten, daß wir das Schlimmste hinter uns hatten, da fielen wir ihnen wieder ein. Am Telefon erklärte mir Peter, daß nun alles ganz anders sei. Alles hätte sich verändert: die Euphorie, die Bonuszahlungen, der Druck auf die Menschen. Wer nicht arbeiten wolle, der müsse auch nicht. Es gäbe keinen Druck mehr, nicht einmal den Zwang auf ein Schulungszentrum oder ein Seminar zu gehen. Es müsse nun jeder selbst wissen, was er braucht, um erfolgreich zu werden. Selbst den Bonus und auch die Warenbestellungen erledige der Lieferant selbst mit jedem einzelnen Berater. Da gäbe es gar keine Probleme mehr. Wir sollten sie einfach mal besuchen, sie würden sich freuen, uns wiederzusehen.

Wer mitreden oder gar schimpfen will, der muß auch bereit sein, sich zu informieren. Ich sagte ihm zu. Ein schönes Haus, in dem es sich bestimmt wunderbar wohnen läßt. Ganz in deren Nähe, in Taufkirchen, ist nun das für den Münchner Raum zuständige Schulungszentrum, und Peter ist inzwischen der verantwortliche Schulungsleiter. Von den MM's wollten die zwei nichts mehr hören. Die Trennung sei das Beste gewesen, was sie damals machen konnten. An jedem verkauftem Seminarbett würde der zuständige Direktberater jetzt auch etwas verdienen. Das Wachstum der Organisation sei enorm, bald würde sie wieder so groß wie früher sein. Auf meine Frage, welchen Status sie heute hätten, meinten sie, sie wären immer noch Smaragd-DD's, hätten sich zwar nicht mehr zum Smaragd qualifiziert, erreichten jedoch ständig ein Rubinvolumen. Bald würden sie sich zur Perle, zu Smaragden und kurz darauf zu Diamantberatern qualifizieren. Ansonsten seien nur ganz wenige aus der alten Zeit noch da. Zu einer der größten und erfolgversprechendsten Linien zählten Silvia und Albert. Noch diesen Monat würden sie sich, zum ersten Mal seit vielen Jahren, wieder zu Direktberateranwärtern qualifizieren. Auch sie besäßen schon genügend aktive Linien, um Diamant werden zu können.

Beeindruckt hat mich das alles nicht. Ich weiß ja aus früheren Jahren, daß es selbst einem Smaragd oder Diamanten nicht unbedingt gutgehen muß. Selbst wenn die beiden das Geschäft hauptberuflich betreiben und 6.000 Mark daraus verdienen, es bleibt davon nicht viel übrig.

Waltraud hatte keine Lust auf ein Schulungstreffen zu gehen. Daß ich Peter meine Zusage gab, gefiel ihr ganz und garnicht. Im Auto erklärte ich ihr, daß ich einfach sehen wollte, ob sich wirklich soviel verändert hatte oder doch vieles beim Alten geblieben war. Sie hatte Angst, daß nun alles wieder von vorne losgehen könnte. Angst vor dieser schlimmen Zeit, die wir gerade erst aufgearbeitet hatten. Ich versprach ihr, daß ich auf gar keinen Fall, egal wie toll und verlockend sich dieses Geschäft auch verändert haben mochte, einen Beraterantrag unterschreiben werde. Ich wollte wirklich nur sehen wie sich dieses System verändert hatte, ob es wirklich noch so viele Leute gab, die sich für solch ein Geschäft begeistern ließen.

Am Montagabend fuhren wir nach Taufkirchen. Dort standen schon einige Personen, ordnungsgemäß mit Anzug und schicken Kleidern, vor dem Eingang des Schulungszentrums. Typisch für dieses Geschäft, so konnten wir das Schulungszentrum wenigstens nicht übersehen. In der Vorhalle standen zahlreiche "wichtige" Leute in kleinen Gruppen beieinander.

An den Nadeln waren sie leicht zu erkennen: 3 ‰er, 15 und 18 ‰er versammelt im Gespräch mit ihren Beratern. Ich schubste meine Frau an: „Schau mal, da ist der Oberberger!" „Tatsächlich, ist der etwa auch noch im Geschäft?" Herr Oberberger hatte uns auch sofort gesehen, kam auf uns zu, um uns zu begrüßen. „Was tust denn du hier?" fragte ich ihn erstaunt. „Ich bin heute zum erstenmal seit Jahren wieder da," meinte er, „Peter hat mich vor kurzem eingeladen." „Uns auch. Wir wollen nur einmal sehen, was aus dem Geschäft geworden ist. Wie geht's Deiner Frau?" Da kam auch schon Ingrid auf uns zu. „Hallo, da seid Ihr ja, wir warten schon auf Euch."

Das kannte ich alles noch. Den Neuen abfangen, herzlich begrüßen, einen Platz reservieren. Ja, die alte Masche. Jetzt waren wir wieder lieb Kind, weil sie uns sponsern wollten. Mit Oberberger kam ich nicht weiter ins Gespräch. Wir nahmen direkt neben Ingrid und Peter Platz. Ich sah mich neugierig im Saal um. Niemand den wir kannten, bis auf..., es hat eine ganze Zeit gedauert, bis ich Silvia undAlbert wiedererkannte. So viele Jahre waren vergangen und die beiden waren bis heute hartnäckig im Geschäft geblieben. Sie kamen kurz darauf auf uns zu, um nur mal "Hallo" zu sagen. Das war es dann auch. Kein Wort mehr, kein „Wie geht es Euch" oder „Schön, daß Ihr da seid". Es war mir auch weiter nicht wichtig, aber es interessierte mich brennend, wie sie sich nach der langen Zeit, nach allem was vorgefallen war, nun verhalten würden.

Die Schulung lief ab, wie wir sie schon hundertmal miterlebt hatten. Nichts hatte sich geändert. Ehrungen, Produkte, Motivationsgeschichten, Marketingplan. Wo war das Neue, das so anders sein sollte? Ich konnte es mir denken, was sollte schon anders geworden sein? Alle wollen reich werden, jeder ist der Beste, es gibt keinen Zweifel: Dies ist ein traumhaftes Geschäft. Im Anschluß an die Schulung bemühte sich Peter, uns für das Seminar in Obsteig zu begeistern. Dieses Seminar sei um einiges besser als das MM-Obsteig, meinte er. Langsam bekam ich das Gefühl, er wolle mich entweder verschaukeln oder er hat vergessen, wer da vor ihm stand. „Mann, Peter, erzähl mir doch nichts! Was soll sich geändert haben? Ob Obsteig gestern oder Obsteig heute, es ist halt ein Motivationsseminar." „Das mußt Du aber erlebt haben, das kann ich nicht erklären. Schaut es Euch doch wenigstens einmal an." Peter wollte sponsern. Mit dem Marketingplan, mit viel Geld, tollen Reisen, konnte er nicht bei uns landen. In dieser Situation fehlten ihm, dem Profi, die Argumente. Außer "toll" und "es ist alles anders" kam von ihm nichts rüber. „Wir rufen uns zusammen," beendete meine Frau kurzerhand das Treffen. „Ja, ich ruf Euch an!" Peter versuchte, mit einem durchdringenden Blick, einem lange anhaltenden Händedruck, mit anschließendem freundschaftlichem kurzem

Schulterklopfen, seine Erwartungen auszudrücken. So, als wollte er sagen: „Wir sind doch alte Freunde. Ich bau auf Euch." Da hatte er sich diesmal gewaltig getäuscht. In diesem Geschäft hat niemand Freunde, es gibt nur Geschäftspartner.

Ein paar Tage später der erwartete Anruf. „...dies ist für Euch die letzte Chance nach Obsteig mitzufahren. Ich habe noch zwei Betten frei, ihr braucht nur ja zu sagen." Ich wehrte ab. Zum einen wollte ich keinen Tag Urlaub nehmen, zum anderen waren uns 500 Mark zuviel, und außerdem wußte ich, was da abläuft. Motivation brauchte ich nicht, doch damit konnte sich Peter als langjähriger Profi nicht zufriedengeben. Ich war neugierig, wie hartnäckig und mit welchen Argumenten er mich überzeugen wollte. Wie weit würde er gehen, um uns wieder ins Geschäft zu bringen? Er beteuerte, wir würden es nicht bereuen. Was wir dort erleben würden, sei mit dem früheren Obsteig nicht vergleichbar. „Nein, Peter, wir fahren auf gar keinen Fall mit!" Er meinte, wir sollten noch einmal ganz fest darüber nachdenken. Sollten wir uns doch noch anders entscheiden, bräuchten wir nur kurz anzurufen. Er bot an, uns das Geld wieder zurückzuzahlen, sollte es uns wider Erwarten nicht gefallen.

Einen Tag nach Obsteig zu fahren, das reizte mich schon. Einfach nur, um zu sehen was so neu an diesem Seminar war. Zwei Tage später erhielten wir den nächsten Anruf von Peter. Sein neuer Vorschlag: Wir könnten für nur 150 Mark pro Person an dem Seminar teilnehmen. Den Rest lege er drauf, Hauptsache, wir fahren mit.

Er wollte unsere Entscheidung einfach nicht akzeptieren. Was hatte er denn erwartet? Daß er dreimal anruft und wir würden freudestrahlend nach Obsteig fahren? Glaubte er wirklich, er könnte uns mit dem Geschwätz von gestern noch einmal sponsern? Vielleicht sollte ich nicht so hart sein. Peter lebte in seiner Traumwelt. Von früh bis spät, rund um die Uhr, malte er alles

Negative rosarot an. Nur so war es möglich, daß er scheinbar vergessen konnte, was gewesen war.

Ich konnte mir seine letzten Gruppentreffen gut vorstellen. Dort wurden wir mit Sicherheit als Beispiel genannt: „Die ehemals erfolgreichen Berater, die wegen ihrer Scheidung das Geschäft beendeten und nun wieder anfangen möchten..." Jeder Anruf wurde Tage vorher schon geplant und im Terminkalender festgehalten. Nur die Erfolgsmeldung, die fehlte ihm noch. Am Telefon gab er sich damit zufrieden, daß wir am letzten Seminartag, einem Sonntag, frühmorgens nach Obsteig fahren würden, um wenigstens die besten Redner noch zu hören. Das kostete niemanden etwas, er hatte einen Teilerfolg und ich würde sehen, was aus diesem Seminar geworden war.

Verändert hatte sich auch auf diesem Seminar nichts. Vielleicht die Musik, es waren nicht mehr die alten Obsteiglieder, und die Einrichtung in der riesigen Tennishalle war inzwischen vollständig heruntergekommen. Die Stühle speckig und zerrissen, eigentlich machte alles einen recht armseligen Eindruck. Dafür verlangten sie nun von uns 15 Mark Halleneintritt. Wir sahen einen Diasatz über einen Bergsteiger, der einen hohen Berg erklimmt. Mühevoll, ohne Rast, strebt er seinem Ziel zu: Dem Erreichen des Gipfels. Von dort sieht er dann zufrieden auf das lange Stück Weg hinunter, der sich, wie mir sein zufriedenes Gesicht zeigte, für ihn gelohnt hat. Dann wurden sie wieder geweckt: Die Wünsche, Träume und Ziele, genau wie früher. Es begann mit einem kleinen Auto. Mit jedem Wechsel der Erfolgsnadel wird das Auto größer und größer, die Häuser nobler und schöner. Auch die Motivation zum Reisen fehlte nicht: Urlaub, Strand, Sonne, Windsurfen und Drinks, das alte Spiel.

Den darauf folgenden Sprechern war auch nichts Neues eingefallen. Es fehlten solche Profis wie Strachi einer war. Traurig, was aus Obsteig geworden ist, dachte ich mir. Es fielen Sätze wie: „Motivation ohne Mobilisation ist Frustration." Ein Sprecher meinte gar, er würde das Geschäft an erste Stelle in seinem Leben stellen, noch vor seine Frau. Ein anderer schlug dem Faß den Boden aus: „Derjenige, der sich von Ihnen nicht sponsern läßt, der wird Ihnen auch nicht helfen, wenn Sie in finanziellen Schwierigkeiten stecken." Der Satz trifft mich wie ein Stein. Gab es früher auch solche Äußerungen? Ich glaube, der weiß gar nicht was er redet. Dem sollte mal einer sagen, was hier wirklich läuft.

Mich widerten die Reden und das Klatschen der Menschen an. Genau dasselbe wurde uns erzählt: Freundschaft, Vertrauen..., ich konnte es nicht mehr hören. Mich dürften sie jetzt nicht auf die Bühne lassen. Warum muß das sein? Warum kann keiner die Wahrheit sagen? Warum müssen den Leuten Ziele eingebleut werden, die sie selbst noch garnicht haben? Warum machen sie, das vielleicht einfache Leben der anwesenden Menschen so madig? „Sie alle sind hierhergekommen, weil sie mehr vom Leben wollen, weil sie erfolgreich werden wollen..." gibt der Sprecher von sich. Stimmt doch gar nicht, denke ich. Ich weiß doch, wie die Menschen hierher gebracht werden: Ihr Sponsor, ihr DD hämmert es ihnen ein, geht ihnen permanent auf die Nerven. Immer wieder wird jeder bekniet und bearbeitet, bis er endlich ja sagt. Er ist gekommen, weil andere es wollten. Ich merkte, wie ich jedes Wort in die Waagschale warf. Wie ich Kritik und Zweifel an jedem Satz anbrachte. Mir wurde bewußt, wie sehr ich mich verändert hatte. Ich war nicht mehr fähig, mich von solch billigem Wischiwaschi motivieren zu lassen. Vor dieser heuchelnden Gesellschaft hatte ich alle Achtung und jeden Respekt verloren. In meinen Augen waren sie verlogen und egoistisch. Jeder wollte auf Kosten anderer erfolgreich werden.

Natürlich wurden wieder Videokassetten angeboten, um sich all die Weisheiten zuhause noch einmal ansehen zu können, und gleichzeitig die Kasse des Veranstalters etwas mehr zu füllen.

Das Seminar ging zu Ende, ein Vormittag hatte uns gereicht. Wir standen auf, während die anderen noch laut dem letzten

Sprecher applaudierten. Da kamen auch schon Ingrid und Peter zu uns. Wir sollten doch zu ihnen, weiter nach vorne kommen. „Warum habt Ihr Euch denn nicht zu uns gesetzt?" „Nein, wir möchten nicht zu den anderen. Wir haben von hier aus genug mitbekommen." Da vorne standen Silvia,Albert und Herr Oberberger, der vermutlich schon das ganze Seminar über hier war. Es wäre schon interessant, mal mit ihm zu reden, sagte ich zu Waltraud. Sie aber wollte überhaupt nichts mehr mit diesen Leuten zu tun haben. „Du kannst ja alleine vorgehen, ich halte mich da raus." So wichtig war es mir nun auch wieder nicht. Im Grunde war es mir egal, warum der Oberberger dabei war. Lediglich ein paar Gedanken gingen mir durch den Kopf. Seine ganze Art, sein Auftreten, seine Sachlichkeit, passten nach den Erfahrungen der vergangenen Jahre nicht zu diesem Geschäft. Ich hielt ihn für intelligent, für einen kühlen Rechner, der realistisch denkt. Wenn er tatsächlich mit dem Gedanken spielte, dieses Geschäft nocheinmal aufzubauen, dann hatte ich mich ganz schwer in ihm getäuscht. Da fielen mir seine Finanzierungs- und Versicherungsgeschichten ein. Vielleicht wollte er in diesem Job nur am Ball bleiben und suchte über dieses Geschäft den Kontakt zu neuen Kunden? Das schien mir eine plausible Erklärung, zumal seine Frau weder auf der Schulung noch hier in Obsteig zu sehen war. Ich gab mich damit zufrieden, es würde schon irgendwie so sein.

Im Tyrolhotel setzten wir uns zusammen zum Mittagessen. Ingrid und Peter spürten, daß wir absolut nicht motiviert waren. „Vielleicht später einmal, momentan traue ich mir nicht zu, irgend jemanden sponsern zu können." Ich wollte nicht mit der Wahrheit rausrücken. Sie zeigten sich, für uns unerwartet, recht verständnisvoll. „Es war viel zu kurz für Euch, Ihr hättet früher da sein sollen. Teilweise war dieses Seminar ganz gut." Angeblich waren sie selbst ein wenig enttäuscht, wie Peter zugab. Er erzählte uns von einem Geschäftspartner, der schon seit einiger Zeit dabei war und nun kurz vor seiner Anwärterqualifikation stand: „Erst wollte er nicht so, wie er sollte, aber wir haben ihn umerzogen..." Ich bemühte mich, meinen Mund zu halten. Es stimmte mich nachdenklich, wie er über die Menschen sprach. Noch dazu über Menschen, die ihm sein Einkommen sicherten. Dann folgten noch ein paar so waghalsigeAussagen, wie: „Seit drei Jahren bedanken sich unsere Geschäftspartner alle 14 Tage schriftlich bei uns." Ich glaubte ihm kein Wort. Das waren wieder seine Wunschträume, die mit ihm durchgingen. Er war der alte Träumer geblieben, ein Fanatiker, ach, was sag ich, er war noch viel schlimmer als vorher. Es kamen noch ein paar Kleinigkeiten wie: „Probleme gibt es in unserem Geschäft nicht," oder „meine Kunden sind mit den Produkten happy und glücklich." Happy und glücklich? War das nicht dasselbe? Was sollte das überhaupt? Glücklich sein, darunter stellte ich mir etwas anderes vor. Aber ich hab ihm das nicht gesagt. Laß ihn reden, er braucht das. Das war es dann auch schon wieder. Sie mußten sich um "ihre Leute" kümmern. „Wir hören wieder voneinander." Ein kurzes Händeschütteln und beide gingen im Gewühl der Menschen unter.

Es war trotzdem schön, Obsteig noch einmal zu sehen. Genau wie früher, der alte Trubel. Wir gingen noch einmal durch das Hotel. Dort links, das Hochzeitszimmer. Vorne der Saal, in dem wir viele Male zum Frühstück saßen, mit verschlafenen Augen und völlig übernächtigt. „Da hinten rechts, in der Ecke, dort habe ich mit Fips auf der Fensterbank geschlafen." Ich deutete auf die Stelle, an der wir damals kapitulierten. Waltraud grinste: „...das waren noch Zeiten." Wir gingen in Richtung Fenster, von wo aus wir aufs Schwimmbad hinunterblicken konnten. „Weißt du noch, als wir alle mit den Kleidern in den Pool sprangen?" Eine Zeitlang war es üblich, den MC am letzten Tag mitsamt den Kleidern ins Wasser zu werfen. Einmal waren wir, als Zwekow an der Reihe war, alle hinterhergesprungen. Mein Anzug war anschließend ruiniert. Bei uns herrschte immer "Action", dagegen waren die heute Anwesenden ein lahmer Haufen. Ja, das hatte sich im Vergleich zu den uns bekannten Durchgängen auch geändert. Wobei unsere Organisation nicht als Maßstab herangezogen werden darf. Eigentlich fuhren wir enttäuscht nach Hause. Enttäuscht, weil wir nicht "unser"

Obsteig wiedergefunden hatten. Es war zu einer billigen Kopie geworden. In Zukunft, so wurde dort verkündet, würden die Seminare im Zillertal, in Mayerhofen, abgehalten. Vielleicht hatten auch die alten Hasen einen Tapetenwechsel dringend nötig.

Jetzt sollten die Monate vergehen, ohne daß wir von Ingrid und Peter etwas hörten. Sie warteten darauf, daß wir uns melden würden. Als wollten sie sagen: „Wenn Ihr etwas von uns wollt, dann müßt Ihr anrufen." Doch Peter wollte uns sponsern, deswegen war ich mir absolut sicher, daß dies nicht der letzte Versuch gewesen sein konnte.

Berater, wie Ingrid und Peter, sind andere Menschen als die, die jeder von seinem Arbeitsplatz oder dem täglichen Leben her kennt. Das Schwierige an ihnen ist, daß man sie nur sehr schwer einschätzen und ihre Denkweise verstehen kann. Es sind Fanatiker, die in einer Scheinwelt leben. Von der Realität ihres Traumes sind sie so sehr überzeugt, daß er beginnt Wirklichkeit zu werden. So sagen sie ganz offen, daß sie nicht jeden sponsern, sondern nur Leute, die wirklich erfolgreich werden wollen. Sie reden es sich so fest ein, sagen es immer wieder und zu jedem, daß es am Ende sogar überzeugend klingt, obwohl die Wirklichkeit doch ganz anders aussieht. Natürlich wird jeder gesponsert, der sich sponsern läßt, wenn er nur endlich unterschreibt. Sie verdrängen die Tatsache, daß sie viele Menschen brauchen. Jeder Neue bringt Umsatz und damit Geld in die eigene Kasse. Aber es sieht nicht schick aus, wenn es offensichtlich ist, daß es einem egal ist, von wem das Geld kommt.

* * *

Waltraud arbeitete zu dieser Zeit bereits drei Jahre bei einer Computerfirma in Neuhausen. Ein kleines Unternehmen mit sieben Angestellten und dem Chef. Die Firma teilte sich in eine Mutter- und zwei Tochtergesellschaften auf. In der Stammfirma wurden Desktop Publishinganlagen verkauft, in einer Tochterfirma Amiga Software, und in der dritten alle möglichen EDV-

Artikel. Bald konnten meine Frau und ich das kleine Softwarehaus namens Jumbo-Soft übernehmen. Neben meinem Job im öffentlichen Dienst nahm ich mir genügend Zeit, um die Fülle an Spielen auszuprobieren, die Preise der Großhändler zu vergleichen und mit Hilfe einer DTP-Anlage auch die komplette Werbung zu gestalten. Der Vertrieb lief gut, die Umsätze stiegen. Nicht selten saßen wir auch am Wochenende, tüteten Briefe ein, und entwickelten die eine oder andere Werbeidee. Bald hatten wir selbst einen eigenen Amiga 2000 mit Festplatte und Speichererweiterung zu Hause. Zu dieser Zeit etwas ganz Besonderes. Kurz darauf folgte ein PC. Erst ein 286er, dann ein 386er von Commodore. Unsere Freizeit gehörte von dieser Zeit an den Computern. Durch den guten persönlichen Kontakt zu Waltrauds Chef, verfügten wir über Möglichkeiten, von denen ein Computerfreak nur träumen kann. Die neueste Soft- und Hardware, Postscriptlaser, Farbscanner und Netzwerk. Selbst Bücher und Messebesuche ermöglichte er uns, was immer wir wollten, und meinten zu brauchen. Inzwischen war meine Frau soweit, um für das Textverarbeitungsprogramm Word ein Schulungskonzept zu präsentieren, das über die Firma sofort an Endkunden verkauft wurde. Waltraud bekam ihre erste Chance als Dozent im Softwarebereich. Die Schulungen wurden an große Unternehmen, aber auch an Rechtsanwälte, Werbeagenturen und Arztpraxen verkauft. Mit gutem Erfolg. Ich stürzte mich Hals über Kopf in den Bereich Desktop-Publishing und verbrachte viel Zeit mit den Technikern in der Firma.

DTP ist eine Softwarelösung, um elektronisch zu publizieren. Damit wurde der Grundstein für unser heutiges Geschäft gelegt. Die ersten Kunden kamen über die Firma bei der meine Frau beschäftigt war. Erst wurden kleinere Dinge wie Visitenkarten, dann ausführlichere, gut 100 Seiten umfassende Weinkarten, gestaltet. Dann erhielten wir einen größeren Auftrag, mit einem Umfang von etwa 40 DIN A4 Seiten für 5.000 Mark von einer Firma, die leider kurz darauf Konkurs anmeldete. Unser Geld haben wir nie gesehen, wohl aber bekamen wir einen Folgeauftrag von dem eigentlichem Auftraggeber, der Firma Nixdorf.

Diese bezahlte auch prompt. Damit war der Verlust, wenigstens teilweise, wieder ausgeglichen. Wir hatten keinen Grund zur Klage, die Zeichen standen gut. Unser Geschäft nahm erste Konturen an.

Irgendwann, eines Abends, klingelte das Telefon. Es meldete sich Peter. „Hallo! Wie geht es Euch? Ihr laßt auch nichts von Euch hören. Nach dem Obsteigseminar hättet ihr ruhig einmal anrufen können. Aber, warum ich Euch anrufe: nachdem nun die Grenze zur DDR offen ist, wollen wir zum Sponsern hinüberfahren. Habt Ihr nicht Lust? Ihr würdet in kürzester Zeit Diamant oder mehr werden. Das garantiere ich Euch. Ihr habt es im Blut, fahrt mit." Ich versuchte ehrlich zu sein: „Peter, sei mir nicht böse, aber sponsern kann ich nicht. Ich kann niemanden von einer Idee überzeugen, an die ich selbst nicht mehr glaube." „Das macht doch nichts," entgegnete Peter, „wenn Du erst einmal ein, zwei Leute gesponsert hast, dann bist Du wieder der Alte. Ich weiß genau, daß es noch in Dir steckt. Du willst, das spüre ich. Los, fang an, so wie früher! Es steht eine phantastische Zukunft vor uns." Er ignorierte all meine Versuche ihn abzuwimmeln. Dann bot er mir an, die ersten Leute selbst für mich zu sponsern. Ich brauchte nur Termine auszumachen. „O.k., wenn Du einen für mich sponserst, dann mach ich mit. Ich habe einen Bekannten, der ist mir sehr wichtig. Wenn Du ihn überzeugst, dann bin ich dabei." Peter willigte ein, machte sofort einen Termin für die kommende Woche mit mir aus. Da sei er angeblich sowieso gerade in München und könne auf einen Sprung vorbeischauen.

Ich hatte wirklich einen Bekannten, vor dem ich großen Respekt habe. Der Chef meiner Frau! Er, der Verkaufsprofi, das Schlitzohr schlechthin, war für diesen Termin wie geschaffen. Am Tag darauf erzählte ich ihm von Peter, erklärte ihm kurz das Geschäft, damit er nicht unvorbereitet in dieses Gespräch gehen mußte. Er winkte bald ab, „ein Schneeballsystem, in Ordnung, ich bin nächsten Dienstag da!"

Sicherlich war das Peter gegenüber nicht ganz fair, doch in meinen Augen war er skrupellos. Bestimmt hatte er nicht vergessen, wieviel Unheil er mit diesem Geschäft, mit diesem unendlichen Wahn, über uns gebracht hatte. Er verdrängte es, indem er sich in seine positive Welt zurückzog und seine rosarote Brille aufsetzte. Fast wie ein Priester möchte er Heil verkünden und denkt doch nur eigennützig an sich und seinen Erfolg. Es stand ihm nicht zu, in unsere Welt einzudringen, um uns wieder aus der Bahn zu werfen und zu Marionetten seiner Ziele zu machen. So gesehen, war er für mich ein kleiner Ganove, bei dem es rechtens war, alle sich bietenden Möglichkeiten auszureizen.

* * *

Bodo, so heißt der Chef meiner Frau machte seine Sache großartig. Es dauerte, bis Peter seine ersten Kreise auf das Papier bekam. Bodo war der Begriff Direktvertrieb sehr wohl bekannt: „So eine Art Network System, oder?" Damit konnte Peter nichts anfangen. „Ja ich weiß schon Bescheid, machen Sie nur weiter." Mit der Erklärung des Einzelhandels fällt der Begriff Zahnpasta. „Fünfhundert Mark an Oma, Tante, Schwiegermutter mit Seife und Zahnpasta? Ist das nicht relativ hoch? Verbrauchen Ihre Bekannten wirklich dafür 500 Mark? Da hätte der Einzelhandel viel zu tun, wenn er jeden einzelnen beliefern würde, um am Ende mal gerade - was haben Sie errechnet? - 165 Mark? - um eben 165 Mark zu verdienen."

Peter kam zu den Kreisen. „Nehmen wir an, Sie finden sechs Personen, die wiederum je sechs weitere finden und jeder macht 500 Mark monatlichen Umsatz." „Sechs Personen zu finden ist eine ganze Menge Arbeit, dazu Betreuungs- und Motivationsaufgaben. In Ihrem Plan sind das schon 42 Leute! Bin ich in Wirklichkeit nicht nur der kleineArsch, der den Bonus für die Leute über mir finanziert?" Peter blieb ruhig, ging auf die Provokation nicht ein, als hätte er sie nicht gehört. „Ihre Aufgabe ist es, zu sponsern, bis Sie nach oben kommen. Hier sieht Ihr Einkommen schon ganz anders aus..." Waltrauds Chef entschuldigte sich für die erneute Unterbrechung: „Sie reden immer von hier oben, ich bin aber hier unten. Wollen Sie sagen, daß ich sponsern soll, bis ich hier oben als großer Arsch angekommen bin?" Spätestens jetzt hätte Peter aufgeben sollen. Diese absichtlichen Provokationen durfte er nicht länger hinnehmen. Auf das Wort "Arsch" müßte er gezielt eingehen, um es aus dem Gespräch zu nehmen.

Vielleicht hatte Bodo recht, vielleicht waren es genau die Worte, die an dieser Stelle des Marketingplanes angebracht sind. Aber er wollte Peter nur aus der Reserve locken. Peter argumentierte sachlich dagegen. „Dieser Marketingplan wird selbst an der Harvard Universität gelehrt." Darauf Bodo kühn und gelassen: „Ich weiß nicht, wie lange Sie dort studiert haben, ich persönlich war nicht dort. Dort werden auch andere Systeme erklärt, das heißt aber nicht, daß sie alle gut sind. Also lassen wir dieses Argument doch einfach weg."

Peter wollte den Lieferanten und dessen hochwertige Produkte beschreiben. Dazu bekam er nicht viel Gelegenheit. „Das sind doch keine Markenprodukte, die sind doch allesamt nicht plaziert. Warum macht eine so große Firma denn keine Werbung?" „Wir leben von der Mund zu Mund Werbung," gab ihm Peter zur Antwort. „Ohne Werbung sind diese Produkte nur schwer zu verkaufen. Dabei möchte ich noch nicht einmal auf die überhöhten Preise eingehen." Das Thema Werbung und Produkte wurde zum nächsten Streitthema. Peter lenkte ein, indem er erklärte, daß das Vertriebssystem das Entscheidende ist, nicht das Produkt. „Sie können über Geschäftspartner Filialen in der ganzen Welt eröffnen. Zum Beispiel in Taiwan..." „Taiwan interessiert mich wenig, und auch Sie werden wohl keine Geschäftspartner in Taiwan suchen, oder?" Peter wurde wieder unterbrochen.

Bodo wollte an dieser Stelle Informationen über das Deutschland-Geschäft. „Wie hoch ist der deutsche Umsatz?" Peter zuckte mit den Schultern. „Gibt es denn keinen Geschäftsbericht?" „Doch, sicher, aber den habe ich nicht dabei." „Gibt es denn wenigstens eine Statistik über den Pro-Kopf-Umsatz, irgendwelche greifbaren Zahlen?" „Peter argumentierte mit seinen praktischen Erfahrungen: „Wir haben 370 Berater und erwirtschaften damit etwa 4.000 Mark Gewinn. Dabei macht jeder etwa 120 bis 150 Mark Umsatz." „Sie sagen, 4.000 Mark Gewinn. Heißt das nach Abzug aller Unkosten und Steuern?" „Nein, das ist brutto." Bodo lehnte sich zurück und schob dabei den Zettel mit den Kreisen, die Peter ihm aufgemalt hatte, beiseite. Er zeigte sich desinteressiert und gelangweilt.

„Wissen Sie, was Sie mir noch erklären sollten?" Peter war ganz Ohr. „Wie schafft es diese Firma, das unerlaubte Schneeballsystem zu umgehen?" An dieser Stelle gab Peter auf. Es wurde ihm klar, daß es hier keine Sponsermöglichkeit gab. Bestimmt sind die Fragen, wie Bodo sie stellte, nicht üblich. Doch seine provozierende Art, die ich momentan als völlig überzogen empfand, machte mich im nachhinein nachdenklich. Genau der kleine Berater, den er so formlos "Arsch" nannte, er ist die Lebensquelle der Organisation. Kommt da nichts Neues nach, stirbt die Organisation. Die Kleinen hören wieder auf, weil sie auf der Stelle treten. Der ganze Zerfallsprozeß zieht sich systematisch nach oben weiter, bis er in den oberen Etagen durch ein paar Hartnäckige wieder abgedämpft wird. Daß sich das bis über eine Diamantorganisation, also bis zum sogenannten "großen Arsch" hinauf, fortsetzt, zeigte mir die Vergangenheit. Soweit war mir das schon vorher bewußt. Nur der Ausdruck "Arsch" machte alles viel anschaulicher.

Bodo beendete das Gespräch, indem er vorgab noch eine Verabredung zu haben. „Seien Sie mir nicht böse, aber Ihr Geschäft macht auf mich einen sehr unseriösen Eindruck." Ich bedankte mich recht herzlich für sein Kommen und begleitete ihn noch zur Tür. Peter schenkte noch einmal Kaffee nach, wollte über dieses Gespräch aber nicht mehr viele Worte verlieren. „Der war von Anfang an voreingenommen. Er hat andauernd nach einem Haken gesucht und mir keine Gelegenheit gegeben das Geschäft richtig zu erklären. Umsätze, Statistiken, ABC- Analysen, damit kann niemand in diesem Geschäft etwas anfangen." Ich blätterte ein wenig in der Monatszeitschrift des Lieferanten. „Darf ich die behalten?" Peter nickte, stand kurz darauf auf, um sich ebenfalls zu verabschieden. „Ich rufe Euch wieder an, O.k.?" „Ja, melde Dich einfach, wenn Du wieder einmal in München bist und danke fürs Kommen. Schönen Gruß an Ingrid."

Der Marketingplan ist im Grunde gleich geblieben. Der Qualifikationsmodus hat sich bei verschiedenen Einkommen etwas geändert. Heute heißt es eben Silbernadelberater oder Goldberater, bis jemand sich zum Direktberater qualifizieren kann. Es gibt einen Gold Card Club, in den die Berater, mit hohen persönlichen Kundenverkäufen, aufgenommen werden. Die Produktpalette wurde um zahlreiche Artikel erweitert, einige aus dem Sortiment genommen.

* * *

Einige Tage später, rief Peter mich noch einmal an, um mich zum Massensponsern in der ehemaligen DDR zu überreden. Dort wollten sie mit anderen zusammen so richtig zur Sache gehen. „Wenn die Geschäft hören und Geldverdienen dann unterschreiben sie alle." Dieses Mal konnte ich nicht anders. Ich mußte herauslassen, was ich darüber dachte, obwohl ich es nicht wollte. „Peter, wißt Ihr überhaupt, was Ihr da anrichtet? Diese Menschen haben doch gar keine Ahnung vom Geschäft, von der Marktwirtschaft. Die haben doch selbst riesige Probleme, ich finde es nicht fair, sie auf diese Tour über den Tisch zu ziehen."

Peter widersprach nicht. Er wußte, daß die Leute drüben, bei den Summen, die im Marketingplan genannt werden, den Antrag scharenweise unterschreiben würden. Er kannte auch die möglichen Folgen, schob sie einfach beiseite, indem er sich rechtfertigte: „Wer das Geschäft schnell aufbaut, wird auch da drüben reich werden. Mach Dir darüber keine Gedanken, wichtig ist doch, daß Ihr in kürzester Zeit Diamant werden könnt. Vielleicht schon innerhalb eines Jahres." „Nein Peter, da mach ich nicht mit. Wir haben schon soviel Unheil über so viele Menschen gebracht. Nun wollen wir damit nichts mehr zu tun haben. Vielleicht erreicht der eine oder andere sein Ziel. Das Gros aber wird immer nur träumen und hoffen können. Das sind keine realistischen Versprechungen. Einer unter dreihundert Aktiven, der vielleicht 4.000 Mark verdient, dazu muß er, das weißt Du selbst, erst einmal tausend in der Organisation gesponsert haben. Das heißt, bestimmt dreitausend Sponsergespräche innerhalb der Gruppe." Peter unterbrach mich nicht. Ungewöhnlich ruhig war er. Wahrscheinlich wartete er nur auf ein klares „Ja" oder „Nein".

„Ihr macht den Menschen etwas vor. Es ist nicht realistisch. Ich gebe zu, daß es möglich ist, in diesem Geschäft Erfolg zu haben. Dafür seid Ihr doch der Beweis. Nur, wieviele sind so wie Ihr? Für den Rest bleibt es doch ein Wunschtraum. Ich habe die Lieferantenzeitung gelesen. Da werden inzwischen schon 9 %er wieder namentlich genannt. 9 %, das sind Leute die gerade einmal 1.800 Mark Umsatz erreicht haben. Früher ging es los beim durchqualifizierten Direktberater und die standen seitenweise in der Zeitschrift. In ganz Deutschland nur 15 neue 9 %er, zwei 12 %er, zwei 15 %er und vier 18 %er? Dazu kommen sieben Direktberater Anwärter, und nur ein Einziger, der sich dreimal hintereinander mit 15.000 Mark zum DD qualifizierte? Wo sind denn die ganzen Erfolgreichen von früher?" „Du weißt selbst, was damals geschah, an was es gelegen hat. Das ist vorbei. Wir haben alle ganz von vorne angefangen." „Vorbei? Für mich geht das nicht so einfach. Wer sagt, daß so etwas nicht noch einmal passiert? Du weißt, wieviel Arbeit im Aufbau einer Organisation steckt. Viele Jahre, viele Nächte und viel Geld haben sie alle investiert, das kannst Du nicht einfach so wegschieben!" Jetzt schwenkte Peter um, wirkte leicht gereizt. „Ich wollte Euch noch eine Chance geben, weil ich weiß, daß Ihr zu den ganz Großen gehört. Jetzt bekomme ich aber langsam das Gefühl, Du willst mich auf denArm nehmen. Nur weil Du so negativ denkst, meinst Du, das Geschäft sei an allem schuld. Von Dir muß erst wieder eine positive Ausstrahlung ausgehen, bevor Du dieses Geschäft überhaupt wieder aufbauen kannst. Vielleicht in ein paar Jahren, wenn Du wieder positiv bist, dann frage ich Dich noch einmal." Verärgert legte ich den Hörer auf. Es sind nur Träume die er da verleiht, Träume die fast alle wieder zurückgeben müssen, ging es mir für eine kurze Weile durch den Kopf.

* * *

Das ist jetzt drei Jahre her. Ich habe nichts mehr von den beiden gehört. Vor kurzem hat mich ein Arbeitskollege angesprochen. Leise, etwas abseits von den anderen. Er müsse mir und meiner Frau ein tolles Geschäft erklären. In ein paar Jahren würde er sogar seinen Beamtenjob an den Nagel hängen, sich in seinem Haus zur Ruhe setzen und andere für sich arbeiten lassen. Spontan dachte ich an Andy und mußte grinsen. „Was hast Du?" fragte er vorsichtig. „Ach, weißt Du, das ist eine lange Geschichte. Spar Dir einfach das Kreisemalen, es ist vergeudete Zeit - und bitte, versuch nicht mich reich zu machen."

Ein Beweis dafür, daß dieses Geschäft nicht tot zu kriegen ist. Solange es Menschen gibt, die glauben mit Geld sich selbst und andere glücklich machen zu können, wird ein solches Geschäft eine Chance haben. Die ganz Hartnäckigen werden auch nach oben kommen. Einige wenige, eine Handvoll nur, schafft es sogar bis zur Spitze.

Nur ein paar Dinge sollte jeder bedenken, bevor er sich seinen Träumen hingibt: Es gibt in Deutschland jeden Monat mehr Lottomillionäre als es in den vergangenen 15 Jahren neue Kronenbotschafter gab. Aus einer neueren Lieferantenzeitschrift habe ich erfahren, daß die MM's weltweit die erste Kronenbotschafterorganisation sind, bei der sich 25 DD Linien zwölf

Monate lang mit einem DD-Volumen qualifizierten. Dafür erhielten sie die Auszeichnung Ultimate-Kronenbotschafter-DD. Wem wird das bei einem Sponsergespräch gesagt? Ein einziges Beraterpaar mit 25 stabilen Linien? Darauf haben sie seit 1977 hingearbeitet. Natürlich wird der Sponsor sagen: „Das kannst Du auch schaffen!" Und unbestritten, Sie können es, theoretisch, auf dem Papier gar kein Problem. Doch hinter den gemalten Kreisen, hinter den 25 Freunden, die Sie finden und erfolgreich machen müssen, steckt eine riesige Zahl von aktiven Menschen. Eine Menschenschar, die Sie in keinem Fußballstadion der Welt unterbringen können.

Bestimmt sagt Ihnen Ihr Sponsor, daß das alles Quatsch sei. „Wenn Du zwei Leute sponserst, die wiederum jeder zwei sponsern und diese zwei sponsern wieder zwei und jeder von denen sponsert wieder zwei. Vorausgesetzt jeder macht 500 Mark Umsatz im Monat, dann sind das bereits über 15.000 Mark. Dann bist Du DD. Aber die Leute sind ja nicht blöd, die sponsern doch alle mehr als zwei. Die wollen doch selbst DD werden. Das ist doch ganz einfach!"

Aber egal wie Sie es rechnen. In diesem Beispiel sind es 30 Berater die jeden Monat 500 Mark Umsatz erzielen müssen, um den ersten in der Linie zum DD zu machen. Um Kronenbotschafter zu werden benötigen Sie also 25 mal 30 Beraterschaften. Gerade einmal 750 gesponserte Berater in der Organisation und nicht ein Fußballstadion voll Menschen. Solche Zahlen stimmen aber nur, wenn die Menschen um Sie herum nur ein Ziel vor Augen haben: Nämlich Sie zum Kronenbotschafter zu machen!

Es ist blanke Theorie so zu rechnen. Realisten, Menschen die nachrechnen, sind in diesem Geschäft verpönt. „So wirst Du nie etwas," werden Sie zu hören bekommen. Und diese Stimmen haben recht. Würden Sie versuchen realistische Zahlen auszurechnen, so würden Sie einen unüberschaubaren Berg von Arbeit vor sich sehen und vermutlich erst gar nicht anfangen.

Probieren Sie es trotzdem aus, denn es sind Ihre Jahre, es ist Ihr Leben, das Sie diesem Geschäft widmen. Gehen Sie davon aus, daß Sie nur jedes dritte Sponsergespräch erfolgreich führen können. Von den so Gesponserten wird nur jeder Dritte aktiv an seinem Geschäft weiterarbeiten. Nun benötigen Sie 225 Sponsergespräche um 25 aktive Linien zu erhalten. Auf eine Kronenbotschafterorganisation umgerechnet ergibt das 5.625 Gespräche plus Ihre eigenen sind 5.850 Sponsertermine die für Ihren Kronenbotschafter geführt werden müssen. Das ist, verglichen mit dem zu erwartenden Einkommen, eine relativ geringe Zahl. Das Problem beginnt an der Stelle, wo Ihre DD's sich nicht damit zufrieden geben nur DD zu sein. Auch deren Berater werden sich nicht mit 15 % oder gar mit einem 3 % Bonus abfinden, während Sie in Hunderttausenden von Mark baden können. Sie werden ebenfalls nach Höherem streben.

Rechnen sie weiter: Sie haben 750 Berater in ihrer Organisation, die wie Sie Kronenbotschafter werden wollen. 750 mal 6.000 Gespräche sind fast fünf Millionen Termine, die abgehalten werden müßten. Laut Firmenveröffentlichung von 1992 gab es 1991 / 92 45.000 Stammberater. In der gleichen Zeitschrift wird der erzielte Jahresumsatz mit 180 Millionen Mark beziffert. Teile ich diese Summe durch die Anzahl der Berater, so erreicht ein jeder Berater einen Jahresumsatz von 4.000 Mark. Entspricht einem durchschnittlichem Monatsumsatz von 333 Mark. Mein Beispiel mit 500 Mark je Berater ist dementsprechend etwas zu hoch angesetzt. Genau so realitätsfremd ist die Annahme, daß jede dritte gesponserte Beraterschaft ein DD wird.

Machen Sie noch ein Rechenbeispiel. Gehen Sie einmal davon aus, daß jeder Stammberater von 1992 im Monat nur eine einzige aktive Linie sponsert, die wiederum im Monat einen Aktiven hinzusponsert. In diesem Geschäft wird dies der "Zwölf Stufen Plan" genannt, um in kürzester Zeit DD zu werden. Wenn also am 1. Oktober 1992 45.000 damit beginnen, dann gibt es am 1. November 90.000 Berater. Rechnen Sie dieses Beispiel weiter bis zum 1. Oktober 1993, so werden Sie feststellen, daß die Bundesrepublik nicht so viele Einwohner hat, um eine solch große Beraterschaft zusammenzusponsern. Daß auch diese Rechnung nicht aufgeht, versteht sich von selbst, wenn man bedenkt, daß diese Firma schon gut über 20 Jahre in Deutschland auf dem Markt ist. Das Beispiel beweist lediglich, daß es nicht die Regel ist, einen neuen, geschweige denn einen aktiven Berater, jeden Monat zu sponsern.

Wie immer Sie auch rechnen, ein Problem wird sich irgendwann einstellen: Was ist, wenn der Markt leer gesponsert wurde? Aktive Direktberater werden diese Möglichkeit bestreiten. Wir selbst benutzten Argumente wie: „Es wachsen immer wieder neue Jugendliche heran" oder „der eine hört dort auf und fängt später bei einem anderen wieder an". Das mag für einen Bruchteil des erforderlichen Sponserpotentials stimmen, doch wird es eben nicht reichen, um eine große Beraterschaft von mehreren hunderttausend Beratern zufriedenzustellen. Für die letzten in der Kette wird es ein massives Problem werden, neue Berater zu finden, die selbst erfolgreich werden. Mit dem Ausbleiben des Wachstums lösen sich die Beraterschaften von unten her wieder auf. Es tritt eine Kettenreaktion ein, die nur an den Stellen, an denen hartnäckige Berater sind, aufgehalten wird. Man könnte es als eine Art "Marktbereinigung" sehen. Alle weniger Erfolgreichen geben auf. Der verbliebene Rest versucht zu retten, was zu retten ist und baut wieder auf.

Es ist schwer, jemandem einen Rat zu geben, der unentschlossen ist und nicht weiß, ob er mit diesem Geschäft erfolgreich werden kann. Es gibt nur zwei Möglichkeiten sich zu entscheiden: Entweder Ja oder Nein. Wählen Sie die letzte Möglichkeit, so bleibt Ihr Leben wie es war. Sie rauben sich mit dieser Entscheidung die Möglichkeit, bereits mit kleinen Erfolgen im Rampenlicht zu stehen und mit anderen Menschen vom grossen Erfolg zu träumen. Für viele Menschen ist allein der Glaube eine Chance zu haben, etwas Einmaliges.

Oder Sie sagen „Ja, ich will!" Dann müssen Sie aber auch den nächsten Schritt gehen und sagen „Ich werde!" sonst funktioniert dieses Geschäft nicht. "Einmal schauen wie es läuft" gibt es nicht. Egal wie Sie sich entscheiden, ein intensives Nachdenken lohnt sich allemal.

Dieses Geschäft bietet Ihnen, laut Marketingplan, phantastische Einkommen, doch fordert es von Ihnen auch einen hohen Preis. Wenn Sie dieses Vertriebssystem aufbauen, dann wird es bald Ihr Leben gravierend ändern. Es wird der Mittelpunkt Ihrer Gedanken sein. Sie werden Ihre Freunde, Bekannten und Nachbarn zu Ihrem Geschäftskapital machen. Man wird versuchen, Sie umzuerziehen, auf einen vorprogrammierten Kurs zu bringen. Ihr Sponsor oder DD stellt Erwartungen an Sie, denn: Ihr Erfolg ist auch sein Erfolg und Sie werden lange Zeit mit vielen Menschen gemeinsam träumen. Zu Hunderten, zu Tausenden werden Sie in einem Saal, in einer Halle sitzen, sich die Zukunft auf der Leinwand ansehen oder sich vorstellen, wie es wohl sein mag, wenn Sie eines Tages genauso weit sind wie der Sprecher, der vorne auf der Bühne seine Erfolgsgeschichte erzählt. Man wird Sie lehren, positiv zu denken. Positiv und noch mal positiv. Denn Ihre Einstellung wird für lange Zeit das einzige sein, das Ihnen Kraft zum Weitermachen gibt.

Wir unterschätzten damals die Arbeit, die hinter den paar Kreisen im Marketingplan steckt. Bald existierte eine große Organisation, viel größer, als wir sie uns zu Anfang vorstellen konnten. Welche Dimensionen dieses Geschäft annehmen müßte, um davon leben zu können, das hielt sich jenseits unserer Vorstellungskraft. Viel zu voreilig brachen wir alle Verbindungen zu unserem früheren Leben ab. Wir setzten alles auf eine Karte und haben alles verloren. Wir glaubten an unsere neuen Freunde und mußten die bittere Erfahrung machen, daß diese Freundschaften nur einem Zweck dienten: Sponsern, um mehr und mehr Umsatz zu machen.

Wir wissen heute, daß es nicht die Menge an Beratern ist, die für das Bestehen einer Organisation sorgt, sondern die Anzahl der wirklich Fanatischen. Sie brauchen Menschen, die sich völlig diesem Geschäft verschreiben. Ich glaube, daß es in Deutschland vielleicht 20 Menschen gibt, die es bis zum Kronenbotschafter schaffen. Vielleicht ist die Zahl zu hoch, vielleicht sind es auch ein paar mehr. Sei es drum, es werden nie und nimmer 500 oder gar 1.000 werden. Diese Erkenntnis läßt für mich nur einen Schluß zu: Es ist kein Platz da oben - für mich und meine Freunde.

* * *

Die Personen, ihre Funktionen und Beziehungen:

Kessy	-	Waltraud, meine Frau
Sonny, Uwe	-	das bin ich selbst, der Autor
Markus	-	unser Sohn
Andy	-	Arbeitskollege, unser eigentlicher Sponsor
Manuela	-	Andys Frau
Ingrid und Peter	-	unsere DD's und Sponsoren von Andy und Manuela
MM	-	unsere Kronenbotschafter
Schubert	-	Kronenbotschafter, gesponsert von MM
Oberberger	-	ein Direktberaterpaar von Ingrid und Peter
Zwekow	-	unsere Upline-Diamanten, gesponsert von MM
Theo	-	mein Arbeitskollege
Hardy und Heidi	-	der Bruder meiner Frau und seine Freundin, unsere ersten eigenen DD's
Rex	-	der Autobastler aus Berlin
Birgit	-	die 19jährige Verkaufskanone
Strachi	-	ein erfolgreicher Diamant-Berater und begnadeter Sprecher
Silvia und Albert	-	unsere zweiten eigenen DD's
Toni und Karin	-	auch Fips genannt, ein Kollege aus meiner Lehrzeit, und seine Freundin
Daniela und Sigi	-	unser drittes DD-Paar
Hans u. Christine	-	wurden von Silvia und Albert gesonsert
Werner und Irene	-	von Hans und Christine gesponsert, unser erstes DD-Paar aus der Tiefe
Ruth und Ernst	-	Waltrauds Cousine und ihr Mann
Bernd und Gabi	-	ein erfolgsversprechendes Paar, von Silvia und Albert gesponsert
Hermann	-	der Sponsor von Ingrid und Peter
Bodo	-	der frühere Chef meiner Frau
DD	-	Direktberater mit über 15.000 DM Monatsumsatz
MC	-	Master of Ceremony

Die Namen wurden geändert. Jede Ähnlichkeit ist rein zufällig.